국민총행복과
농정 패러다임의 전환

농민행복·국민행복을 위한
12가지 제안

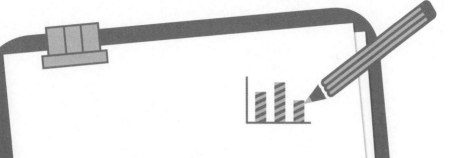

국민총행복과
농정 패러다임의
전환

농민행복 · 국민행복을 위한 12가지 제안

박진도 엮음

따비

국민총행복에 기여하는
농정대개혁을 기대하며

2015년 초여름 어느 날, '우농지사憂農之士' 몇몇이 모여 우리 농업·농촌의 현실과 앞날을 염려하는 자리를 가졌다. 그동안 정부가 농촌을 살리겠다고 돈도 쓰고 노력을 안 한 게 아닌데, 왜 농촌 현실은 점점 더 나빠지기만 할까. 우리가 가야 할 곳은 오른쪽인데, 정부가 방향을 잘못 잡아 왼쪽으로 가고 있는 게 아닐까. 그렇다면 헛고생하고 있는 게다. 아니면 오른쪽으로 가고 있기는 한데 편한 길을 찾지 못해 공연한 곳을 헤매고 있는 게 아닌가. 그렇다면 개고생하고 있는 게다.

이제는 헛고생과 개고생을 끝내고, 우리 농정이 방향을 제대로 잡아 올바른 길을 찾아가야 한다. 조금 더 지나면 너무 지쳐 헛고생이든 개고생이든 그조차 할 기력이 없어질 게 아닌가. 무엇을 어떻게 하면 좋을까. 2017년 말에 있을 19대 대통령선거로 이야기가 모였다. 19대 대선을 계기로 우리 사회에 만연한 농업을 천시하거나 경시하는 풍조를 극복하고, 농업·농촌의 본래 역할과 가치를 되찾는 일을 해보자. 이를 위해서는 농민뿐만 아니라 소비자단체, 환경단체, 시민사회와 전문가들이 함께 손을 맞잡고 집단지성으로 우리 농정을 개혁하기 위한 길라

잡이를 만들어보자. 어느 특정 대선 캠프를 위해서가 아니라, 모두에게 열린 공론의 장을 만들고, 그 결과를 공유하도록 하자.

2년의 연구기간을 설정한 이른바 농정연구의 대장정은 이렇게 시작됐다. 이미 많은 연구가 이루어졌고, 기존 연구들을 정리하는 것이라면 이렇게 긴 시간이 필요치 않았겠지만, 우리는 내용만이 아니라 얼마나 많은 사람이 공감하고 함께 실천해나갈 것인가가 더욱 중요하다고 보았다. 원점에서부터 연구 목차, 대표 연구자, 토론자를 정하고 2개월에 한 번꼴로 모임을 가졌다. 여기에 수많은 연구자와 현장 활동가가 참여했다. 물론 이견이 없지 않았지만, 토론을 통해 최대한 이견을 좁혀가고, 서로가 합의할 수 있는 선에서 정책을 제시하기로 했다. 그런데 19대 대선이 대통령 탄핵으로 인해 반 년 이상 앞당겨지는 바람에 우리 연구도 예정보다는 조금 서둘러 정리해야 했다. 우리 연구를 토대로 실천에 옮기기 위해 70여 개의 농민단체, 소비자단체, 시민단체 등이 참여한 '농민행복·국민행복을 위한 농정과제 공동제안연대'(약칭 '국민행복농정연대')가 결성됐고, 2017년 3월 23일에는 '도농공생·농민행복·국민행복을 위한 농정대개혁 3대 목표·10대 과제'에 관한 공동제안을 발표했다.

탄생 배경에서 보듯이 이 책은 순수한 연구서가 아니라 매우 실천적인 저작물이며, 특정 개인이 아니라 집필에 참여한 모든 연구자와 토론에 참여한 수많은 분의 공동 산물이다. 우리 연구에 각계의 많은 사람이 참여했던 건, 농업·농촌의 문제를 농민만이 아닌 국민 모두의 문제로 인식했기 때문이다. 오늘날 우리 사회는 '성장과 행복의 괴리'가 매우 심각한데, 그 주요 원인 중 하나가 농업·농촌이 제 역할을 못 하고 망가졌기 때문이다. 국민이 불행한 것은 농민이 불행하기 때문이며, 따라서 농민이 행복해야 국민이 행복하다는 사실을 이 연구와 국민행복

농정연대에 참여하는 모든 단체, 모든 개인이 자각한 것이다.

이 책의 문제의식은 다음과 같다.

첫째, 농업·농촌은 국민 모두의 행복(국민총행복) 증진에 기여해야 한다. 그동안 우리나라 농정의 기본 이념이었던 생산력 제일주의, 경쟁력 지상주의는 농업·농촌의 존재가치와 국민들의 농업에 대한 요구, 농민들의 열망을 올바르게 반영하지 못했고, 농업·농촌문제를 오히려 악화시켰다. 농정의 패러다임을 농업·농촌이 지닌 다원적 가치가 잘 발휘되고 지속 가능할 수 있도록 바꾸어야 한다. 국민총행복에 기여하는 농정은 올바른 먹거리 패러다임으로부터 시작되어야 한다. 국민의 먹거리 기본권을 확립하고 '건강과 안전, 사회적 형평성, 지속 가능한 환경'에 기여하도록 하는 게 국민총행복의 출발이다.

둘째, 다기능농업-지속 가능한 농업을 실천할 주체로서 '건강한 가족농'을 적극 육성해야 한다. 이를 위해서는 농민들이 가족노동력으로 농사를 지어 사람답게 살 수 있는 소득이 보장되어야 한다. 여기에 더해 시장에서 제대로 보상되지 않는 농업·농촌의 다원적 가치를 창조하는 농민에 대한 지불이 이루어져야 한다. 이를 위해서는 직접지불제의 확대 개편이 필요하다.

셋째, '진정한 친환경농업'을 실천하고, 농촌환경의 복원 및 보전을 위한 농촌환경정책을 실시해야 한다. 친환경농업의 산업적 측면만을 중시해온 친환경농업의 관행화 정책을 원점에서 재검토하여, 저투입·내부순환·자연공생을 열쇳말로 하는 진정한 친환경농업을 실천하고 추진해야 한다. 농업생산과 관련된 다양한 환경자원을 보전하는 것은 자연과 인간 간의 순환과 공생관계를 회복하는 것이고, 농업환경에서 시작된 농촌지역 환경보전은 지역의 경제적 발전과 환경적 지속 가능성을 증대시킬 것이다. 진정한 친환경농업과 농촌환경정책은 농업과 농촌지역의 다원적 기능을 획기적으로 제고하는 출발점이 될 것이다.

넷째, 농촌지역은 국민을 위한 삶터, 일터, 쉼터로서 발전해야 한다. '삶터'로서의 농촌지역 발전은 농촌 주거환경을 개선하고, 교육과 교통 문제(이동권)를 해결하며, 사회서비스를 보장하는 것이다. 특히 농촌 주민이 헌법상 보장된 '인간다운 생활을 할 권리'를 보장받을 수 있도록 각종 복지제도(공공부조와 사회수당)에서 차별받는 것을 혁파해야 하고, 농어민 대상 사회보험의 보장성을 강화해야 한다. '일터'로서의 농촌지역 발전을 위해서는 농촌의 사회적경제가 활성화되어야 하며, '쉼터'로서의 농촌지역 발전은 도시·농촌이 함께하는 도농교류가 활성화됨과 더불어 농촌경관이 개선돼야 한다. 농촌지역이 삶터, 일터, 쉼터로서 발전하기 위해서는 지금까지의 농촌지역 개발정책에 대한 근본적인 재검토가 필요하다. 즉, 지역개발정책의 이념 재정립, 정책 전달체계의 혁신, 통합적 접근, 농어촌공사의 역할 재검토, 민관협력을 통한 사업 추진, 지역 단위 통합중간지원조직의 구성, 현장 활동가의 역량 강화와 현실적 지원 등이 필요하다.

다섯째, 농업·농촌 관련 재정의 중심을 국민총행복과 농민행복에 기여하는 농업·농촌의 다기능성(공공성)을 강화하는 방향으로 재편해야 한다. 생산 및 유통 관련 투입재(생산) 및 생산물에 대한 선별적 가격보조정책은 산업성장이라는 정책 목표 달성을 위한 수단인데, 이는 다기능성 촉진에 도움이 되지 않을 뿐 아니라, 투입예산 대비 농가소득에 대한 기여 정도도 낮다. 현재의 직불제체계를 다기능성에 대한 '농업기여지불제'로 전환하여 다양한 프로그램을 도입할 필요가 있다. 예를 들어, '농지관리 지불', '친환경농업 지불', '생태 지불', '동물친화축산 지불', '조건불리지역 지불' 등이 그것이다.

여섯째, 중앙집권적·획일적 농정체계를 지방분권적·자율적 농정체계로 전환해야 한다. 경쟁력 지상주의는 중앙집권적 설계주의 농정으로 중앙정부의 정치 논리와 관료주의에 의해 좌우됐다. 그러나 다기능성 농정에서는 지방정부의 역할이 대폭 확대되어야 하고, 분권, 자치 그리고 협치가 중시되어야 한다. 농정추진체계의 혁신과 함께 추진되어야 할 과제가 농협 개혁이다. 농협중앙회 개혁을 먼저 추진한 다음, 그에 맞추어 지역 농협을 개혁한다. 농협중앙회의 현행 지주회사 체제는 본래의 연합회 체제로 개편하고, 중앙회는 비사업조직으로 전환한다. 지역조합은 품목조직으로의 발전을 지향하고 지방농정의 파트너로서 육성한다.

이 책이 농정 개혁을 위한 현장 활동가뿐만 아니라 깨어 있는 공직자, 농촌문제에 애정이 있는 시민, 농업·농촌 연구자 및 학생 등 다양한 독자에게 읽히기 바란다. 1년 반 이상 함께 연구에 참여한 집필자들에게도, 각계 토론자들에게도 고마운 마음을 전한다. 어려운 여건에 흔쾌히 출판을 맡아준 도서출판 따비에게도 감사드린다. 이 책이 '국민총행복·농민행복'에 크게 기여하기를 기대한다.

박진도

(재)지역재단 이사장·충남대학교 명예교수

1장

총론: 농정 패러다임의 전환과 국민총행복

- 경쟁력 지상주의 농정에서 다원적 가치를 극대화하는 국민총행복 농정으로

박진도

(재)지역재단 이사장, 충남대학교 명예교수

충남대학교 경제학과 교수로 35년간 근무했고 재직 중 충남 발전연구원장을 역임했다. 2004년 지속 가능한 지역사회 를 만들어갈 지역 리더를 양성하기 위해 지역재단을 설립해 2014년부터 재단 이사장으로 일하고 있다. 최근에는 동료들 과 함께 국민총행복을 위한 농정 연구에 매진하고 있다.

- **한국 사회, 이대로는 안 된다**

개발독재시대 이래 우리 사회를 지배해온 경제성장GDP 지상주의가 국민을 불행의 늪으로 빠트리고 있다. 경제가 성장해도 국민의 행복은 증대하지 않는다. 뿐만 아니라 성장 지상주의로는 더 이상 성장조차 어렵다. 한국 사회의 패러다임을 성장 지상주의에서 국민총행복GNH 증진으로 바꾸어야 한다.

- **한국 농정, 이대로는 안 된다**

성장 지상주의의 농정 버전인 경쟁력 지상주의가 농업·농촌을 벼랑 끝으로 몰아가고 있다. 농업·농촌 붕괴는 농민만의 문제가 아니라 국민행복을 위협하고 있다. 농정 패러다임을 생산력 지상주의에서 국민총행복 증진에 기여하는 행복농정으로 전환해야 한다.

- **선진국 농정은 생산주의에서 벗어나 다원적 기능 증진과 대응이행 상호의무준수cross compliance 강화로 빠르게 진화하고 있다**

농정 패러다임의 원형은 생산주의에 기초한 농업보호정책이다. 그러나 우루과이라운드를 계기로 선진국 농정은 생산주의 농정을 벗어나기 시작했다. 세계 농정 개혁의 프론티어 역할을 하고 있는 유럽연합EU의 농정은 생산주의 농정을 졸업하고, 직불제에 기초한 다원적 기능 농정으로 급속히 전환하고 있다.

- **우루과이라운드 이후 우리나라 농정의 기본 이념은 생산력 제일주의, 경쟁력 지상주의다**

경쟁력 지상주의 농정은 농업·농촌의 존재가치, 국민의 농업에 대한 요구, 농민들의 열망 등을 올바르게 반영하지 못했다. 경쟁력 지상주의 농정은 농업 생산성 향상에는 기여했지만 농업·농촌문제는 오히려 악화시켰다. 경쟁력 지상주의는 중앙집권적 설계주의 농정으로 정치 논리와 관료주의에 의해 좌우됐다.

- **농정 패러다임을 국민총행복을 증진하는 행복농정으로 재정립해야 한다**

농정 이념을 생산주의 농정의 극단적 표현인 경쟁력 지상주의로부터 다원적 기능을 극대화하는 행복농정으로 전환해야 한다. 농정 대상은 농업(인)에서 도시민을 포함한 농업, 식료, 농촌지역으로 확대해야 한다. 농민의 주체성을 확립하고 새로운 농정을 담당할 지역 주체를 세워야 한다. 중앙집권적 획일적 농정체계를 지방분권적 자율적 농정체계로 전환해야 한다.

- 농정 개혁의 로드맵을 작성해야 한다

새로운 농정 패러다임에 기초하여 기존 농정을 근본적으로 재검토해야 한다. 이를 위해 직불제 예산을 점진적으로 대폭 확충하여 농가소득을 지지한다. 직불제 확대와 더불어 환경 및 생태 보전을 위한 대응의무를 강화함으로써 농업의 다원적 기능이 발휘되도록 하여, 국민 공감대를 얻도록 한다.

- 대통령 직속 국민행복농정위원회를 설치하고, 헌법 개정 시 농업·농촌의 다원적 가치를 명시하고 그에 대한 지원방안을 규정한다

지난 정부의 농어업농어촌특별위원회와는 달리 국민행복농정위원회는 농어민의 어려움을 돕는 수준이 아니라 농어민과 농어업에 대한 지원이 국민행복 증진에 기여하도록 해야 하며, 그 기능 역시 단순한 자문이 아닌 총괄 기획 및 조정이 되어야 한다. 기존 헌법 제123조의 규정은 30여 년 전 농업 및 농촌의 역할에 대한 인식을 토대로 한 것으로, 지금에 맞게 개정돼야 한다.

I. 왜 농정 패러다임의 전환인가

1. 한국 사회, 이대로는 안 된다

□ 국민을 불행의 늪으로 빠트리고 있는 경제성장 지상주의

1960~1970년대의 개발독재 이래 한국 사회를 지배해온 이데올로기는 경제성장 지상주의다. 즉 경제가 성장하면 모든 문제가 해결되고 잘 살게 될 거라는 믿음에 허리띠를 졸라매고, 세계 최장의 노동시간을 견디며, 인권이며 환경을 모두 포기하도록 강요당했다. 이러한 경제성장 지상주의로 우리나라는 경제개발협력기구OECD의 일원이 됐고, 세계 경제순위 10위권 안팎에 1인당 국민소득 3만 달러 내외의 나라로 성장했다.

그러나 국민은 행복하지 않다. 삶의 질과 관련해 OECD가 발표하는 각종 수치는 우리를 부끄럽게 만든다. 세계에서 가장 낮은 출산율, 가장 낮은 청소년 행복지수, OECD 국가 가운데 가장 낮은 수준의 사회복지, 자살률 1위, 가계부채율 1위, 노인 빈곤율 1위, 저임금노동자 비율 1위, 노동시간 1위, 산재 사망률 1위, 대학교육 부담 및 공교육 민간부담 1위, 건강 만족도 꼴찌 등 이른바 헬조선 OECD 50관왕이 그것이다. OECD가 11개 영역(주거, 소득, 직업, 공동체, 교육, 환경, 시민 참여, 건강, 삶의 만족, 안전, 일과 삶의 균형)을 종합적으로 고려하여 조사한 '2016년도 삶의 질 지수Better Life Index'에 따르면 우리나라는 조사 대상 38개국 가운데 28위를 기록했다. 특히 공동체(37위), 환경(37위), 건강(36위), 일과 삶의 균형(36위) 등 우리가 경제성장을 위해 희생해온 것들이 삶을 위협하고 있다.

□ 성장과 행복의 괴리는 어디서 온 것인가

"잘살아보세"를 노래하며 새벽종을 울리던 새마을운동, "100억 불 수출-1,000불 소득-마이카, 대망의 80년대"를 외친 유신독재 이래 우리 모두는 경제성장의 포로가 되었다. 독재정권의 강압에 의해 시작된 성장 지상주의는 온 국민이 희생해 소수의 재벌을 키우는 데는 성공했지만, 사람들을 일등만이 살아남는 무한경쟁으로 내몰면서 친족 간의 우애, 친구 간의 우정, 이웃에 대한 배려, 사회적 결속 등 공동체적 가치를 철저하게 파괴하여 모두가 외로운 '외톨이 사회'로 만들었다.

1인당 국민소득이 250달러에 지나지 않던 절대빈곤 시대에 만들어진 성장 지상주의가 국민소득 3만 달러를 넘긴 지금도 사람들의 가치관을 사로잡고 있는 건 분명 비정상적이다. 성장 지상주의는 국가 주도의 개발독재로 시작하여 초국적 자본(재벌) 주도의 신자유주의 세계화를 거치면서 우리 몸속에 체화된 것이다.

□ 보수정권은 성장 지상주의에 올인하며 한국 사회를 헬조선으로 몰고 갔다

재벌 중심의 수출 주도 성장은 한계에 도달하여 잠재성장력이 현저하게 약화되고 있다. 문제는 경제성장 지상주의로도 더 이상 경제가 성장하지 않는 심각한 위기 상황이라는 것이다. 그럼에도 보수정권은 성장 지상주의를 강화하여 위기를 벗어나고자 해 문제를 더욱 악화시키고 있다. 한미자유무역협정FTA, 한중 FTA의 비준을 비롯해 환태평양경제동반자협정TPP 참여 등 무분별하고 무차별적인 시장개방, 노동 개혁 등 친자본적 구조 개혁을 감행했다.

성장이 멈추면서 우리 사회의 갈등 양상이 바뀌고 있다. 성장기에는 성장의 과실을 어떻게 나눌 것인가 하는 분배를 둘러싼 갈등이었다면,

저성장기 혹은 제로 성장기에는 파이가 커지지 않고, 이미 나눈 파이를 서로 빼앗고 빼앗기는 갈등 양상을 보인다. 양극화, 지역 간·계층 간 갈등 이외에 구조조정(해고 및 비정규직화), 재벌자본의 골목상권 침입, 일자리를 둘러싼 청년층과 중장년층 간의 세대 갈등 등 새로운 갈등이 심화되고 있다.

□ 헬조선을 벗어나기 위해서는 한국 사회의 패러다임을 근본적으로 바꾸어야 한다

더 이상 고도성장을 기대하기 어려울 뿐 아니라 지금과 같은 방식으로 성장하더라도 사람들은 행복할 수 없다. "행복은 인간의 근본적인 목표이고 보편적인 열망이다"(2011년 11월 유엔총회 결의). 저성장 혹은 제로 성장하에서 더불어 행복한 사회를 만들기 위한 노력이 필요하다. 경제성장은 물질적 삶의 향상을 위한 필요조건이지만 충분조건은 아니다. 물질은 행복을 위한 수단이지, 그 자체가 목적은 아니다. 행복은 물질적 조건 이외에 교육, 환경, 건강, 문화, 공동체, 여가, 심리적 웰빙 등 다양한 요소에 의해 결정된다. 사람이 행복하기 위해서는 이러한 요소의 균형 있는 발전이 필요하다. 그중에는 개인적 차원에서 해결할 수 있는 것도 있지만 국가가 책임져야 할 부분이 많다.

또한 "행복은 다른 사람과 공유하지 않으면서 사적으로 혹은 개인적으로 얻을 수 있는 것이 아니다"(부탄행복위원회). 그런 점에서 국가는 '아직 행복하지 않은 사람not-yet happy people'의 행복을 증진하기 위해 노력해야 한다.

2. 한국 농정, 이대로는 안 된다

□ 경제성장 지상주의가 한국 농업·농촌을 벼랑 끝으로 몰아가고 있다

경제성장 지상주의로 인한 무분별한 농산물시장개방으로 농업·농촌은 벼랑 끝에 내몰리고 있다. 이는 급격히 하락한 식량자급률, 정체 상태를 벗어나지 못한 농업소득, 급증한 농촌 빈곤인구, 농가소득의 양극화, 악화된 농가부채 등으로 나타나고 있다. 그 결과, 농가 인구의 급격한 감소 및 고령화, 도농 간 격차 확대, 지역 간 불균형이 심화되고 있다.

이러한 위기 상황에 대응하기 위해 역대 정부는 농정 개혁을 외치고 적지 않은 돈을 농업·농촌에 쏟아 부었다. 그런데 어째서 농업·농촌은 발전하지 못하고 점점 어려워지고 있는가.

□ 잘못된 농정 패러다임이 농업·농촌문제를 악화시키고 있다

그동안의 농정 이념은 시장개방에 대응하여 '국제경쟁력 있는 농업만이 살 길'이라는 경쟁력 지상주의였다. 농정은 전체 경제정책의 하위 정책으로서 농업·농촌의 희생을 전제로 한 시장개방정책의 모순을 완화하거나 뒤치다꺼리하는 역할을 수행했다. 이는 농업·농촌의 존재가치를 왜곡했다. 또한 그동안의 농정은 농업·농촌만을 대상으로 했다. 이는 농민과 소비자, 농촌과 도시의 상생이라는 통합적 관점을 결여했다. 또한 농정추진체계는 중앙집권적 설계주의 농정이었다. 이는 지방정부의 자치농정을 제약했다.

□ 성장 지상주의와 경쟁력 지상주의로 인한 농업·농촌의 붕괴는 국민 총행복을 위협하고 있다

농업·농촌은 국민에게 건강한 먹거리뿐만 아니라 안락한 휴양공간

을 제공하고, 공동체적 삶을 일깨우고, 전통문화를 전승하고, 깨끗한 환경과 아름다운 경관을 보전하고, 어린이들을 자연과 더불어 성장하게 하고, 지역의 균형 발전을 뒷받침하는 등 국민총행복 증진에 기여한다. 이러한 농업·농촌 고유의 역할 및 가치는 농업·농촌이 붕괴됨으로써 실현되지 못하고 있다. 더욱이 성장 지상주의와 경쟁력 지상주의는 한국 사회의 지속 가능성을 위협한다.

첫째로, 성장 지상주의는 불평등 및 양극화의 심화, 고용 없는 저성장 혹은 성장 정체, 일자리 부족 특히 청년 실업, 식량과 에너지의 과도한 해외 의존, 지역경제 붕괴 등 한국 사회의 경제적 지속성을 위협하고 있다.

둘째, 경쟁력 지상주의는 난개발, 과도한 화석 에너지 사용, 흙·물·산림자원 파괴, 환경 파괴적인 관행농업 등 한국 사회의 생태적 지속성을 위협하고 있다.

셋째, 농업·농촌 붕괴는 도시와 농촌 간 격차 심화, 대도시를 비롯한 수도권 인구 집중, 시군 및 농촌지역 쇠퇴 등 한국 사회의 공간적 지속성을 위협하고 있다.

넷째, 농업·농촌 붕괴는 공동체 정신의 파괴, 전통 및 문화의 해체, 소수자에 대한 배려 부족, 풀뿌리 민주주의의 위기, 지역 주체성의 위기 등 한국 사회의 사회문화적 지속성을 위협하고 있다.

□ 농정을 생산주의의 극단적 표현인 경쟁력 지상주의로부터 다원적 기능을 극대화하는 행복농정으로 전환해야 한다

국민소득 1,000달러 시대의 농정 이념이었던 생산주의productivism가 국민소득 3만 달러 시대에 이르자 경쟁력 지상주의로 강화됐다. 경제발전 수준이나 시대가 달라지면서 사람들의 가치관이 바뀌고, 이에

따라 농정 패러다임도 변화한다. 우리는 후발 주자라는 이점을 살려 선진국의 예를 학습함으로써 농업·농촌의 다원적 가치를 극대화하는 방향으로 농정 패러다임을 전환해야 한다.

II. 농정 패러다임은 어떻게 진화하고 있는가

1. 농정 패러다임의 원형은 생산주의에 기초한 국가개입주의 농정
  : 농산물가격지지 및 국경 보호

□ 미국은 1993년 「농업조정법Agricultural Adjustment Act」을 제정한 이래 농산물가격지지 및 소득지지를 위해 다양한 프로그램을 운용하고 있다

대표적인 것이 주요 농산물가격지지 및 소득지지를 목적으로 하는 상품 프로그램이다. 미국은 상품 프로그램의 실효성을 높이기 위해 농산물 수출을 장려하는 한편 자국 경쟁력이 약한 농산물에 대해서는 다양한 형태의 국경 보호 조치를 취했다. 이를 위해 미국은 자신의 힘을 이용해 관세및무역에관한일반협정GATT에서 수입의무면제waiver를 획득했다. 또한 잉여농산물 소비를 위해 농산물 수출을 장려하는 한편, 식량 배급표food stamp 정책을 통해 국내 소비를 촉진했다.

□ 유럽은 1962년 공동농업정책 출범 이후 농산물가격지지와 농업인 소득 증대를 위한 농업보호정책을 실시했다

목표가격을 정하여 농업인에게 적절한 소득을 보장하고, 이것이 실현될 수 있도록 개입가격을 설정해 외국의 값싼 농산물이 역내에 수입

되지 못하도록 가변과징금제도를 실시했다. 이렇게 해서 발생한 과잉농산물에 대해서는 수출보조금expert refund 형태의 수출을 장려했다.

□ 미국·유럽의 농업보호정책은 생산주의와 결합되어 있었다

농산물가격지지를 통한 소득지지 방식은 기본적으로 생산량과 연동되어 있고, 이는 필연적으로 생산 증대를 가져왔다. 각국 정부는 지지 수준을 낮추기 위해 생산성을 향상시키는 데 노력했다. 미국은 기술 개발 및 보급에 오랜 전통을 갖고 있다. EU 공동농업정책Common Agricultural Policy: CAP은 "기술 진보를 촉진하고 생산 요인의 최적 이용(특히 노동)을 보장함으로써 생산성을 높인다"고 규정하고 있다.

GATT는 농산물무역에 대해서는 예외적으로 자유무역을 강제하지 않았고 각국이 자율적인 농정을 추진하도록 허용했기 때문에 이러한 농업보호정책이 가능했다.

□ 시장주의자들은 국가개입주의 농정을 강하게 비판했으나, 농정의 기조를 바꾸지는 못했다

밀턴 프리드먼Milton Friedman은 《자본주의와 자유》(1962)에서 미국의 상품가격지지 프로그램은 정부 개입의 비효율성을 보여주는 전형적인 예라고 비난했다. 그는 상품 프로그램이 시장 기능의 적절한 작동을 왜곡하고, 원치 않는 과잉농산물 생산을 가져오며, 낮은 소득에도 불구하고 농민들을 농지에 붙들어 매놓아 경제성장을 제약할 뿐만 아니라 미국을 외교적으로 곤경에 빠트리고, 관료주의를 불필요하게 확장시키며, 궁극적으로는 소농과 가족농을 차별한다고 주장했다. 또한 그는 이러한 문제가 빚어지는 원인이 농촌지역 특정 집단의 이익이 정치적으로 과대 행사되는 선거제도 때문이라고 주장했다.

프리드먼의 주장에 따라 1980년대 초 신자유주의적 개혁을 단행한 레이건 정부조차 상품 프로그램을 축소하기는 했지만 폐지하지는 않았다.

2. 우루과이라운드 농업협상은 농정 패러다임의 전환과 시장 지향적 농정 개혁을 촉구했다

□ 우루과이라운드와 농정 개혁

생산주의에 기초한 농업보호정책은 과잉생산 및 재정적자를 초래해 비판의 대상이 되고, 이것이 GATT 우루과이라운드를 촉발했다.

1986년에 시작된 GATT 우루과이라운드는 1993년 12월에 타결됐는데, 이 과정에서 각국은 선제적으로 농정 개혁을 단행했다. GATT 우루과이라운드는 농산물시장개방과 국내 지지의 감축을 목표로 국내외 농업보호 철폐를 주장한 미국과 삭감을 주장한 EU가 주도했다.

□ 1985년 「농업법」, 1990년 「농업법」을 통해 농정의 시장지향성을 강화한 미국

미국에서는 목표가격과 융자가격을 인하하고, 차액지불deficiency payment의 면적당 기준 수확량(1에이커당 정부 지불을 받을 수 있는 수량)을 동결했다. 특히 이 과정에서 "농가소득지지는 직접보조나 생산물에 대한 가격지지를 통해 생산과 연계되어서는 안 된다"는 디커플링 decoupling 개념이 등장했다.

□ 1992년 맥셔리 개혁 이후 공동농업정책의 일대 개혁을 단행한 EU

EU의 1992년 개혁은 농산물의 과잉생산을 억제하고 EU 농업의 국

제경쟁력을 제고하기 위해 목표가격과 개입가격을 인하하고 그에 따른 손실은 소득보상지불income compensatory payment에 의해 보상하기로 했다. 이는 농가에 대한 소득지지를 시장가격지지(소비자 부담)로부터 직접적인 소득지지(재정 부담)로 전환한 것이다. 또한 농업의 다원적 기능에 대한 직접지불을 도입했다.

한편 Agenda 2000은 1992년 농정 개혁의 기조를 더욱 강화했다. Agenda 2000은 EU의 공동농업정책을 농업 중심의 부문정책에서 농촌개발 및 환경향상을 고려한 통합정책으로 전환하려 했다. 이를 위해 농산물가격지지 수준을 더욱 인하하여 국내외 가격차를 축소하고 직접지불을 늘리는 한편, 직접지불 가운데서 농업에 사용되는 예산은 줄이고 농촌개발 예산을 늘려갔다.

Agenda 2000은 농촌개발이 공동농업정책의 두 번째 기둥second pillar임을 강조하면서, 조건불리지역 농업지원, 환경보전적 농업활동에 대한 보상, 가공 및 유통 투자지원, 농업경영의 다각화, 농민 은퇴 및 창업 지원 등 기존의 농촌지원정책 이외에 새로운 지원정책(비농민과 비농업적 활동에 대한 지원 등)을 도입했다.

3. 최근 선진국 농정은 생산주의에서 탈각하여 농업경영의 리스크 관리, 다원적 기능 증진, 대응이행의무 강화로 진화하고 있다

□ 미국의 2014년 「농업법」은 기존의 직접적인 농가소득 및 가격 지지 정책 대신 농가의 수입 및 경영 안정장치와 작물보험을 강화했다

2014년 「농업법」은 높은 농산물가격과 양호한 농가 경제 여건을 배경으로 (농가지원제도에 개혁이 필요하다는 여론이 있었음에도) 농가소득 및 경영 안전망 장치를 강화했다는 점에서 주목할 필요가 있다.

2014년 「농업법」은 품목별지지, 환경보전, 농산물무역, 식품영양, 농업신용, 농촌개발, 농업연구, 에너지 등 2008년 「농업법」의 골격을 상당 부분 유지하고 있다.

미국의 농가소득 및 경영 안정정책은 품목별 가격 및 소득 보전제도, 농업보험제도, 재해보전제도의 세 기둥으로 구성되어 있다. 2014년 이후 미국의 주요 기초농산물에 대한 품목별 가격 및 소득 지원은 유통융자지원제도ML, 가격손실보상PLC, 수입손실보상ARC을 큰 축으로 시행될 예정이다. 2008년에 비해 크게 달라진 점은 고정직불을 폐지한 반면 융자단가(사실상의 최저 보장)는 그대로 유지하면서 PLC의 핵심인 품목별 기준가격(2008년 가격보전 직불제의 목표가격)을 인상한 것이다. 이는 농산물의 시장가격이 목표가격보다 높은 수준으로 유지됨에 따라 가격보전 직불제가 실제로 작동하지 않았기 때문이다. 품목별 기준가격을 인상한 것은 고정직불 폐지에 대한 농민들의 불만을 달래면서 가격 하락에 따른 위험에 대한 안전장치를 강화한 것이라고 평가할 수 있다.

2014년 「농업법」은 주요 작물의 품목별 기준가격을 인상했으나, 품목에 대한 가격 및 소득 지지 재정지출은 축소했다. 반면에 작물보험에 대한 재정지출은 증대했다. 2014년 농업법에 의해 향후 10년간 미국정부의 재정지출이 9,564억 달러로 2008년 「농업법」에 비해 165억 달러가 감축될 것으로 예상된다. 품목별 농가지원이 143억 달러로 가장 많이 감축된 반면, 작물보험은 57억 달러 증액됐다. 이는 앞으로도 농산물가격이 높은 수준을 유지할 것으로 예상되어 직접적인 가격지지보다는 농가 경영의 안정성을 높이기 위한 조치로 이해할 수 있다.

□ 세계 농정 개혁의 프론티어 역할을 하고 있는 EU의 농정은 생산주의 농정을 졸업하고 다원적 기능 농정으로 급속히 전환하고 있다

EU는 2005년 품목별 직접지불제도를 통합하여 단일직접지불제도 single payment를 도입했다. 품목별 보상직접지불은 가격지지에 비해서는 생산에 미치는 영향이 적지만 여전히 증산을 유인했다. 생산에 미치는 영향을 줄이고 세계무역기구WTO 규범에 합치되는 제도로 개혁한 것이다. 모든 품목별 보상직불을 통합하여 도입년도의 실제 경작자에게 수급권한을 부여했다.

이와 동시에 대응이행의무를 강화했다. 농업생산자는 해당 농지에서 반드시 농업생산을 해야 할 필요는 없지만, 농지를 '농업생산과 환경보전에 우호적인 방식'으로 유지해야 하고, EU 지침 및 규정이 정하는 '법적 관리 요건statutory management requirement'을 준수해야 한다. 이는 직접지불이 단순한 소득이전 수단이 아니라 농업생산자가 사회적으로 필요한 다원적 기능을 수행하는 데 대한 보상이라는 점을 분명히 한 것이다.

또한 개별 농업생산자에게 직접지불은 점차 줄이는 반면, 농촌개발 지원은 확대했다. 이는 EU의 공동농업정책이 소득보전에서 농촌개발정책으로 이동하고 있음을 의미한다. EU는 2007~2013년까지 농촌개발전략의 3대 축으로 농업·식료·임업의 경쟁력 향상, 토지 관리와 환경보전, 그리고 삶의 질 향상 및 다양화를 제시했다. EU 농업예산의 비중은 1995년 53%에서 2011년 41.4%로 줄어들었지만, 농업예산에서 직불금 예산의 비중은 2001년 68%에서 2011년 79.5%로 증가했다.

한편 EU는 2013년에 보상적 성격의 직불제는 약화시키고 환경보전을 비롯한 공익적 기능을 촉진하는 직불제를 강화하는 개혁을 단행했다.

근본적인 개혁을 단행했던 1992년에 보상직불은 개혁에 따른 농업 생산자의 충격을 완화했다는 점에서 타당성이 인정됐지만, 지금은 그런 타당성이 없다. 2013년 개혁은 세 가지 장기 목표, 즉 식량안보, 환경 및 기후 변화, 지역적 균형 유지를 설정했다. 농산물가격의 상대적 하락과 농업투입재가격의 상대적 상승으로 인해 EU 역내의 농업부문 실질가치가 하락하는 상황에서 농업소득으로는 농가소득을 보장할 수 없기 때문에 농업생산과 연계되지 않은 디커플링 직불제가 강화될 필요가 생긴 것이다.

2013년 개혁은 생산주의에서 벗어나 환경보전 등 다원적 기능을 강화하는 방향으로 직불을 재편했다. 단일직불의 면적당 지불단가 격차를 축소하여 '기본직불'로 지급하고, 환경기여 조건을 강화한 '녹색직불', 그리고 소규모 농가에 일률적으로 지급하는 '소농직불'이다. 여기에 40세 이하 신규 청년농에 대한 지원, 조건불리지역 직불, 필요한 작물이나 가축을 대상으로 한 생산연계 직불을 도입했다. 2013년 개혁은 농업생산활동에 대한 국가(공공)의 지원을 장기적으로 지속 가능하게 정당화하기 위해서는 농업의 환경적 기여 혹은 공공재 공급이라는 다원적 기능에서 찾을 수밖에 없음을 시사한다.

□ 다원적 기능 직불제 농정에 올인하는 스위스

스위스는 1996년 헌법에 농업이 식량생산뿐 아니라 농업생산활동과 결합해 다원적 기능을 발휘한다는 것을 명문화했다. 연방정부는 연방 헌법 104조 1항에 따라 농업이 시장 수요에 맞춰 지속 가능한 생산을 함으로써 다음과 같은 기능을 수행할 수 있게 해야 한다.

첫째, 스위스 국민을 위한 식량 공급을 보장하고, 둘째, 천연자원을 유지하고, 전원countryside을 보전하고, 셋째, 농촌지역에 사람들이 분산되어 살 수 있게 해야 한다.

더불어 연방헌법 104조 3항은 정부가 농업이 다원적 기능을 수행할 수 있도록 필요한 정책 수단을 강구해야 한다고 규정하고 있다. 생태적 성과가 증명된다는 조건을 전제로, 농업이 제공하는 다원적 편익 multifuctional service에 대해 적절한 보상을 하는 직접지불을 통해 농가 소득을 보충해야 한다. 경제적 인센티브를 통해서 환경적으로 수용 가능하고 동물친화적이며, 자연 상태에 가까운 생산 방법을 장려한다. 연방정부는 식품의 원산지 표시, 품질, 생산 및 가공 방법에 관한 규제를 한다. 비료와 농약 등 생산자재의 과도한 사용을 규제하여 환경을 보호한다.

스위스는 헌법 규정에 따라 1999년부터 세 가지 형태의 직불금을 지급한다.

- 일반직불금: 토양 및 수자원 보호, 생물다양성 유지 등 농가의 대응이행 상호의무준수를 조건으로 전체 경지면적과 축종을 대상으로 직불금을 지급한다. 추가로 조건불리지역의 축산과 경사지 농업에 대해서는 별도의 직불금을 지급한다.

- 생태직불금: 일반직불금보다 더 엄격한 이행조건을 준수하는 농가에 대해서는 추가적으로 생태직불금을 지급한다. 추가로 유기농산물을 생산하고 보증기관에 의한 감독을 받는 경우에는 유기농직불금을 지급한다.

- 동물복지직불금: 동물에 대한 사육시스템을 규정하고, 이를 준수하는 경우 직불금을 지급한다. 방목일 경우 방목직불금을 지급한다.

직불금의 수혜를 받는 모든 농가는 1999년부터 생태성과 증명이라는 강화된 의무준수 조항을 이행하도록 함으로써 친환경적이고 생태적인 농업생산활동을 통해 경관을 보전하고, 다음 세대를 위해 아름다운 환경을 유지하도록 한다.

스위스에서 농식품 예산은 매년 줄어드는 반면, 직불금 예산은 증가하고 있다. 그 결과 직불금 비중이 1999년 50.2%에서 2011년에는 76.7%로 높아졌다.

스위스 직불제 농정은 상당한 성과를 거두고 있다. 즉 시장개방으로 인한 농업소득 감소를 보전하여 농가소득을 안정시켰고, 스위스 농업을 친환경적이고 지속 가능한 농업으로 변화시켰다. 또한 농업생산이 유지되고 농식품의 안정적 공급능력이 향상됐다.

III. 우리나라 농정의 실태와 농정 패러다임

1. 농정의 실태

□ 우루과이라운드 이후 정부는 수많은 농업·농촌대책을 수립했지만 농업·농촌 현실은 개선되지 않은 채 악화됐고, 농정에 대한 불신이 증대하고 있다

문민정부는 42조 원(1992~1998년), 국민의 정부는 45조 원(1999~2004년), 참여정부는 119조 원(2004~2013년)의 투융자계획을 집행했다. 반면 이명박 정부, 박근혜 정부는 지난 정부와 같은 새로운 투융자계획을 수립하지 않고, 「농업·농촌 및 식품산업 기본법」에 따라 5개년 계획을 수립해 집행했다. 이에 더해 정부는 수차례에 걸쳐 농정 개혁 및 농협 개혁을 추진했다. 하지만 농촌사회의 공동화(농가 인구 및 농촌 인구의 지속적인 감소 및 급격한 고령화), 식량자급률 저하, 도농 격차 확대, 농가의 양극화, 농촌 빈곤율 급증, 농가부채 증가 등 농촌문제

는 악화일로를 걷고 있다.

그 결과 농민뿐 아니라 일반 국민의 농정 불신이 증폭됐다. 농민들은 '농업·농촌에 대한 지원이 부족하다', '농업·농촌은 희망이 없다'고 하고 국민은 '농업·농촌 부문에 대한 투자는 밑 빠진 독에 물 붓기 아니냐', '농특세까지 부담하며 막대한 돈을 투자했는데 달라진 것이 뭐냐'고 농업부문에 대한 재정지출에 불신과 회의를 보이고 있다. 따라서 보조금 농정에 대한 근본적인 재검토가 필요한 시점이다.

2. 농정 패러다임의 실태

1) 농정 이념의 문제점

□ 우루과이라운드 이후 우리나라 농정의 기본 이념은 생산력 제일주의, 경쟁력 지상주의다

우리나라 농정은 전통적으로 생산주의에 입각하여 추진됐다. 농업 생산성 증대가 농가소득 증대, 농촌 발전으로 이어지리라는 관점에서 추진된 것이었다. 특히 1970~1980년대에는 쌀 증산 및 관리가 농정의 중심을 이루었고, 이러한 쌀 중심 농정의 전통은 여전히 이어지고 있다.

우루과이라운드 이후 우리나라 농정은 시장개방에 대응하여 '국제 경쟁력 있는 농업만이 살 길'이라는 경쟁력 지상주의에 입각하여 농업 구조조정에 올인했다. 김영삼 정부와 김대중 정부, 그리고 노무현 정부는 시장개방에 대응해 방어적이고 수세적인 성격의 경쟁력 강화를 주장했다. 반면 이명박 정부와 박근혜 정부는 적극적이고 공격적인 경쟁력 강화를 주장했다. 즉 '최선의 공격이 최선의 방어'라는 발상하에 세계시장을 상대로 한 공격적 수출농업을 주장했다.

□ 경쟁력 지상주의 농정은 농업 구조조정에 일정한 성과를 냈으나 농
업 문제는 오히려 악화됐다

구조농정으로 농업생산성이 대농을 중심으로 일정하게 향상됐다.
우루과이라운드 이후 농업생산은 24% 증가했고, 노동생산성은 연평균
4.8% 증가하여 비농업부문의 1.5배나 되었다. 농가 인구가 급속하게 줄
어들었고, 대농으로의 생산집중도가 재배업(경지면적 3ha 이상 농가의
비중)에서는 4배, 축산업(한우 30두 이상 사육농가의 비중)에서는 7배에
달할 정도로 빠른 농업 구조조정이 이루어졌다.

농업생산성 향상에도 불구하고 농가소득문제는 악화됐다. 1995년
~2010년에 실질농업생산은 24% 증가했으나 실질농업소득은 39%나
감소했다. 이는 농가의 교역조건, 즉 농산물 판매가격이 농가투입재가
격에 비해 현저하게 떨어졌기 때문이다. 1995~2010년에 농산물 판매
가격은 27.6% 상승에 그친 반면에 농업중간투입재가격은 126.4% 상승
하였고, 소비자 물가는 72.2%나 상승했다.

한편 농업 구조조정정책은 농촌의 양극화 및 부채 문제를 심화할뿐
더러 심각한 빈곤을 야기하고 있다. 정부의 농업 구조조정정책 지원 대
상인 대농은 생산과 소득이 늘어난 반면 막대한 부채에 시달리고 있다.
구조조정정책에서 소외된 영세농과 고령농은 농촌의 빈곤층으로 전락
하고 있다.

또한 경쟁력 강화를 위한 농업 규모 및 시설의 확대, 집약적 농법과
밀식 축산으로 인해 환경부담이 가중되고 있다. 과다한 비료 사용과 축
산분뇨의 대량방출로 인해 1ha당 질소수지 초과량은 OECD 평균의
3.2배(인산수지 초과량은 4배)에 달한다. 1ha당 농약 사용량은 OECD 평
균의 14.3배, 에너지 사용량은 무려 37배에 달한다. 되풀이되는 구제역
과 AI 등 축산분야의 재앙은 농업환경 오염의 심각성을 노정하고 있다.

□ 경쟁력 지상주의 농정으로는 농업·농촌문제를 더욱 악화시킬 뿐이다

첫째, 농업은 인간 생명의 필수조건인 식량을 생산하는 생명산업이
자 탄소 중립적이고 환경친화적인 녹색산업이다. 또한 농촌은 농업생산
주체인 농민이 삶을 영위하는 농업생산공간이자 국민의 휴양 및 휴식
공간이다. 따라서 농업·농촌의 존재가치는 국제경쟁력이 있느냐 없느냐
로 결정할 수 없다.

둘째, 우리 국민은 과연 농업이 한국 경제성장을 이끌 미래성장산업
으로, 첨단산업으로 또 수출산업으로 발전하기를 기대하는가. 농업생
산은 GDP의 2.2%에 불과하고, 농산물 수출액은 총 수출액의 0.7%에
불과하다. 순전히 국민경제적 관점에서 본다면 농업의 존재가치가 크지
않다. 때문에 농업생산 및 수출을 늘리는 것은 별 의미가 없고, 농업 지
원을 위해 세금을 내고자 하는 국민은 없을 것이다.

셋째, 기업농으로 농업·농촌의 존재가치를 충족할 수 있는가. 우리
농업구조는 기본적으로 가족소농구조에 기초하고 있다. 그들은 농업생
산(예컨대 쌀, 한우)에서 큰 비중을 차지할 뿐만 아니라 농촌환경 및 국
토를 지키는 정원사 역할을 하고 있다. 만약 소수 기업농이 대부분의
농업생산을 담당하고, 소농들의 이농이 가속화된다면 농촌사회 공동
화가 가속화될 것이다.

넷째, 농업의 국제경쟁력을 높인다는 명목으로 시장에 인위적으로
개입하여 특정 농업집단을 지원하는 것은 성공할 수 없을 뿐만 아니라
시장 질서를 왜곡할 뿐이다. 정부는 우리나라 농업구조가 어느 정도 개
선된 것은 구조개선정책의 성과라고 하지만, 농업구조는 기본적으로
시장경쟁을 통해 결정된 것이지 정부 정책이 미친 영향은 미미하다. 오
히려 농업구조 개선에 투자된 막대한 재정의 효율성에 대해서는 의문
의 여지가 많다.

3. 농정추진체계의 문제점

□ 그동안의 농정은 중앙집권적 설계주의 농정이었다

정부는 농업 투융자계획을 발표할 때마다 육성해야 할 전업농의 호수를 업종별로 정하고, 개발해야 할 농촌마을의 개수를 정하고, 중앙정부가 기획부터 집행까지 총괄해왔다. 이러한 중앙집권적 설계주의 농정은 지역 특성을 제대로 반영하지 못한 획일적 농정이 되기 쉽고, 지역의 자율성도 보장하지 못한다. 이러한 중앙집권적 농정에서는 중앙 차원에서 해당 시책에 대한 관심이 약화되면 특정 사업에 대한 자원 배분 우선순위가 낮아져 농정이 불안정해진다.

□ 중앙집권적 설계주의 농정은 관료주의와 정치 논리에 의해 좌우된다

설계주의 농정은 공무원들이 개발독재 시대의 경제계획 성과를 과신해, 이를 농정에 그대로 적용하고 있는 것이다. 하지만 제철공장을 한두 곳 설립하는 것과 수백만 농민을 상대로 하는 정책은 방식이 근본적으로 달라야 한다.

농정 대책은 대부분 장기적인 전망과 계획에 의한 것이라기보다 심각한 농촌문제에 부딪힐 때마다 농민들의 불만을 무마하거나 집권당의 농촌 지지 기반 확충을 위한 농민 길들이기 혹은 환심 사기의 수단으로 이용됐다. 요컨대 집권당이 정치적 생색을 내기 위해서는 중앙정부가 농정을 직접 챙기지 않으면 안 된다. 이러한 맥락에서 시행된 중앙정부의 사업은 하드웨어성 사업이 대부분이고, 소프트웨어성 사업은 지극히 미미한 수준이다.

□ 중앙집권적 농정으로 지방정부의 자율성은 매우 취약하다

지방정부는 중앙정부의 농정을 대행하는 데 대부분의 행정력을 소모한다. 뿐만 아니라 지방정부의 매우 한정된 예산마저 중앙정부 사업의 대응사업비(이른바 매칭)로 쓰여, 지방정부가 독자적인 사업을 추진할 여력은 거의 없다.

IV. 농정 패러다임의 전환과 농정 개혁

1. 농정 패러다임의 전환

1) 한국 농업의 존재가치는 무엇인가? 왜 농업을 지원해야 하는가? 국민은 농업에 무엇을 기대하는가?

□ 국민의 먹거리 기본권 보장 및 다원적 기능

농업의 가장 중요한 존재 이유는 안전한 농산물을 안정적으로 소비할 국민의 먹거리 기본권을 보장하는 것이다. 이러한 국민의 먹거리 기본권은 식량안보에 의해 뒷받침될 수 있다.

한편 농업은 식량생산 외에 농업생산으로부터 파생되는 경제적·사회문화적·환경적으로 다양한 기능multifuctionality을 수행한다. 이러한 다기능농업에 기초하여 농촌은 단순히 식량생산공간이 아니라 생활공간, 경제활동공간, 환경·경관공간, 문화·휴식공간 등의 역할을 수행한다.

농업의 다원적 기능은 농업생산이 이루어질 때 파생되는 효과다. 즉 농업생산이 지속되지 않으면 실현될 수 없으며(결합생산), 누구나 제한

없이 향유할 수 있기에 농산물의 시장가격을 통해서는 그 가치가 적절히 반영되지 않으며(공공재적 성격), 농산물 교역을 통해서는 실현될 수 없다(비교역재). 따라서 농업의 다원적 기능을 극대화하기 위해서는 국가 개입이 필요하다.

□ 농업·농촌의 다원적 기능

① 경제적 기능: 농산물/농업 관련 서비스·부가가치 증진

첫째, 농산물의 부가가치를 증진하는 경제적 기능이 있다. 이는 유기농화·슬로푸드/전통음식·지리적 표시 등 기존 농산물과의 차별화, 가공 및 조리, 직판을 통한 농민의 수취비율 증진 등을 통해 이루어진다.

둘째, 농업 관련 서비스의 신규시장을 창출하고 시장을 활성화하는 기능이 있다. 농촌 어메니티의 증진을 통한 농업·농촌관광, 교육/체험, 휴양/치유 서비스시장의 창출 및 활성화 등이 이러한 효과를 가져온다.

셋째, 농촌지역경제를 활성화하는 기능이 있다. 관광객/체험객 대상 지역 농산물 및 가공품의 직판을 중심으로 지역경제의 부가가치가 증진되고, 이를 통해 지역경제에 신규 일자리가 창출되는 효과(특히 여성, 노인 등의 취약계층을 포용함으로써 얻는 사회적 효과)가 있다.

② 사회적 기능
- 농사활동 체험을 통한 휴양·치유·교육 효과
- 농업을 통한 농촌지역 사회·문화 유지 효과
- 농촌공동체성 및 농촌 전통문화(농업문화/식문화) 유지

③ 환경적 기능: 친환경적 농업의 수행을 통한 환경보전·유지 기능
- 농촌의 어메니티 유지

〈그림 1-1〉 농업·농촌의 다원적 기능

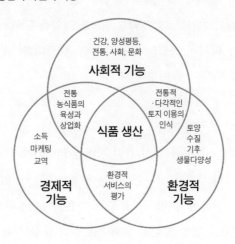

사회적 기능
건강, 양성평등,
전통, 사회, 문화

전통
농식품의
육성과
상업화

전통적
·다각적인
토지 이용의
인식

식품 생산

소득
마케팅
교역

토양
수질
기후
생물다양성

환경적
서비스의
평가

경제적
기능

환경적
기능

자료: IAASTD 보고서, 2008.

- 생물다양성 유지
- 수질 및 토양 보전: 수자원과 토양자원 유지
- 기후변화에 대응한 지구온난화 저감 기능: 이산화탄소 배출 저감
  및 흡수
- 농촌다운 자연·문화·경관의 유지

2) 농정 패러다임의 전환: 생산주의에서 다기능으로

생산주의 농정과 다기능 농정은 〈표 1-1〉과 같이 매우 대조적이다.
생산주의 농정은 효율적인(값싼) 식량 공급을 목적으로 하는 반면, 다
기능 농정은 영농farming을 농촌 발전에 통합하여 지역의 지속 가능한
통합적 발전을 추구한다. 이는 궁극적으로 지역의 주체 역량 개발을 통

〈표 1-1〉 농정 패러다임의 전환

	생산주의(산업) 관점	다기능(지역) 관점
목표	식량 공급	지역의 지속 가능한 통합적 발전, 역량 개발
성과 기준	규모의 경제 : 생산성 제고, 비용 최소화	다원적 기능의 극대화
생산물	표준화, 획일화된 농산물	지역성을 갖춘 고품질 친환경농산물
생산 방식	단작·대량생산, 외부자원 고투입	다품목 소량생산, 외부자원 저투입, 지역 내 자급 지향
판매 방식	지역 외부, 중앙시장, 수출시장	로컬푸드, 직판, 지역시장 지향
사회적 영향	영세농과 대농의 양극화, 농촌과 도시의 대립	공동체 지향, 농촌과 도시의 상생
환경적 영향	고투입농법으로 환경부하 증대	친환경적 농법으로 환경부하 최소화
정책적 함의	산업정책으로서의 농업정책 =) 농산업의 경쟁력 강화 　- 시장가격지지 　- 농업보조금 　- 농가소득 감소분 직접지불	지역정책으로서의 농촌정책 =) 농업·농촌의 다기능성 극대화 　- 농업·농촌의 공익적 기능에 대한 　　직접지불 　- 6차 산업화를 통한 내발적 발전
주체	중대농, 기업농	중소농, 가족농
정책 추진체계	중앙정부 하향식	다층적 거버넌스와 파트너십: 상향식 　- 중앙-지방 　- 민간-행정 　- 지역 주제 간

해 실현될 수 있다. 따라서 성과의 기준이나 생산 방식, 사회적 영향, 환경적 영향이 상이하다. 특히 다기능 농정은 그 주체를 기업농이나 대농이 아니라 가족농에서 찾고 있는 점에 주목할 필요가 있다.

2. 농정 개혁 방향

□ 농정 이념을 국제경쟁력 지상주의에서 국민총행복 증진에 기여하는
지속 가능한 농업·농촌사회의 실현으로 재정립한다

이에 따라 다음과 같은 3대 농정 목표를 설정한다. 첫째, 국민의 먹
거리 기본권을 보장하고, 둘째, 농어업인(농어촌 주민)의 인간다운 생활
권을 보장하고, 셋째, 순환과 공생의 지속 가능한 도농공동체를 실현
한다. 이를 위해 농정 대상 및 추진체계를 아래와 같이 개혁한다.

□ 농정 대상을 농업(인)에서 농업, 식료, 농촌지역으로 확대한다

우선 농정을 부문정책에서 농업, 지역, 환경을 포괄하는 통합적 농촌
정책integrated rural policy으로 전환한다. 오늘날 농정은 농업(인)을 대상
으로 한 좁은 농업정책의 틀을 벗어나 일반 국민과 소비자의 관점에서
식품 안전성, 영양 공급, 환경보전, 농촌지역 활성화 등으로 확대되고
있다.

이 경우 농업정책, 농촌정책, 식품정책의 상호 연계성을 강화하는 것
이 중요하다. 2008년 2월 농림부를 농림수산식품부로 확대 개편하여
식료를 농정의 수비 범위에 포함했다(박근혜 정부는 농림축산식품부로
개편). 하지만 농정의 중심은 여전히 농업정책에 머무르고 있으며, 그
중심 이념은 농업의 경쟁력 강화다. 또한 농업·농촌·식품정책 사이의 연
계성도 약하다.

효율적이고 안정적인 농업경영은 농촌경제의 기반이다. 또한 농업 관
련 전후방 산업 및 서비스업은 농촌경제의 기간산업이며, 다양한 직불
제는 농가 경영의 안정 및 농촌사회의 지속 가능성(조건불리지역, 환경
보전 등)에 기여한다. 농촌개발전략이 외생적 개발에서 내발적 발전으

로 전환하면서 농업과 농촌개발의 연계성이 강화되고 있다.

농장에서 식탁까지Farm to Table라고 하듯이, 식품정책과 농업정책 사이에는 매우 높은 보완관계가 있다. 식품을 안정적으로 공급하기 위해서는 반드시 식량자급률(칼로리자급률 포함)을 일정 수준에서 유지할 수 있는 농업생산기반이 필요하다. 또한 식품 안정성을 높이기 위해서는 국내 농업생산을 친환경적으로 개편하고, 안전한 국산품을 소비자에게 제공하기 위한 시스템을 갖춰야 하며, 생산자와 소비자의 조직화를 통해 생산과 소비를 직접 연결하는 '지역 순환 농식품체계local food system'를 확립할 필요가 있다.

농식품 관련 산업(가공 및 유통)은 농촌사회의 주요한 경제적 기반이며, 특히 농촌지역에 뿌리를 둔 농식품산업의 발달은 농촌사회에 활력을 불어넣는다.

□ 농정추진체계의 개편

첫째, 농정에서 시장과 정부의 역할을 명확히 구분해야 한다. 농업은 산업적 특성으로 인해 시장원리에 맡기기에는 적합하지 않고, 국가에 의한 국경보호와 국내보조가 필요한 산업이다. 특히 농업·농촌의 다원적 기능은 시장에서 달성될 수 없을뿐더러 농업·농촌의 상대적 낙후는 시장 실패의 결과이기 때문에 시장을 중심으로 한 신자유주의 농정으로는 농업·농촌의 가치가 제대로 실현될 수 없다. 그렇다고 해서 정부가 농업부문 시장에 과도하게 개입하는 것은 자원 배분의 왜곡을 초래할 위험이 있다. 따라서 문제는 정부가 어떻게, 어느 정도 개입할 것인가에 있다. 이는 농정 각 주체의 역할을 재정립하는 문제이기도 하다.

둘째, 농민의 주체성을 확립하고 새로운 농정을 담당할 지역 주체를 세워야 한다. 농업의 주인(주체)은 말할 나위 없이 농민이다. 농민과 농촌 주민 스스로의 자각과 주체적 노력이 없는 한, 농업·농촌문제의 해결 전망은 없다. 농민은 농정의 시혜 대상이 아닌 주체로서 책임의식을 갖고 참여해야 하며, 농민의 의사를 충분히 반영하여 농정이 수립, 집행되는 시스템이 구축되어야 한다. 이를 위해서는 중앙농정 및 지역농정의 정책 결정과 집행 과정에 농업인의 권익을 대표하고 농업인 스스로 일정한 책임을 분담할 수 있는 대표 자조조직을 법제화하고, 농업인에게 단결권·교섭권·행동권 등 농업인 3권을 부여하는 방안도 적극 검토해야 한다.

'지속 가능한 농어업·농어촌사회의 실현'은 지역 주체의 역량만큼만 실현될 수 있다. 지역 만들기, 협동조합, 친환경농업 등 다양한 분야에 '지역의 문제를 스스로 고민하고 해결하기 위해 노력하는 지역 리더'를 육성할 연차계획을 수립하고, 이들에게 적절한 교육을 비롯해 실천을 통한 학습learning by doing의 기회가 다양하게 주어져야 한다.

셋째, 중앙정부와 지방정부의 역할(분담)을 각각 분명히 해야 한다. 정부의 가장 중요한 역할은 농민의 주체적 역량이 강화되게끔 돕는 것이다. 정부는 장기적인 비전하에 농업·농촌의 활성화 조건을 마련한다. 농민의 영농 의욕을 고취할 수 있는 정책(가격·소득정책과 농촌 생활 여건 정비), 영농애로를 타개하는 정책(제도 개혁, 생산기반 정비나 대형 기계 및 시설의 도입, 농업기술 개발 보급, 농업인력 개발 및 교육), 농업 관련 기초서비스(통계, 농산물 등급 검사, 시장·가격정보 등)를 제공하는 한편 농지 및 국토·환경 보전을 위한 정책 등을 실시하는 것이다.

그렇지만 이러한 역할을 전부 중앙정부가 맡을 필요는 없다. 농가소득에 관련된 가격·소득정책이나 여건(제도) 정비 기초서비스 등은 중앙정부가 직접 담당하더라도, 그 외의 것에 대해서는 중앙정부가 커다란 방향 및 틀만을 설정하고 구체적인 사업계획이나 집행은 지방정부가 맡아야 한다.

넷째, 농업·농촌이 발전하는 데 지방자치단체(지자체)의 역할은 결정석으로 중요하다. 농업생산은 본래 강한 지역성을 띨 수밖에 없다. 일정한 지역을 범위로 이루어지며, 각 지역은 자연적 조건이며 역사적 전통, 사회경제적 조건이 매우 다르기 때문이다. 한 나라의 농업은 이러한 개성이 풍부한 지역농업의 종합에 지나지 않는다는 점에서, 우리나라 농업의 발전은 지역농업의 발전을 통해서 실현된다. 지자체는 농업생산뿐만 아니라 유통·판매·가공·소비 등 종합적인 관점에서 지역농업계획을 수립해야 한다. 이러한 지역농업계획은 지역종합발전계획의 일환으로서 수립되고 집행되어야 한다.

다섯째, 중앙집권적·획일적 농정체계를 지방분권적·자율적 농정체계로 전환해야 한다. 지방분권적 농정은 단순히 중앙정부의 권한과 재원의 일부를 지방으로 이양하는 것을 의미하는 게 아니다. 중앙정부와 지방정부, 관과 민의 역할을 올바르게 정립하고, 이에 기초하여 국가 사무와 지방 사무를 재조정하며, 여기에 필요한 지방정부의 재정능력을 강화하는 조치가 필요하다.

사무 이양에는 반드시 재정 이양이 뒤따라야 한다. 국세 일부의 지방세 이전, 지방채의 자주적 발행 권한 부여 등 지방의 자주세원을 확대하고, 국가보조금은 점차 줄여나가되 포괄보조금 방식으로 전환해야 한다. 다만 지역 간 재정력 격차가 크기 때문에 그것을 보전하기 위한 지방교부세(수직적 및 수평적) 등 지방재정조정제도를 적극 활용해야 한다.

여섯째, 농협 개혁이 새롭게 추진되어야 한다. 농협이 바로 서면 농업 문제의 절반이 해결된다고 할 정도로 농협의 역할은 중요하다. 그러나 그동안 농업은 쇠퇴하는데 농협만 흥한다는 비난을 받아왔고, 정권이 바뀔 때마다 농협 개혁이 화두가 되었으나 여전히 제대로 된 개혁은 이루어지지 않았다. 오히려 개악되고 있다는 평이다.

이명박 정부의 「농협법」 개정으로 농협중앙회는 농협금융지주회사와 농협경제지주회사를 자회사로 거느리는 거대 지주회사로 확대 개편됐다. 농협중앙회가 출자하여 전국 단위의 금융지주 및 경제지주를 설립한 예는 세계적으로 유례가 없다. 지주회사는 자기 이익의 극대화를 추구하는 주식회사이고, 지주회사에 대한 지배 통제권이 회원조합에 있지 않기 때문에, 지주회사의 자회사와 회원조합의 이해관계가 상충하거나 대립할 수밖에 없다. 금융지주회사의 농협은행이 회원조합의 신용사업과 마찰을 일으키는 데서 알 수 있듯이, 경제지주회사와 회원조합의 이익이 상충하는 문제는 피할 수 없다. 이는 회원조합의 공동이익을 추구한다는 협동조합중앙회의 법 취지에도 맞지 않다.

따라서 농협중앙회는 '비사업적 기능' 즉 회원조합의 연합조직체로서 농정활동과 조사연구, 회원조합 지도·교육·감독 기능을 담당하는 본연의 중앙회로 재편하고, 중앙회 독자조직인 금융지주회사와 경제지주회사를 회원조합의 신용사업연합회와 경제사업연합회로 개혁해야 한다. 이러한 중앙회 개혁과 함께 현재의 읍면 단위 종합농협체계를 생활권과 경제권 단위로 합병을 추진하고, 그 기능을 분리하여 지역신용협동조합, 품목별협동조합, 생활협동조합으로 발전할 수 있도록 한다.

3. 농정 개혁의 로드맵

□ 새로운 농정 패러다임에 기초하여 기존 농정을 근본적으로 재검토한다

경쟁력 강화와 농업 구조조정을 위한 보조금을 대폭 삭감하고, 농가

소득지지와 농업의 다원적 기능을 향상시키는 직접적 지원 프로그램을 확대한다.

□ 직불제 예산을 점진적으로 확충하여 농가소득을 지지한다

FTA와 WTO 도하개발어젠다DDA 협상 등으로 농산물시장개방이 더욱 확대될 전망이라, 농산물가격지지와 같은 시장개입 방식으로 농가소득을 지지하는 것에는 근본적인 한계가 있다.

농업예산에서 직불제 예산의 비중을 현행 12% 수준에서 5년 후에는 30%, 10년 후에는 50%, 장기적으로는 EU와 스위스 수준인 80%까지 확대하기로 정해놓고 매년 그 비율을 높여간다.

□ 직불제 확대와 더불어 농업의 다원적 기능이 발휘되도록 하여 국민의 공감대(지지)를 얻는다

단기적으로는 FTA 등에 따른 농산물가격 하락 등에 대응하여 가격보전직불과 고정직불 등 소득보상적직불을 강화하여 농가소득의 안정을 꾀한다. 소득보상적직불에는 그에 상응하는 대응의무를 부여한다.

장기적으로는 소득보상적직불보다는 농업의 다원적 기능에 대한 직불금 지급을 점차 늘려나가고, 그에 상응하는 대응의무를 강화한다. 또한 우리나라의 식량자급률이 낮은 점을 고려하여 다원적 기능의 일환으로서 기초 농산물에 대한 식량안보직불을 강화한다.

□ 농가 경영의 안전망을 강화한다

농산물가격 하락으로 인한 농가소득 감소의 충격을 줄이기 위해 주요 농산물을 대상으로 가격보전직불을 실시함과 동시에 작물보험 등 리스크 관리제도를 강화한다.

□ 중앙정부의 권한 및 재정을 지방정부에 이양하여 농정 분권화를 추진한다

직접지불, 리스크 관리 등은 중앙정부의 지방사무소(예컨대 지방농정청)를 통해 중앙정부가 직접 집행한다. 지방정부는 지역 특성을 고려하여 농업의 다원적 기능을 위한 직접지불 설계와 집행에 일정한 자율권을 갖는다.

V. 맺음말: 농정 패러다임 전환과 농정 개혁을 위해 당장 무엇을 할 것인가

농정 패러다임 전환과 농정 개혁을 추진할 컨트롤타워가 필요하다. 이를 위해 국민행복농정위원회(가칭)를 대통령 직속기구로 신설한다. 국민행복농정위원회는 과거 김대중 정부, 노무현 정부에 있었던 '농어업·농어촌 특별대책위원회'와는 그 성격이나 기능이 달라야 한다. 우선 지난 정부의 농특위는 주로 시장개방으로 인해 어려움에 처한 농어민과 농어업을 보상적 차원에서 지원하는 것을 주된 임무로 했다. 지금 우리 농어민들이 과거 어느 때보다 더 어려운 상황인 것은 말할 나위 없지만, '어려운 농어민을 돕는 농정'은 지속 가능하지 않다. 농어민의 인구 비중이 5% 수준으로 떨어져 정치적 영향력도 현저하게 약화됐고, 그중 일부는 상당한 소득을 얻고 있으며, 농어민에 대한 지원이 결국 이들 부농에게 집중되는 결과를 낳고 있기 때문이다. 따라서 농어민에 대한 지원 명분이 농어민의 어려움을 돕는 데 머물러서는 안 된다. 농어민·농어업에 대한 지원은 국민행복에 기여한다는 것을 전제로 해야 한다. 즉 농정은 농민이 행복해야 국민이 행복하다는 관점에서 추진

되어야 한다. 다시 말해서 농어업과 농어촌의 다원적 가치가 극대화되는 방향으로 농어민을 지원하고, 그것이 농민행복과 국민행복의 증진으로 이어져야 한다.

국민행복농정위원회는 단순한 자문기구가 아니라 농어업·농어촌 이슈와 관련 있는 부서들(사실상 정부의 거의 모든 부서)의 정책을 농민행복, 국민행복이라는 관점에서 통합적으로 기획하고 조정하는 기능을 수행해야 한다. 따라서 정책 당국자와 농어민 대표뿐 아니라 소비자, 환경, 문화 등 다양한 분야의 이해관계자로 구성되어야 한다.

다음으로 헌법 개정 시에 농어업·농어촌의 다원적 가치를 명시하고, 이를 위한 정책 수단을 강구할 것을 포함해야 한다. 현행 헌법 제123조에 이어, 농업이 식량생산뿐만 아니라 농업생산활동과 결합해 다원적 기능을 발휘한다는 새로운 조문을 마련한다. 여기에는 농업·농촌이 수행하는 다원적 기능으로서 안정적인 식량 공급, 자연자원 및 환경 보전, 생물다양성 증진, 전통문화 계승·발전, 휴양공간 제공, 지역사회 유지 등을 열거하며, 정부는 이 같은 다원적 기능을 증진하는 데 기여하는 농민에게 그 대가를 지불하도록 규정한다.

| 참고문헌 |

강마야 외,《농업직불금 제도 개선 방안 연구》, 충청남도, 2014.
김태곤, 〈일본의 새로운 농업보호와 다원적 기능 직불제〉,《세계농업》제170호, 한국농촌경
　　제연구원, 2014. 10.
박진도,《순환과 공생의 지역만들기》, 교우사, 2011.
_____, 〈민선5기 충남 농정의 비전과 과제〉,《충남 3농혁신 대토론회 자료집》, 2011. 4.
_____, 〈농업·농촌의 재발견과 지역의 도전〉,《2013 대안농정대토론회 : 시장을 넘어, 신뢰
　　와 협동의 '지역'으로》, 대안농정대토론회 조직위원회, 2013. 10.
_____, 〈21세기 한국 사회와 '농(農)'〉,《2014 농업·농촌 시민강좌 자료집》, 지역재단, 2014.
_____, 〈농협개혁과 3.11 조합장 동시선거의 의의〉,《民爲邦本》제1호, 지역재단, 2015.
_____, 〈박진도교수의 부탄이야기〉,《한겨레21》, 2015. 9~12.
_____,《부탄 행복의 비밀》, 한울아카데미, 2017.
안병일, 〈EU CAP 직불제 개혁의 주요내용〉,《세계농업》제170호, 한국농촌경제연구원,
　　2014. 10.
이명헌, 〈새정부의 농정, EU의 2013년 농정 개혁에서 배울 것〉,《시선집중》제149호, GS&J,
　　2013. 1.
이정환 외,《한국 농업·농촌의 비전과 농정 합리화 방향》, GS&J, 2012. 12.
임정빈, 〈2014년 미국 농업법의 배경과 개요〉,《세계농업》제168호, 한국농촌경제연구원,
　　2014. 8.
_____, 〈2014년 미국농업법의 품목별 농가지원정책의 주요 내용과 시사점〉,《세계농업》제
　　169호, 한국농촌경제연구원, 2014. 9.
임정빈·이수연, 〈다원적 기능에 몰입하는 스위스 농업과 농정(1)〉,《시선집중》제123호,
　　GS&J, 2011. 8.
황수철, 〈농정 패러다임은 어떻게 진화하고 있는가〉,《농정연구》제51호, 농정연구센터,
　　2014.

Adrian Aebi, "Swiss Agriculture",《농업·농촌의 길 2015》, GS&J, 2015. 11.
European Commission, "The Future of direct payment", Agricultural Policy
　　Perspectives Brief, January 2011.
Friedman, M., *Capitalism and Freedom*, University of Chicago Press, 1962.
Huylenbroeck et al., "Multifunctionality of Agriculture: a Review of Definitions,
　　Evidence and Instruments", *Living Reviews in Landscape Research*, 2007. 3.
Josling, T., "Competing Paradigms in the OECD and Their Impact on the WTO
　　Agricultural Talks", L. Tweeten and S. R. Thompson eds, *Agricultural Policy for
　　21st Century*, 2002.

Mantino, F., *Developing a Territorial Approach for the CAP: A Discussion Paper*, IEEP, 2011.

OECD, *Agricultural Policy Monitoring and Evaluation*, 2014.

1부

국민의 먹거리보장을 위한
지속 가능한 농정 전략

2장

생산과 소비를 잇는 지속 가능한 먹거리전략의 방향과 과제

황영모
현 전북연구원 연구위원
농촌 리더 연구로 농업경제학 박사학위를 받았고, 지역농업 조직화, 로컬푸드, 사회적경제 등을 주제로 연구하고 있다. 주요 논문으로 〈지역먹거리체계 구축을 위한 로컬푸드 활성화 전략〉(2016), 〈전라북도 사회적경제 실태와 활성화 방안 연구〉(2016), 〈지역농업개발계획 모형개발과 지역사례 연구〉(2017), 〈전주푸드 기본계획 수립 연구〉(2014) 등이 있다.

• 왜 먹거리전략에 주목하는가

먹거리문제는 단순히 농산물과 식품을 어떻게 조달할 것인가에 그치지 않는다. 충분한 먹거리를 사회적으로 보장해야 한다는 요청이 더욱 커지고 있기 때문이다. 충분한 먹거리의 사회적 보장은 인간의 기본권으로서 가치가 내재된 것이다. 때문에 먹거리의 단순한 공급과 조달이 아니라 사회적 불평등을 해소하여 먹거리의 존엄성을 높이기 위한 접근성 향상이 사회적 핵심 가치로 주목되고 있는 것이다. 이는 지속 가능한 지역사회를 실현하는 문제와 맞닿아 있다.

• 먹거리문제의 실태와 국내외 대응은 어떠한가

현재 우리 사회는 소비자의 식생활과 소비행태 여건이 좋지 못하다. 먹거리를 둘러싼 양극화가 커지고 있으며, 먹거리에 대한 국민 불안감도 낮아질 기미가 없다. 그런데도 공공 영역에서의 먹거리대책은 낮은 수준에 그치고 있다. 특히 먹거리정책은 분산되어 실효적이지 않다. 이제는 종합적인 먹거리체계 및 전략을 수립해나가야 한다.

이미 대다수 선진국에서는 국가와 지자체 단위에서 종합적인 먹거리전략을 수립하여 실행하고 있다. 먹거리의 생산·가공·유통·판매·소비·재활용에 이르는 전 과정에 대한 관심이 높다. 이러한 상황에서 2015년 채택된 '밀라노 세계 도시 먹거리정책 협약'은 현실적인 먹거리전략의 구상 및 실행에 의미 있는 전환점이 되고 있다.

• 먹거리전략, 어떻게 할 것인가

먹거리체계를 구축한다는 것은 식생활 소비패턴에 대응한 '소비대책'이고, 먹거리를 둘러싼 사회적 양극화에 대응한 '복지대책'이며, 식품 안전 위협에 대응한 '안전대책'이고, 지속 가능한 먹거리를 제공하는 '공급대책'이다. 즉, 먹거리체계 구축은 한마디로 지역사회 공동체를 강화하는 '사회대책'이라고 할 수 있다.

첫째, 먹거리전략의 구조는 '생산·가공·유통·소비·재활용'의 전 단계를 포괄해야 한다. 이들을 포괄적으로 순환하는 구조가 실제로 작동 가능한 영역으로 설정되어야 한다. 그 안에서의 정책과제 도출이 현실적이다.

둘째, 먹거리종합계획food plan을 수립하고 먹거리위원회를 설치·운영해야 한다. 범정부 차원의 '국가먹거리위원회'(가칭)를 구성하여 중장기 단위의 '국가먹거리종합계획'을 수립하여 추진해나가야 한다. 통합적인 먹거리전략이 낯선 우리 현실에서는, 종합적인 먹거리체계가 사회화되는 데 국가 정책이 매우 중요하다.

셋째, 학교급식과 공공급식을 확대하고 강화해야 한다. 「학교급식법」을 개정하여 정부 역할을 넓혀야 한다. 유치원을 비롯해 초·중·고등학교, 어린이집, 사회복지시설 등 학교급식과 공공급식에 친환경 로컬푸드 식재료를 조달하는 제도를 개선해야 한다. 「지방자치단체를 당사자로 하는 계약에 관한 법률」(이하 「지방계약법」) 개정, 공공구매시스템 개편 등 먹거리 공공조달체계로 나아가야 한다.

넷째, 로컬푸드 활성화로 지역순환 먹거리체계를 구축해야 한다. 로컬푸드 정책은 생산자, 소비자, 사업조직 등을 대상으로 구체화해야 한다. 또한 세부정책은 '생산자·사업조직·소비자'를 직접 연계하여 관계시장을 구축하거나 활성화하는 데 집중되어야 한다.

다섯째, 유전자조작식품GMO 완전표시제와 먹거리 기준을 확립해야 한다. GMO의 완전표시제는 우리 사회의 핵심 이슈다. 소비자가 안전한 먹거리를 선택할 정보를 제공하지 못하게 막는 구조를 바꿔야 한다. 또한 GMO의 비의도적 혼입 허용치를 강화해야 한다. 학교급식과 공공급식의 가공식품에서 수입 GMO를 배제해야 한다.

1. 왜 먹거리전략에 주목하는가

우리 사회가 직면한 먹거리문제는 '건강과 안전, 사회적 형평성, 지속 가능한 환경'이라는 측면에서 살펴볼 수 있다.

첫째, 건강에서 식생활이 차지하는 중요성에 관심이 집중되고 있다. 안전하지 않은 먹거리에 대해 불안감을 갖는 서울 시민이 21.9%에 달할 정도다(서울시, 2016). 특히 잘못된 식생활에 기인한 만성질환이 날로 증가하고 있다. 이는 개인의 삶의 질은 물론, 노동능력 등 사회적 역량이 저하되는 원인으로 지목된다. 이제 먹거리 안전은 '사회 유지'의 필수조건이 됐다.

둘째, 경제적 불평등이 커지면서 먹거리 격차 또한 날로 심화되고 있다. 취약계층의 먹거리는 양과 질 모두 심각한 수준이다. 서울시 가구의 5.1%가 먹거리 부족에 시달리고 있는데, 특히 저소득층과 노인층*이 겪는 먹거리 격차에 주목해야 한다. 경제적인 이유로 충분히 먹지 못하는 먹거리 취약계층의 증가는 '사회정의'와 직결된 문제다. 여기에 1인 가구가 늘어나면서 먹거리 안전과 영양 불균형에 대한 우려도 높아지고 있다.

셋째, 환경 및 기후변화 역시 지속 가능한 사회와 먹거리를 위협하는 요인이다. 지금까지 우리가 추구해온 양적 성장을 목적으로 한 개발행위의 필연적 결과다. 농약과 중금속, 빈번한 가축질병, 미생물의 진화 등은 먹거리오염의 주된 원인으로 지목되고 있다. 환경문제는 지속 가능한 사회와 '미래세대'를 위협하고 있다. 여기에 자유무역으로 먹거

---

* 우리나라의 66~75세 노인 빈곤율은 42.7%, 76세 이상 노인 빈곤율은 60.2%로, 이 수치는 OECD 38개 회원국 중 1위다. 자세한 내용은 OECD, 〈불평등한 고령화 방지 보고서〉(2017)를 참조하라.

리를 들여오는 거리가 멀어지면서 먹거리가 어떻게 생산되고 가공되어 유통되는지에 대한 정보가 너무나 취약하다.

이 모두가 전통적 먹거리체계conventional food system*가 야기한 결과다. 이제는 충분한 먹거리의 '양적 생산'에서 나아가, 안전하고 건강한 먹거리의 '질적 보장'에 대한 사회적 논의가 확산되고 있는 것이다. 먹거리문제는 단순히 농산물과 식품을 어떻게 조달할 것인가에 국한되지 않는다. 충분한 먹거리를 사회적으로 보장해야 한다는 요청이 더욱 커지고 있기 때문이다. 이는 인간으로서의 기본권이라는 가치가 내재된 것이다. 때문에 먹거리의 단순한 공급, 조달이 아니라 사회적 불평등을 해소하여 먹거리의 존엄성을 높이기 위한 접근성 향상이 사회적 핵심 가치로 주목되고 있는 것이다. 이는 결국 지속 가능한 지역사회를 유지하는 문제와도 맞닿아 있다.

이미 대다수 선진국들은 먹거리 생산에 초점을 둔 전통적 농업정책으로부터의 전환을 선택했다. 먹거리 생산·가공·유통·판매·소비·재활용을 전부 아우르는 먹거리전략으로 정책을 포괄적으로 추진해나가고 있다. 이러한 변화는 2008년 글로벌 금융위기와 식량위기를 거치면서 더욱 분명해졌다. '상시적'인 기후변화와 환경위기 시대에 종합적인 먹거리체계야말로 시대적 조류로 자리 잡고 있는 것이다. 북미와 유럽을 중심으로 국가 및 지역 단위에서 먹거리전략을 구축해가는 사례는 우리가 무엇을 준비해나가야 하는지 잘 보여준다.

하지만 먹거리를 둘러싼 문제를 시정하기 위한 전략의 사회적 가치와 지역적 효과에도 불구하고, 사회적으로는 먹거리전략을 채택하여

---

* 산업적 규모로 농생명기술에 의존해 먹거리를 대량으로 생산·가공·유통하는 데 초점을 둔 먹거리체계를 '전통적 먹거리체계'라 부른다.

추진해나가는 데 많은 제약과 어려움이 있다. 먹거리를 둘러싼 역사적 이해관계가 계속 상충해왔기 때문이다.* 요컨대 먹거리 관련 주체들의 첨예한 경쟁적 이해관계가 지속되어온 것이다. 끊임없는 '긴장관계와 다툼'이 상시적으로 일어나는 사회적 공간이야말로 먹거리정책 영역인 것이다.

어느 누구도 먹지 않고는 살아갈 수 없다. 그렇기 때문에 우리 사회가 만들고 지원해나가야 하는 먹거리체계는 지역경제, 지역사회, 건강, 환경, 공동체에 중요한 영향을 미치는 사회체계로서 성격을 가진다. 먹거리전략은 우리 사회 여러 주체의 행동을 사회체계로 변화시키는 것이기 때문에 좀 더 구체적인 이해와 대응이 필요하다.

2. 먹거리문제의 실태와 국내외 대응은 어떠한가

1) 국내 먹거리문제 실태와 정책 대응과제

먹거리와 관련한 공공의 역할이 갈수록 중요해지고 있다. 양적인 측면은 물론 질적으로 건강하고 지속 가능한 먹거리를 제공하는 것은 국가와 지방정부의 당연한 역할로 강조된다. 특히 먹거리는 국민 모두가 누려야 할 당연한 권리로서, '먹거리 기본권'이 사회적 규범이 되고 있다. 그러나 현실에서는 국민 개인의 먹거리 실태가 여전히 취약한 실정이다.

첫째, 소비자 개인의 식생활과 소비행태 측면에서 여건이 좋지 못

---

* 과거에는 농업생산부문이 공급사슬의 중심이었다. 그러나 현대사회에는 거대 유통자본이 주도권을 행사하면서 먹거리를 자금과 전략, 영향력의 원천으로 활용하는 경향이 더욱 커지고 있다.

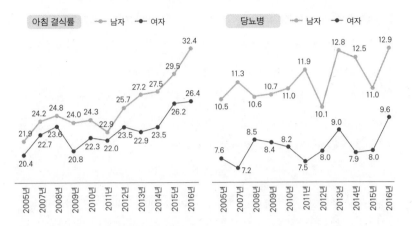

〈그림 2-1〉 아침식사 결식률과 당뇨병 비율

주: 아침 결식률은 19세 이상, 당뇨병 비율은 30세 이상을 대상으로 한 것이다.
자료: 질병관리본부, 〈국민건강영양조사〉, 2016.

하다. 식생활과 밀접하게 연관된 당뇨병, 고혈압, 비만 등의 만성질환이 증가하고 있다. 특히 아침식사를 거르는 국민이 22.5%에 달하며, 여기에 주 1회 이상 외식을 하는 비율 또한 80.0%로 높다. 청소년의 편의점 이용률은 26.6%로 매년 높아지고 있다. 편의점 먹거리를 통한 나트륨과 당류 섭취량이 권고 기준을 넘어서고 있다.

둘째, 먹거리를 둘러싼 양극화가 커지고 있다. 국민의 6% 이상이 '경제적으로 어려워 자주 또는 가끔 먹을 것이 부족'한 현실이며, 소득수준이 하위인 국민의 10.8%가 영양섭취가 부족한 실정이다. 특히 어린이, 노인 등 생리적으로나 사회경제적으로 취약한 계층의 건강에 적신호가 켜져 있다. 청소년은 패스트푸드와 탄산음료 섭취율이 늘고 있다. 노인 중에서 영양섭취가 부족한 비율도 8.1%로, 일반 성인의 3배 이상이다. 에너지 및 지방 과잉섭취자가 9.0%지만 영양섭취 부족자는

<〈그림 2-2〉소득수준별 영양섭취 부족자 및 식품 안전성 미확보가구 비율

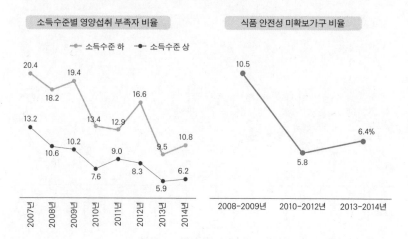

자료: 질병관리본부, 〈국민건강영양조사〉, 2015.

7.7%다.

셋째, 먹거리에 대한 국민의 불안감이 갈수록 커지고 있다. 불안감을 갖는 국민이 21.9%나 된다. 건강한 먹거리에 대한 의식이 높아진 것과는 대조적이다. FTA로 원산지가 불분명한 수입먹거리가 증가하고 있는 것을 가장 큰 원인으로 꼽을 수 있다. 매년 26조 원이 넘는 규모의 수입먹거리가 우리 식탁에 오르고 있다. 안전성이 문제가 되는 유전자조작농산물 수입은 세계 2위를 차지한다.* 여기에 생산 및 식품 제조과정에서의 위해물질은 소비자 불안을 높이는 또 다른 주범이다.

넷째, 공공급식이 여전히 낮은 수준에 그치고 있다. 아동급식, 노인

---

* 대만은 학교급식에 유전자조작농산물 사용을 전면 금지하고 있고, EU는 원료로 사용하는 한 유전자조작농산물의 완전표시제를 시행하고 있지만, 우리나라는 그렇게 하고 있지 않다.

급식 등을 통한 공공급식은 전체 인구의 일부만을 담당할 뿐이다.* 공공급식의 식단가와 식재료 수준도 낮은 게 현실이다. 어린이집 급식 단가는 20년간 동결된 상태다. 공공급식에서 친환경 식재료를 50% 이상 공급하는 곳은 지역아동센터 13%, 어린이집 22%에 불과하다. 복지기관은 일부 기관에서만 부분적으로 운영하고 있다. 그나마 학교급식이 67% 수준이다.

다섯째, 우리나라의 먹거리 관련 정책들은 관할 부처별로 흩어져 추진되고 있다. 먹거리문제는 종합적인데, 정책이 서로 연결되지 못하고 있는 것이다. 먹거리의 생산과 진흥(농림축산식품부), 수산물의 생산과 유통(해양수산부), 식품 안전 관리(식품의약품안전처), 건강 및 영양 관리(보건복지부), 학교급식 관리(교육부), 식수와 음식물쓰레기(환경부)로 나눠져 정책이 별도로 추진되고 있다. 먹거리 생산 관련 정책과 국민의 먹거리 소비정책 간에 연결이 미흡하다는 것이다. 때문에 통합적 먹거리정책으로 나아가지 못하고 있다.

이러한 먹거리 실태와 문제에 기반하여 종합적인 먹거리체계와 전략을 수립해나가야 한다. 이렇게 본다면 종합적 먹거리체계를 구축한다는 것은 다음과 같은 의미를 갖는다. 첫째, 식생활 소비패턴에 대응한 '소비대책'이다. 소비자 먹거리 실태에 기반하는 생활대책이 되어야 한다. 둘째, 먹거리 양극화에 대응한 '복지대책'이다. 누구에게나 먹거리 기본권을 보장해야 하기 때문이다. 셋째, 식품 안전 위협에 대응한 '안전대책'이다. 물리적이며 사회적인 위협요소를 관리하는 체계가 중요하다. 넷째, 지속 가능한 먹거리를 제공하는 '공급대책'이다. 이를 위해

---

* 서울시의 공공급식 1일 식수 인원은 인구 대비 18.3%에 그치고 있다. 학교급식은 70%, 어린이집 등 보육·복지기관은 27%, 공무원은 3% 수준이다.

지역에서 생산하고 지역에서 소비하는 로컬푸드가 중요하다. 다섯째, 지역사회 공동체를 강화하는 '사회대책'이다. 먹거리를 매개로 사회를 재구조화해나가는 과정이 되어야 한다.

2) 국제적 정책 대응의 주요 동향과 시사점

2015년 10월, 이탈리아 밀라노에서 먹거리전략의 실행을 위한 중요한 전기가 마련됐다. 유럽연합, UN 식량농업기구, 세계보건기구, 세계의 140여 개 도시 대표가 참여하여 '밀라노 세계 도시 먹거리정책 협약Milan Urban Food Policy Pact'을 채택했다. 인류에게 중요하고 긴급한 '식량안보와 지속 가능한 발전'을 위해 지속 가능한 사회정의의 원칙을 기반으로 먹거리체계의 구축을 선언했다. 먹거리정책 협약의 의미는 지역에서 실행해나갈 먹거리정책 방향을 개괄적으로 제시하고 있다는 점에 있다. 먹거리정책 실행 경험을 바탕으로 기본적인 정책 프레임을 전략적 옵션으로 제공하고 있기 때문이다. 구체적으로 '추진체계, 식생활·영양, 접근성, 생산·가공, 공급·유통, 폐기물 관리' 등이 주요 가이드라인이다. 이를 통해 도시(지역)별로 지역 현실에 입각한 현실적인 먹거리전략을 실행해야 함을 강조하고 있다.

먹거리전략에 관한 중요한 국제적 대응 중 하나는 2015년 9월 UN 정상회의가 채택한 '지속 가능한 발전 목표Sustainable Development Goals: SDGs(2015~2030)'다.* 지속 가능한 발전 목표는 국제사회가 공조하면서 관련 정책을 추진하는 기본 틀로 역할하고 있다. 특히 빈곤과

---

* 2000년 채택된 새천년 개발 목표Millennium Development Goals(2000~2015)의 후속 기준이다.

〈표 2-1〉 세계 도시 먹거리정책 협약의 먹거리정책 실행 프레임

권장 행동	실행과제	비고
거버넌스 구축 (6개항)	1. 지방정부 내 기관 및 부서를 넘어서는 협력을 촉진	추진 체계
	2. 지역 수준에 따른 다양한 이해관계자의 참여를 강화	
	3. 지역 정책과 시민사회 먹거리계획 수립 및 평가 확인	
	4. 지역 먹거리정책·계획의 개발 수정과 전략적 역량 구축	
	5. 먹거리체계 자료변환 위한 다중정보시스템 개발 증진	
	6. 먹거리체계 회복력을 위한 재해 위험 감소 전략 개발	
지속 가능한 식생활과 영양 (7개항)	7. 지속 가능한 식생활(건강·안전·환경·문화·권리)의 홍보	식생활 영양
	8. 불량한 식생활 및 비만 관련 비전염질병 해결 착수	
	9. 먹거리 관련 주체를 위한 지속 가능 식생활 지침 개발	
	10. 지속 가능한 식생활, 안전한 식수를 위한 기준과 규정 적용	
	11. 캠페인 수행, 자발적이고 규제력 있는 기구의 검토	
	12. 사람 중심 전략 시행, 건강·먹거리분야 공동행동 장려	
	13. 안전한 식수·공중위생의 보편적 접근을 위한 적절한 투자	
사회적 경제적 형평성 (6개항)	14. 취약계층 건강한 먹거리 접근을 위한 현금 지원 및 먹거리 공급	접근성
	15. 학교급식프로그램·단체급식서비스의 방향 전환	
	16. 먹거리·농업부문 노동환경 개선, 양질의 일자리 촉진	
	17. 소외계층, 도시농촌 먹거리 관련 사회적 연대활동 장려	
	18. 먹거리 네트워크 촉진, 풀뿌리사업 및 활동의 지원	
	19. 지역활동 강화 참여형 교육·훈련·연구조사 촉진	
먹거리 생산 (7개항)	20. 도시재생계획을 통한 도시와 근교지역 농업의 통합	생산 가공
	21. 도시와 인근 농촌의 먹거리 생산·가공·유통 추구	
	22. 통합 토지이용계획 관리를 위한 생태계 접근법 지원	
	23. 지속 가능한 먹거리 생산을 위한 토지 접근과 사용권 안정 보호	
	24. 도시 주변 생산자에게 실행 가능한 서비스 제공 지원	
	25. 도시-농촌 짧은 공급사슬, 생산자-소비자 네트워크 등 지원	
	26. 물(폐기물) 관리 개선으로 농업·먹거리 생산 재사용	

	27. 적절한 먹거리 접근성 보장을 위한 먹거리 흐름을 평가	
먹거리 공급과 유통 (7개항)	28. 먹거리 저장·가공·수송·유통의 개선된 기술 지원	공급 유통
	29. 지역먹거리 법률·규정에 의한 먹거리 제어시스템 평가 강화	
	30. 모든 먹거리의 권리 실현 위해 공공조달 가능성 활용	
	31. 지자체 공공시장 위해 정책 및 프로그램 지원 제공	
	32. 지속 가능한 생계 보장을 위한 시장 인프라의 지원 확대 및 개선	
	33. 비공식부문의 기여를 인정, 적절한 지원교육 제공	
먹거리 손실과 폐기 (4개항)	34. 먹거리 손실과 폐기물 감소 평가·모니터 활동가의 소집	재활용
	35. 특정 대상 목표의 먹거리 손실과 낭비 인식 제고활동	
	36. 연구조사·교육·커뮤니티 조직 등 민간부문과 협력	
	37. 안전·영양 먹거리 소비 회복과 재활용이 용이한 제품 낭비 저감	

자료: "Milan Urban Food Policy Pact"(2015).

굶주림, 질병, 지속 가능하지 못한 개발, 불평등 등 아직도 많은 도전 과제에 주목하고 있는 점이 특징이다(임송수, 2016). 우리 사회가 지속 가능한 발전 목표에 주목해야 하는 이유는 '지속 가능한 소비·생산·도시, 기아 종식과 지속 가능한 농업'을 강조하고 있기 때문이다. 이는 먹거리체계와 관련된 핵심 이슈로서 국제적 공동 목표로 기능을 한다는 의미가 있다.

먹거리체계와 전략에 대한 국제적인 관심은 국가와 지역 단위에서 먹거리계획(전략)을 통해 실행되고 있다. 미국은 2000년대 초반부터 도시지역을 중심으로 로컬푸드 방식의 먹거리계획이 수립되어 추진되고 있다. 오바마 정부에서는 로컬푸드와 지역먹거리정책에 대한 지원을 강화했다. 그리고 2008년 「농식품·보전·에너지법Food, Conservation, and Energy Act of 2008」을 통해 다양한 지원프로그램이 반영됐다. 눈여겨

〈표 2-2〉 UN 지속 가능 발전 목표에서 먹거리 관련 주요 내용

Goal 2. 기아 종식, 먹거리 보장, 영양 개선, 지속 가능한 농업	단계
2.1 기아를 근절하고 모든 사람(특히 빈곤층과 취약계층)에게 연중 안전하고 영양 있고 충분한 먹거리에 대한 접근을 보장	소비·공정
2.2 모든 형태의 영양 결핍을 없애고 취약계층의 영양상 필요에 대응	소비·공정
2.3 토지, 기타 생산자원 및 투입요소, 지식, 금융서비스, 시장과 부가가치 및 비농업부문 고용 기회 등에 대한 접근을 안정적이고 동등하게 보장: 소규모 먹거리 생산자의 생산성과 소득을 2배로 증진	생산·공정
2.4 지속 가능한 먹거리 생산시스템을 보장하고 회복력 높은 농업을 실행함으로써 먹거리 생산성을 향상시키고 생태계 유지 및 기후변화에 대한 적응력을 강화하며 토양의 질을 점진적으로 개선	생산·환경
2.5 농업 유전자원의 다양성을 유지하고 유전자원과 전통지식 활용에 대한 접근을 촉진하며, 그로 인한 이익을 공평하고 공정하게 공유하도록 보장	생산·환경
2.a 개발도상국(특히 최빈국) 농업분야 생산 역량 강화를 위해 국제협력을 증진하여 농촌사회 기반시설, 농업연구 지원서비스, 기술 개발, 식물·가축유전자은행 설립에 투자를 확대	생산·투자
2.b 모든 형태의 농업수출 보조금과 그에 상응하여 효력을 내는 모든 수출요건 철폐를 포함하며, 세계농업시장에서 무역 규제와 왜곡 현상을 바로잡고 방지	생산·무역
2.c 농산물상품시장·파생상품시장의 적절한 기능을 보장하고 과도한 식량가격 변동성을 제한하도록 시장정보에 원활한 적시 접근을 위한 기준을 마련	유통·정보
Goal 12. 지속 가능한 생산과 소비	단계
12.3 2030년까지 유통 및 소비자 수준에서 세계인구 1인당 먹거리 손실 발생량을 절반으로 줄이고, 먹거리 생산 및 공급망에서 발생하는 먹거리 손실을 저감	폐기·저감

자료: UN, Sustainable Development Goals, 2015.

볼 것은 2010년부터 학교급식과 가정에서 로컬푸드 증진을 통한 신선한 과일 및 채소 섭취를 늘려나갔다는 점이다. 이러한 국가 차원의 전략으로 지역 수준(주정부와 시정부)에서의 종합적인 먹거리계획이 더욱 확산되고 있다. 프랑스는 「농업·식품·산림 미래법」(2014), 「농업근대화법」(2010)에 근거하여 '국가 먹거리 프로그램le Programme National pour

〈표 2-3〉 세계 주요 도시의 먹거리 관련 계획 사례

유형	지역	연도	계획의 기본 콘셉트	계획 형태	추진 주체	계획의 주요 목표
대도시	런던	2006	healthy and sustainable food	전략계획 실행계획	위원회 (2004)	건강, 환경, 문화, 경제, 식량자급
	맨체스터	2007	good food	전략계획	위원회 (2004)	건강, 환경, 지역경제, 지역사회, 문화
	토론토	2010	healthy and sustainable food	전략계획	위원회 (1990)	주민 지원, 지역경제, 기아 근절, 도농 연결, 정보 제공
	밴쿠버	2010	sustainable, resilient, healthy regional food system	전략계획	위원회 (2004)	가까운 먹거리 생산능력 증대, 지역경제에서 먹거리부문 역할 증진, 건강하고 지속 가능한 먹거리 선택, 모두에게 건강하고 문화적으로 다양하며 가격이 적절한 먹거리 제공, 생태적이고 건강한 먹거리체계
	암스테르담	2007	healthy, sustainable, regional food	전략계획	위원회	로컬푸드 공급, 건강한 식습관, 도농균형, 농업경관 보전
	시애틀	2007 2010	Local Food Action Initiative	의회결의안 법률	시정부	사회정의, 환경적 지속 가능성, 경제발전, 긴급상황 대비
	뉴욕	2010	sustainable food system	정책 보고서	시의회	기아·비만 퇴치, 지역농업·식품제조 활성화, 폐기물·에너지 소비 절감 등
	벨로리존테	1993	healthy food for all	정책	부서 위원회	먹거리 빈곤 퇴치, 지역 농민 보호
중소도시	영국 플리머스	2011	sustainable food city	먹거리헌장 실행계획	파트너십	활발한 지역경제, 시민 건강·웰빙, 회복력 있고 굳게 뭉친 지역공동체, 평생학습과 숙련, 생태발자국 감축
	이탈리아 피사	2011	healthy and sustainable food	먹거리헌장 먹거리계획	피사시	지속 가능한 지역음식문화 증진, 음식·건강·환경 관련 시민 이해 증진, 식습관 개선, 폐기물 감축, 로컬푸드 공급 역량 강화, 먹거리보장 정책 혁신과 통합 촉진
	스웨덴 말뫼	2010	policy for sustainable development and food	정책계획	시의회	이산화탄소 배출 감축, 유기농 공급 증진, 제철 로컬푸드 공급 증진, 공정무역 공급 증진

자료: 허남혁(2013).

l'Alimentation: PNA'을 실행하고 있다. PNA는 우선 공공 먹거리정책의 현실을 진단함에 더불어 공공 먹거리정책의 중요성을 강조하며, 모든 국민이 충분한 양의 질 좋은 먹거리에 접근할 권리가 있다는 것을 전제조건으로 삼는다. 단순히 건강한 먹거리를 공급할 뿐만 아니라 지역에 기반을 둔 짧은 유통, 단체급식, 원산지 표시, 제철 농산물 등 농업과 먹거리를 둘러싼 경제적·사회적 측면까지 프로그램에 담고 있다. PNA는 '사회 정의, 청소년 먹거리교육, 음식물 쓰레기 해결, 지역먹거리와 먹거리 유산 확립'을 중심축으로 실행되고 있다.

세계적으로 도시와 지방정부들은 다양한 형태의 먹거리계획을 수립하고 있는 추세다. 도시 단위의 먹거리계획은 우선 '로컬푸드 활성화'가 주를 이룬다. 생산자와 소비자 간의 공간적·사회적 거리를 줄이고 관계를 지향하는 활동을 지원하는 것이 주된 내용이다.* 더 나아가 '농식품 체계' 계획으로서의 성격도 있다. 지역 단위 먹거리체계의 관점에서 생산·가공·유통·판매·소비·재활용에 이르는 전 과정에 대해 계획을 수립하고 있다. 런던과 뉴욕의 먹거리계획이 바로 그러한 사례다. 이와 달리 '장기적 먹거리전략'의 관점에서 계획을 수립한 지역도 있다. 영국의 플리머스와 이탈리아의 피사가 대표적이다. 먹거리에 국한되지 않고 문화·관광·복지 등 농업 이외 분야와의 협력적 혁신을 강조하고 있는 사례다.

---

* 일본의 지산지소 추진계획 등이 그 사례다.

3. 먹거리전략, 어떻게 할 것인가

1) 먹거리전략의 방향과 구조

먹거리전략은 '일정한 지역에서 먹거리의 공급과 소비체계를 종합적으로 검토하고, 먹거리를 공급하고 이용하는 체계를 균형 잡힌 시각에서 세운 계획으로써 보완하고 균형을 찾겠다'는 의도와 의지의 표현이다. 먹거리체계의 지향과 가치에 입각할 때 먹거리전략은 생산에서 소비로의 일방향적 선형모델이 아니다. 생산에서부터 가공, 유통, 소비, 재활용으로 이어지는 순환적 구조가 기본이 되어야 한다. 이러한 측면에서 먹거리전략의 구조를 다음과 같이 특징지을 수 있다.

첫째, 지역 생산이다. 지역농업에서 다양한 품목의 농산물을 생산하는 체계가 중요하다. 이와 더불어 도시민의 생활농업(도시농업)활동을 통해 자급적 생산기반 등을 늘려나가야 한다.

둘째, 식품가공이다. 현대사회에서 먹거리문제가 가장 광범위한 영역이 가공식품이다. 지역 내 식품가공 주체와 연계한 2차 식품가공 등의 영역이 중요하다. 높아지고 있는 소비자 밥상의 수요에 대응한 농산물 1차 가공(半가공)을 늘려야 한다.

셋째, 지역 유통이다. 지역 외부에 의존하기보다 일정한 지역 단위에서 생산자와 소비자를 연결하는 거래관계를 만들어야 한다. 이것이 먹거리의 지역유통체계이며, 유통 관련 주체의 활동 방식과 판매의 장으로 구체화된다.

넷째, 지역 소비다. 지역사회에서 먹거리를 소비하는 모든 영역이 여기에 해당된다. 지역 소비 확대는 농업이 직면한 시장거래 위험을 최소화하는 길이다. 개인 먹거리, 가정 먹거리, 공공 먹거리, 먹거리 복지, 외식 등 모든 영역을 조직화해야 한다.

다섯째, 순환 이용이다. 먹거리 생산·유통·소비과정에서의 폐기물을 감축해야 한다. 더 나아가 이를 재활용하여 다시 순환적으로 이용해 환경을 배려하는 활동 등이 중요해지고 있다.

여섯째, 먹거리 접근성이다. 차별받지 않는 먹거리공급체계를 공간적이며 사회적으로 해결하기 위해 다양한 방식의 접근성을 높여야 한다. 지역 범위에서 지역 생산(생산자)과 지역 소비(소비자)의 관계를 맺어가는 망과 거점이 여기에 해당한다.

일곱째, 사회적 인식이다. 기존의 먹거리 생활을 재구조화하는 사회체계 재편 방안이 먹거리전략이다. 먹거리로 대표되는 사회적 가치를

〈그림 2-3〉 먹거리전략의 체계와 구조

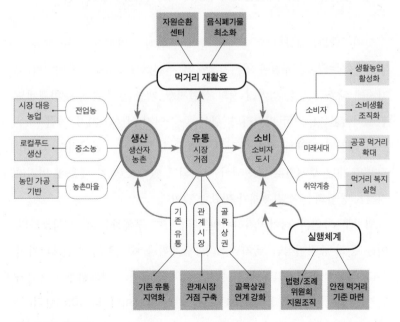

자료: 황영모 외(2015).

실현하기 위해서는 지역사회 구성원과 주체 간의 연대가 중요하다. 이는 곧 지역의 사회적 규범을 만드는 과정이기도 하다.

여덟째, 영양·관리다. 현대인의 먹거리 불균형은 건강 문제를 야기한다. 소비자의 식단, 영양 관리, 식품 안전 관리 등이 중요하다. 영양 결핍 혹은 과잉이라는 사회적 문제를 시정하려는 노력으로 구체화되고 있다.

아홉째, 실행체계다. 먹거리를 둘러싼 다양한 이해관계를 조정하지 않으면 안 된다. 먹거리의 구조를 개선하기 위해서는 소비자, 생산자, 사업체, 시민단체, 교육 주체, 코디네이터, 행정 등 관련 주체의 책임 있는 사업과 활동이 가장 중요하다.

2) 국가 및 지역의 먹거리종합계획 수립과 먹거리위원회 운영

국민이 직접 체감할 수 있는 수준에서 현재 직면한 먹거리문제를 해결해나가는 '문제 해결형 먹거리정책'을 추진해야 한다. 또한 먹거리 사각지대 해소를 통한 먹거리 정의 실현체계, 계층 간 사회적 순환체계도 만들어야 한다. 결국 먹거리의 '생산·공급·안전·식생활·폐기' 등을 아우르는 중장기 전략과 정책 마련이 중요하다. 하지만 우리나라의 먹거리정책은 개별 부처별로 분산되어 추진되고 있다. 그렇기 때문에 먹거리정책을 종합하는 추진체계가 필요한 것이다.

범정부 차원의 '국가먹거리위원회'(가칭)를 구성하는 것이 시급하다. 이를 통해 중장기적인 '국가먹거리종합계획'을 수립하여 추진해나가야 한다. 통합적인 먹거리전략이 낯선 우리 현실에서 먹거리체계가 사회화되기 위해서는 국가 정책이 매우 중요하기 때문이다. 먹거리전략의 활성화를 위해 공공정책과 그에 적합한 공급체계 구축이 필요한 이유다.

첫째, '국가먹거리종합계획과 국가먹거리위원회'는 먹거리 영역을 모두 포괄해야 한다. 이에 상응하는 법적 근거를 새롭게 마련할 필요가 있다. 「국가먹거리기본법」(가칭)을 제정해야 한다. 그러지 않고 현재의 「농업·농촌 및 식품산업 기본법」에 근거를 둔다면 통합적인 먹거리정책은 어렵다.

둘째, '국가먹거리위원회'는 관련 부처와 민간 전문가 등이 참여하는 대통령 직속 위원회로 구성하는 것이 바람직하다. 다수의 유사한 위원회가 형식적인 기구로 전락하거나 부처 간 정책 조정과 일관성에 한계가 있었던 점을 상기해야 한다. 국가먹거리위원회는 부처 간 업무를 조정하고 먹거리정책이 내실 있게 운영될 수 있도록 영향력을 미칠 만한 권한과 위상을 갖춰야 한다. 따라서 전문성 있는 실무기구가 반드시 뒷받침되어야 한다. 국가먹거리위원회는 먹거리정책을 총괄하는 동시에 모니터링을 통해 성과 평가와 개선 과제를 도출하는 기능을 담당해야 한다.

셋째, '국가먹거리종합계획'은 먹거리 영역을 모두 포괄해야 한다. 국가 단위 먹거리계획을 수립하고 있는 주요 선진국 사례를 통해 계획의 영역을 설정해야 한다. '먹거리보장'과 '지속 가능한 먹거리체계'가 핵심이다. 먹거리보장의 주요 내용은 식량안보, 식품 안전, 먹거리 복지, 건강과 영양 등이 되어야 한다. 또 지속 가능한 먹거리체계는 먹거리의 생산·유통·소비·폐기·순환체계를 주요하게 다루어야 한다.

넷째, '지역먹거리계획'은 먹거리체계 실행의 현실적 수단이다. 먹거리 문제를 시정하거나 재구조화하기 위한 먹거리체계는 지역에서 시작되어야 하기 때문이다. 지역먹거리계획은 '의결구조(위원회), 중간지원조직(지원센터), 행정조직(전담부서), 민간조직(사회단체), 제도 기반(조례)' 등을 잘 다루어야 한다. 이를 기반으로 로컬푸드, 학교급식, 공공급식, 먹거리 복지, 식품 안전, 식생활교육 등의 영역에서 현실적인 정책을 추진해나가야 한다. 지역먹거리종합계획은 먹거리에 관한 국가 법령, 추진체계, 종합계획을 실행하는 위치에 있다. 따라서 지역먹거리계획을 의무적으로 수립하고 시행해나가는 데 적극 지원해야 한다. 한편 지역먹거리계획에는 먹거리 거버넌스가 실제 작동할 수 있는 추진체계의 구축이 핵심임을 간과해서는 안 된다.

3) 학교급식과 공공급식의 확대·강화

학교급식과 공공급식은 먹거리체계의 실효적 전략으로 평가된다. 건강한 먹거리에 대한 사회적 수요를 반영하여 학교급식과 공공급식에서 친환경 로컬푸드 식재료 사용이 확대되고 있다. 특히 초등학교와 중학교의 친환경 무상급식은 시민사회와 지방정부의 노력이 제도화된 결과다. 그렇지만 일부 광역 지자체와 고등학교에는 친환경 급식이 공급되지 못하고 있을뿐더러, 공공급식은 여전히 열악한 실정이다. 공공급식의 대표적인 형태가 단체급식이다.* 보육기관, 복지시설, 군대 및 교도소, 공공기관, 병원 등에서는 친환경 급식이 이뤄지지 못하고 있다. 복지사업을 통해 개인에게 먹거리를 공급하는 것도 사회적 취약계층의 수요를 충당하기에는 부족하다.

첫째, 「학교급식법」을 개정하여 중앙정부에서 필요한 재원의 50%를 지원해야 한다. 지금과 같이 지방정부에 재정부담을 지우는 방식을 먼저 개선해야 한다. 또한 광역 및 기초 지자체 단위에 '학교급식 총괄지

---

* 학교급식은 공공급식 중 단체급식 형태지만, 먹거리 공급의 양과 사회적 여건을 감안하여 별도로 다루고자 한다.

원센터'를 의무적으로 설치해야 한다. 먹거리체계의 지역 단위 작동을 위해서는 정책추진체계가 매우 중요하기 때문이다.

둘째, 학교급식에서 친환경 로컬푸드 무상급식을 고등학교와 보육시설로 확대해야 한다. 지역별 차이가 있는 초·중·고 친환경 로컬푸드 무상급식을 전국적으로 균등하게 확대해야 한다는 것이다. 여기에는 특히 어린이집과 유치원 등 보육시설도 포함되어야 한다. 입맛을 형성하는 유아 보육시설은 매우 중요하기 때문이다.*

셋째, 친환경 로컬푸드 식재료를 공공급식시설로 확대해야 한다. 국공립병원과 공공기관, 정부 예산 지원으로 운영되는 민간사회복지시설이 우선 대상이 되어야 한다. 이들 공공급식시설에 대한 먹거리 지원사업에서 로컬푸드 식재료를 우선적으로 구매하도록 시스템을 정비해야 한다.

넷째, 「지방계약법」을 개정하여 학교급식에서 최저가입찰제도를 폐지해야 한다. 공적조달시스템의 투명성을 위한 기술적 제한이 지역먹거리체계 구축에 걸림돌이 되어서는 안 된다. 지역의 로컬푸드 생산자조직 등이 학교급식에 식재료를 납품할 수 있는 제도적 장치를 마련해야 한다. 현물 지원이 가능하도록 시스템도 바꾸어야 한다.

다섯째, 학교급식지원센터가 지역의 친환경 식재료를 우선 구매하여 공급하도록 해야 한다. 로컬푸드와 친환경 식재료 비중의 목표치를 설정하고 높여나가야 한다. 이를 위해 지역 생산자의 농산물과 가공품을 약정 방식으로 구매하여 수요처에 일괄 배송하는 체계를 갖출 필요가 있다.

---

* 미국의 건강한 먹거리를 통한 아동비만 퇴지 Let's Move 캠페인, Farm to School, Farm to Preschool, 영국의 Children's Food Trust, 일본의 보육소 먹거리 가이드라인 등은 유아 보육시설을 통한 먹거리체계 구축의 대표사례로 들 수 있다.

여섯째, 학교급식과 공공급식의 범위를 늘려 광역 단위에서의 급식 식재료 공급체계를 갖춰야 한다. 기초 단위의 먹거리 취급 물량이 늘어나면 지역 식재료를 활용하는 위탁 가공도 가능해지기 때문이다.

결국 학교급식과 공공급식의 확대 및 강화는 먹거리의 공공조달 public catering로 나아가는 경로다. 특정 장소에서 제공하는 단체급식에 국한되어서는 안 된다. 안전한 먹거리 식재료의 공동구매 전체를 포괄해나가야 한다.

4) 로컬푸드 활성화와 지역순환경제의 구축

로컬푸드는 생산자와 소비자의 공간적·사회적 거리를 줄여나간다. 이를 통해 건강하고 안전한 먹거리체계를 갖출 수 있다. 사회운동에서 시작한 로컬푸드가 정책화되는 과정은 먹거리체계의 기본 골격을 짜는 과정이었다. 따라서 직매장 중심으로 늘어가는 로컬푸드 실행 형태가 먹거리 관계시장의 내실을 다지는 데 기여하기 위해서는 그 내적 체계와 실행 방식이 더 촘촘해져야 한다.

첫째, 먹거리체계에서 로컬푸드 정책은 생산자(중소농가, 농촌마을), 소비자(지역 주민, 미래세대), 사업조직(사업체, 지원조직) 등을 대상으로 구체화해야 한다. 구체적인 정책은 '생산자·사업조직·소비자'를 직접 연계하여 관계시장을 구축하거나 활성화하는 데 집중해야 한다.

둘째, 지역 단위에서 로컬푸드 사업과 활동을 위한 제도적 기반을 마련해야 한다. 로컬푸드 사업과 활동을 지역 차원에서 지원할 근거로서 조례 제정이 필요하다. 이미 「지역농산물 이용촉진 등 농산물 직거래 활성화에 관한 법률」도 제정됐다. 이를 근거로 지방정부 차원의 로컬푸드 정책을 활성화시켜야 한다.

<그림 2-4> 지역먹거리 실행체계

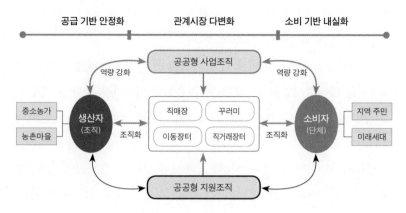

자료: 황영모 외(2016).

셋째, 로컬푸드의 공공형 사업조직을 적극 육성해나가야 한다. 로컬푸드의 사회적 확대의 빛과 그림자에 눈을 돌려야 한다.* 완주로컬푸드협동조합 등과 같은 공공형 사업조직이 지속 가능한 먹거리체계를 갖추고 유지시킬 수 있기 때문이다.

넷째, 로컬푸드의 기획생산체계를 통한 생산기반 강화가 중요하다. 중소 가족농이 주축이 되어 조직화한 생산자조직에서 시민 밥상에 필요한 식재료를 연중 공급해야 한다. 밥상 수요에 부응하는 친환경 다품목 소량생산을 위해서는 로컬푸드 기획생산기반 강화가 중요하다.

다섯째, 로컬푸드의 가공 기반을 강화해야 한다. 이는 소비자의 다양한 먹거리 소비에 부응해나가는 중점 영역이어야 한다. 식생활 소비패

---

* 로컬푸드 농산물에 대한 사회적 관심이 커지면서 이른바 '짝퉁 로컬푸드 직매장'이 등장한 것은 협동조합 등의 사회적경제 방식의 공공형 사업조직이 왜 중요한지를 여실히 보여주고 있다.

턴에서 식재료 반가공품과 2차 가공품의 수요가 높아지고 있다. 따라서 식품 안전 기준에 부합하는 시설과 생산공정을 로컬푸드 생산자가 담당할 수 있도록 역량을 갖춰야 한다.

여섯째, 로컬푸드의 거래 방식을 다변화해야 한다. 직매장 중심의 상품거래를 내실화하면서 관계시장을 촘촘히 엮어나가야 한다. 로컬푸드 꾸러미, 이동장터, 직거래 장터 등 다양한 거래 방식의 도입과 활성화가 중요하다.

일곱째, 로컬푸드의 신뢰관계를 구축해야 한다. 안전한 농산물에 대한 소비자의 믿음이 곧 지역먹거리체계의 사회적 자본이다. 품질 관리 기준을 만들고, 커뮤니티 키친, 팸투어, 식농食農교육 등의 사회적 먹거리 체험활동을 늘려나가야 한다.

5) 유전자조작식품 완전표시와 먹거리 기준의 확립

유전자조작식품GMO의 완전표시제는 안전 먹거리체계를 상징하는, 우리 사회의 핵심 이슈다. 식품의약품안전처(식약처)의 GMO 관련 고시는 non-GMO, GMO-free를 너무 엄격하게 제한하고 있다. 식약처에서 고시한 경우 외에는 민간에서 자율적으로 'non-GMO'나 'GMO-free' 표기를 할 수 없게끔 제한하고 있기 때문이다. 소비자가 안전한 먹거리를 선택할 정보를 제공하지 못하게 막고 있는 셈이다. 건강을 위협하는 GMO 식재료가 밥상에 오르는 구조를 고쳐야 한다. 대만의 「학교급식법」 개정과 프랑스 파리의 지속 가능한 공공급식 결의안은 GMO 농산물을 배제하는 대표 사례다. 이를 위해 GMO 완전표시제를 실시해야 한다.

첫째, GMO의 비의도적 혼입 허용치를 강화하고 모든 농식품에서 완전표시제를 전면화해야 한다. GMO를 원료로 사용할 경우 비의도적 혼입 허용치를 유럽 수준인 1%로 강화해야 한다. 또한 유전자조작 단백질 검출 여부와 관계없이 원료 기반 완전표시제를 실시해야 한다.

둘째, GMO 프리존을 통해 GMO 청정 지역화를 선언해야 한다. 이를 위해서는 GMO 작물 재배 및 상용화를 금지해야 한다. 그리고 이력추적제도를 통해 모든 지역을 GMO 프리존으로 선언해야 한다. 농촌진흥청의 GMO 작물 재배 금지선언은 시사하는 바가 매우 크다.

셋째, 가공식품 및 사료의 원료에서 수입 GMO를 배제시켜야 한다. 국내에서 생산된 non-GMO로 대체하여 생산될 수 있도록 지원해야 한다. 우선 학교급식에서 non-GMO 가공식품(장류, 식용유) 사용을 의무화해야 한다. 또한 논농업과 축산 간 순환농업을 통해 사료 자급 기반을 확충해야 한다.

넷째, 국가 차원에서 학교급식 식재료 등의 품목별 품질 기준을 확립해야 한다. 학교급식에서부터 공공급식용 식재료의 품목별 품질 기준을 정해야 한다. 그 기준으로 국내산 원재료 우선 사용, 화학적 합성 첨가물 사용 금지, 방사능 검출 및 GMO 제외 등을 꼽을 수 있다.

4. 맺음말

우리의 먹거리는 '건강과 안전, 사회적 형평, 지속 가능성' 측면에서 여러 문제를 안고 있다. 먹거리를 대량으로 생산하고 가공하여 유통하는 전통적 방식이 가져온 결과다. 이제 생산에 초점을 둔 정책에서 생산과 소비를 잇는 먹거리전략으로의 전환이 중요하다.

먹거리전략은 먹거리를 둘러싼 사회적·경제적 문제를 시정하는 계획적인 사업과 활동이다. 일정한 지역에서 먹거리의 공급과 소비체계를 종합적으로 검토하고, 균형 잡힌 시각에서 먹거리를 공급하고 이용하는 체계를 종합계획을 통해서 보완하고 균형을 찾겠다는 의지이다. 이른바 '생산→가공→유통→소비→재활용'되는 순환구조로의 재편이 관건이다. 이를 위해서는 국가와 지방정부 등 공공의 역할이 중요하다.

먼저, 먹거리종합계획을 수립하고 먹거리위원회를 운영해야 한다. 정부 차원의 '국가먹거리위원회'(가칭)를 구성하여 '국가먹거리종합계획'을 실행해야 한다.

또한 학교급식과 공공급식을 확대하고 강화해야 한다. 「학교급식법」을 개정하여 공공의 역할을 높여야 한다. 유아 보육시설을 비롯해 초·중·고등학교 학교급식과 공공급식에 친환경 로컬푸드 식재료를 조달할 수 있게 제도를 개선해야 한다. 「지방계약법」 개정, 공공구매시스템 개편 등 먹거리 공공조달 체계가 관건이다.

지역사회에서는 로컬푸드 활성화로 지역순환 먹거리체계 구축이 실질적인 형태가 되어야 한다. 정책으로서의 로컬푸드는 생산자, 소비자, 사업조직 등을 대상으로 구체화되어야 한다. 세부정책은 '생산자·사업조직·소비자'를 직접 연계하여 관계시장을 구축하는 데 집중해야 한다.

먹거리구조의 재편은 GMO 완전표시와 먹거리 기준 확립이 핵심이다. 소비자가 안전한 먹거리를 선택할 정보를 제공하지 못하게 막는 구조를 바꿔야 한다. 그래야만 안전 먹거리체계로 전환할 수 있다. 구체적으로 GMO의 비의도적 혼입 허용치를 강화해야 하며, 학교급식과 공공급식의 가공식품에서 수입 GMO를 배제해야 한다.

| 참고문헌 |

질병관리본부, 〈국민건강영양조사〉, 2016.

허남혁, 〈선진국의 도시 먹거리 계획: 캐나다 토론토 사례를 중심으로〉, 《세계와 도시》 제
　　3호, 서울연구원, 2015. 5.

황영모 외, 《지역먹거리체계 구축을 위한 전북 로컬푸드 활성화 전략》, 전북연구원, 2016.

황영모, 〈푸드플랜의 실천조건: 전주시 사례〉, 《농정연구》 제56호, 농정연구센터, 2016. 1.

"Milan Urban Food Policy Pact", 2015.

OECD, "Preventing Ageing Unequally", 2017.

UN, "Sustainable Development Goals", 2015.

3장

지속 가능한
가족농을 위한
가격·소득정책

장경호
현 농업농민정책연구소 녀름 소장
경제학 박사. 서울대와 중앙대에서 농업경제학을 전공하고 다
방면에 걸쳐 농업·농민 관련 정책을 연구해왔다. 특히 직접지
불제도와 농산물 가격정책을 중심으로 농가소득문제를 접근
하는 데 중점을 두고 있다. 주요 연구로 〈농가소득 문제 해결
을 위한 접근방향〉(2017), 〈농산물 가격정책의 당위성과 개편
방향〉(2017) 등이 있다.

- **농민이 계속 농사지을 수 있도록 하자**

  농민이 지속적으로 농사를 지을 수 있어야 농업·농촌이 지속 가능하고, 그래야 국민 삶의 질도 높아질 수 있다. 농민층이 지속 가능하려면 사람으로서 최소한의 삶의 질을 향유할 수 있어야 한다. 최소한의 삶의 질을 실현하려면 먼저 소득이 뒷받침되어야 한다.

- **현행 농가소득으로는 농민이 최소한의 삶의 질도 실현할 수 없다**

  1990년대 이후 도농 간 소득격차가 매우 빠르게 확대되어 2015년 기준 농가소득은 도시근로자가구소득의 약 64.3% 수준이다. 더욱이 농가소득 중에서 농업소득은 1995년 이후 20년 이상 대략 1,100만 원 안팎에서 제자리걸음을 하고 있는 데다, 최근 10년간 농가소득 변화에서 가장 대표적인 특징은 농민층의 소득 양극화가 매우 빠르게 그리고 매우 심각한 수준으로 악화되고 있다는 점이다. 농가소득이 최저생계비에도 미치지 못하는 절대빈곤층이 2014년 기준 약 20.3%에 달한다. 도시근로자가구의 2.3%, 국민 전체 가구의 7.2%에 비하면 농민의 빈곤율이 얼마나 심각한 수준인지 알 수 있다.

- **농가소득문제 해결의 중심은 직접지불제도와 농산물가격 안정에 있다**

  우리나라에서도 농가소득을 직접 보전해주는 직접소득정책의 비중이 커졌으며, 직접지불제도가 선진국의 보편적인 사례에서 보듯이 앞으로 농가소득문제 해결에 중요한 역할을 할 것이다. 그러나 직접지불제도만으로 농가소득문제를 해결하는 데는 한계가 있다. 가격 폭락이 발생한다면 직접지불제도의 소득보전 효과도 그만큼 상쇄되기 때문이다. 직접지불제도의 소득보전 효과가 실효성을 가지려면 농산물가격 안정이 전제되어야 한다. 직접지불제도와 농산물가격 안정정책은 농가소득문제를 해결하는 데 상호보완적 기능을 수행하는 양대 중심축이어야 한다.

- **직접지불제도를 확대 개편해야 한다**

  우선 소득보전 목적의 기본형 직불제를 논밭을 구분하지 말고 동등한 수준으로 확대해야 한다. 여기에 더하여 친환경농업, 생태환경보전, 경관보전, 조건불리지역, 토종종자, 종다양성 등 다양한 형태의 다원적 기능 증진 프로그램을 마련하고, 각 프로그램에 참여하는 농민에게 대응·이행 상호의무준수를 조건으로 직접지불을 실시해야 한다. 아울러 농민층의 양극화·빈곤화를 개선하기 위해 중소규모 가족농을 대상으로 하는 직접지불제도를 신규로 도입하고, 직접지불제도의 확대를 위한 재원을 확보해야 한다. 전체 농업예산 증가율을 국가 전체 예산 증가율과 동일한 수준으로 유지하면서 그 증가분을 직접지불제도 예산에 우선 배정하여, 중장기적으로 농업예산의 약 50% 수준에 도달하도록 확대해나가야 한다.

• **농산물가격 안정제도를 개편해야 한다**

현행 농산물가격정책이 실질적인 가격 안정 효과를 거둘 수 있으려면 전반적인 개편과 재정비가 반드시 필요하다. 가격 안정 대상 품목을 주요 품목 15~20개로 확대해야 하고, 현행 계약재배(약정수매) 물량을 품목별 생산량의 약 50% 수준까지 대폭 확대해야 한다. 또한 참여 농가에 보장하는 최저가격 수준을 적어도 생산비 수준으로 끌어올려야 한다. 이 같은 가격정책을 효과적으로 수행하기 위해 그 실질적인 사업 주체로서 선진국과 같이 농협의 품목별 연합회를 구성하여 수급 조절, 생산 조정, 출하 조절, 계약재배 등을 맡도록 해야 한다.

I. 농민이 계속 농사지을 수 있도록 하자

국민의 삶의 질을 높이려면 안전한 먹거리를 안정적으로 제공해야 한다. 농업·농촌이 제공하는 환경, 생태, 경관, 문화, 수자원(물), 깨끗한 공기 등과 같은 다원적 기능이나 공익적 가치 등도 반드시 필요하다. 안전한 먹거리, 다원적 기능, 공익적 가치는 농업·농촌이 국민을 행복하게 만드는 필수적인 요소들이다.

그런데 이러한 농업·농촌은 농민이 있어야만 지속 가능하다. 요컨대 농민이 계속 농사지을 수 있어야 농업·농촌이 지속 가능하며, 국민의 삶의 질 또한 높아질 수 있다. 결국 그 출발점은 농민이 지속 가능해야 한다는 것이다.

그렇다면 우리 농민은 과연 지속 가능한가? 농민이 사람으로서 최소한의 삶을 향유할 수 있어야 농민층이 지속 가능하다. 한데 농민이 가계를 유지하고 생활을 영위하면서 최소한의 삶의 질을 향유하려면 소득이 뒷받침되어야 한다. 우리나라의 열악한 농가소득으로는 어느 농민도 최소한의 삶의 질을 누리지 못한다.

농민들에게 우리나라 농업정책이 최우선적으로 해결해야 할 과제가 무엇인지 물으면, 십중팔구는 농가소득을 보장하는 것이라고 대답한다. 요컨대 농가소득문제는 농민들이 최우선적으로 바라는 농정 과제라 할 수 있다. 또한 농가소득문제를 해결해야만 농민이 지속 가능하며, 농업·농촌이 유지되며, 나아가 국민의 삶의 질을 높이는 데 필수적인 다원적 기능과 공익적 가치도 지속될 수 있다.

II. 농민에게 가장 필요한 것은 농가소득문제 해결이다

1. 농가소득은 도시근로자가구소득의 64.3% 수준이다

　1990년 농가소득은 11,026,000원이었고, 도시근로자가구소득은 11,343,000원으로 농가소득이 도시근로자가구소득의 97.2% 수준이었다. 대체로 엇비슷했다고 할 수 있다. 하지만 1990년 대비 2015년 농가소득은 3.37배 증가한 반면, 도시근로자가구소득은 5.09배 증가하여 도시근로자가구와 농가의 소득격차가 확대됐다. 2015년 기준 농가소득은 도시근로자가구소득의 64.3%에 불과하다.

　그런데 농가소득은 실제에 비해 과대평가되는 측면이 있고, 도시근로자가구소득은 과소평가되는 측면이 있다는 점을 고려한다면 도농 간 소득격차는 통계로 나타나는 수치보다 더 크다는 의견도 참고할 필요가 있다. 연도별로 소득 증감 속도에 편차가 있기는 하지만, 장기적인 추세로 볼 때 도농 간 소득격차가 매우 빠르게 확대되는 경향을 보여주고 있다.

〈표 3-1〉 도농 간 소득격차 변화 추이 　　　　　　　　　　　　　　(단위: 1,000원, %)

	1990	1995	2000	2005	2010	2015
농가소득(A)	11,026	21,803	23,072	30,503	32,121	37,215
도시근로자 가구소득(B)	11,343	22,771	28,659	39,025	48,092	57,799
소득격차(A/B)	97.2	95.8	80.5	78.2	66.8	64.3

자료: 통계청 국가통계포털(KOSIS); 농림축산식품부, 〈농림축산식품 주요 통계〉.

2. 농가소득이 장기간 정체 현상을 보이고 있다

농가소득은 2005년 이후 약 10년간 정체되어 있다. 2015년 농가소득이 약 37,215,000원으로 개선된 것처럼 보이지만 2005~2015년 축산농가 및 2종 겸업농가를 제외한 나머지 농가의 소득변화를 살펴보면 대략 3,000만 원 내지 3,200만 원 범위 내에서 장기간 정체되어 있는 것으로 나타났다.

여기에 물가상승을 고려할 경우 같은 기간 동안 농가의 실질소득은 물가상승률만큼 감소한 것이라 할 수 있다. 실질소득 감소는 농가의 구매력 약화로 이어졌고, 이는 농가의 삶의 질에 결정적으로 부정적인 영향을 미쳤다.

농업소득은 더욱 심각한 상황이다. 농업소득이란 농가소득 중에서도 농민이 농사를 지어 벌어들이는 소득을 말한다. 농업소득은 물가를

〈표 3-2〉 영농 형태별 농가소득 변화 추이   (단위: 1,000원)

	2005	2010	2015
논벼농가	24,620	21,011	26,799
과수농가	35,707	34,796	33,147
채소농가	26,834	30,268	26,906
특작농가	44,080	39,972	19,362
화훼농가	38,007	34,696	33,573
전작농가	20,442	27,455	24,811
축산농가	46,978	50,062	86,194
2종 겸업농가	37,776	39,212	43,909

자료: 농업농민정책연구소 녀름, 《녀름 이슈보고서》 제253호(2016. 10. 21).

고려하지 않은 명목소득으로도 1995년 이후 현재까지 사실상 제자리 걸음을 하고 있다. 약 20년 동안이나 1,000만 원 안팎에서 마치 말뚝을 박아놓은 것처럼 꼼짝도 하지 않고 멈춰 서 있는 것이다. 여기에 물가상승을 고려한다면 농사를 지어 벌어들이는 소득은 끔찍할 정도로 추락했음을 알 수 있다. 농산물 판매를 비롯해 농업생산을 통해 벌어들이는 총수입이 증가한 것과 비슷한 폭으로 농업생산에 들어가는 농업경영비도 증가했기 때문이다. 농업생산을 통한 소득률은 지속적으로 하락했다. 1990년 69.1%였던 농업총수입 대비 농업소득률은 2015년에 33.4%로 크게 하락했다.

농업소득률 하락은 농업생산물 단위당 소득이 하락했음을 의미하며, 농가에서는 단위당 소득 하락을 생산 규모 확대로 벌충하면서 농업소득 총액을 유지해온 것으로 보인다. 그렇지만 생산 규모를 확대하면서 증가한 농업총수입과 거의 비슷한 수준으로 농업경영비가 증가함에 따라 농업소득은 일정 수준에서 장기간 정체됐다.

〈표 3-3〉 농업소득 및 농업소득률 변화 추이　　　　　　　　　　(단위: 1,000원, %)

	1990	1995	2000	2005	2010	2015
농업소득(A)	6.264	10,469	10,897	11,815	10,098	11,257
농업총수입(B)	9,078	16,012	19,514	26,496	27,221	33,654
농업경영비	2,814	5,543	8,617	14,681	17,123	22,398
농업소득률(A/B)	69.1	65.3	55.8	44.5	37.1	33.4

자료: 농림축산식품부, 〈농림축산식품 주요 통계〉.

3. 농가부채, 농민은 빚으로 근근이 살고 있다

1990년대 정부가 경쟁력 제고를 위한 규모화 정책을 중점적으로 추진하면서 농가부채는 빠른 속도로 증가했다. 하지만 2005년 이후 농가부채 총액은 더 이상 증가하지 않고 일정 수준에서 정체되어 있다.

2005년 이전까지 농가부채 증가를 주도한 것은 농업용 부채의 빠른 증가였다. 주로 농지, 농기계, 농업용 시설 및 장비 등을 구입하는 데 따른 부채였으며, 이는 정부가 소수정예 농가에게 규모화 및 경쟁력이라는 명목하에 자금을 집중적으로 지원해주었기 때문이라 해석할 수 있다.

2005년 이후 농가부채 총액은 일정하게 유지되는데, 농업용 부채는 감소하는 추세를 보이는 대신 가계의 소비지출, 겸업을 위한 차입 등 농업생산과 직접적인 연관이 없는 부채가 빠르게 증가하고 있다.

이러한 현상은 농가부채의 질적 구조가 악화되고 있음을 보여준다. 농업생산을 위한 투자 목적의 생산성 부채가 감소하는 대신 나머지 다양한 이유의 소비성 부채가 증가하고 있는 것이다. 농가의 생계유지 및

〈표 3-4〉 농가부채 변화 추이 (단위: 1,000원)

	1990	1995	2000	2005	2010	2015
농가부채	4,734	9,163	20,207	27,210	27,210	27,878
- 농업용	2,639	6,351	12,153	16,315	12,930	11,778
- 가계용	1,015	1,110	3,882	6,614	7,330	7,539
- 겸업용	162	403	1,336	1,386	3,453	3,208
- 기타	919	1,298	2,835	2,894	3,497	5,354

자료: 농림축산식품부, 〈농림축산식품 주요 통계〉.

생활 영위를 목적으로 한 부채가 증가하는 현상은 그만큼 농가경제가
악화되고 있음을 반증한다고 할 수 있다.

4. 도시보다 농가의 양극화·빈곤화가 훨씬 더 심각하다

최근 10년간 농가소득 변화에서 가장 두드러지는 특징은 농가소득
이 빠르게 양극화되고 있으며, 이로 인한 농가의 빈곤화도 급속도로 진

〈표 3-5〉 소득 5분위별 변화 추이 (단위: 1,000원)

		2005	2010	2015
농가소득	1분위	7,348	6,310	6,864
	2분위	16,565	16,040	18,059
	3분위	25,401	24,775	27,811
	4분위	37,596	37,582	43,047
	5분위	73,366	78,086	99,413
	5분위 배율	10.1배	12.4배	14.5배
	농가 평균	30,503	32,121	37,215
도시근로자 가구소득	1분위	15,621	19,475	24,124
	2분위	26,489	32,853	40,312
	3분위	33,522	43,580	52,593
	4분위	45,705	56,681	66,939
	5분위	71,764	87,788	104,935
	5분위 배율	4.6배	4.6배	4.4배
	도시 평균	39,025	48,092	57,799

주: 통계청 농가경제조사결과 마이크로데이터(2005~2015년).
자료: 통계청 국가통계포털(KOSIS); 농림축산식품부, 〈농림축산식품 주요 통계〉.

행되고 있다는 점이다.

소득 5분위 지표를 기준으로 농가소득의 양극화를 살펴보면, 2005년에는 최상위 20% 농가소득이 최하위 20% 소득의 10.1배였는데, 2015년에는 14.5배로 급격하게 확대됐다. 같은 기간 동안 도시근로자가구의 최상위 20%와 최하위 20%의 소득비율이 4.4~4.6배로 일정하게 유지되는 상황과 비교해볼 때, 농가의 양극화가 도시보다 훨씬 더 빠른 속도로, 훨씬 더 심각하게 악화되고 있음을 알 수 있다.

이러한 농가의 양극화는 결과적으로 농가의 빈곤화를 급속히 확대시키는 요인으로 작용했다.

정부가 발표하는 연도별 가구원수별 최저생계비를 기준으로 최저생계비 이하의 소득가구를 빈곤가구라 하며, 그 비율을 절대빈곤율이라 한다. 2005~2014년에 2인 이상 전체 가구의 절대빈곤율은 경상소득 기준으로 7.7%에서 7.2%로 감소했다. 그런데 같은 기간 동안 도시근로자가구의 절대빈곤율이 3.2%에서 2.3%로 하락한 반면, 농가의 절대빈곤율은 10.0%에서 20.3%로 두 배가 됐다.

전체 가구 및 도시근로자가구의 절대빈곤율 변화 추이에 비해 농가의 절대빈곤율은 훨씬 더 높을 뿐만 아니라 빈곤율이 증가하는 속도

〈표 3-6〉 절대빈곤율 변화 추이 (단위: %)

	2005	2010	2014
전체 가구	7.7	7.7	7.2
도시근로자가구	3.2	2.9	2.3
농가	10.0	16.1	20.3

주 1) 통계청 농가경제조사결과 마이크로데이터(2005~2015년).
  2) 2인 가구 이상, 경상소득 기준.
자료: 한국보건사회연구원, 〈빈곤통계연보〉, 2015.

또한 훨씬 더 빠르다는 것을 알 수 있다. 우리 사회 전반에 걸쳐 있는 양극화·빈곤화 문제도 심각하지만, 농촌지역 혹은 농가의 양극화·빈곤화 문제는 훨씬 더 심각한 수준으로 진행되고 있다.

5. 농가소득문제에 어떻게 접근할 것인가

농가소득문제를 해결하기 위해서는 크게 두 가지 접근 방향을 고려할 필요가 있다. 첫째, 도농 간 소득격차를 완화해야 한다. 즉 전반적인 농가소득 증가를 통해 도농 간 소득격차를 줄여나가야 한다. 둘째, 농가의 양극화 및 빈곤화 문제를 개선해야 한다. 이는 중장기적으로 대다수 중소 가족농을 지속 불가능하게 만든다. 농민이 지속 가능하려면 농가소득의 양극화를 완화하고 빈곤율을 낮춰야 한다.

□ 경쟁력 위주 농정으로는 농가소득문제를 해결할 수 없다

그동안 우리나라는 농업 경쟁력 강화라는 명목하에 소수정예 농가를 선발하여 규모화 및 시설 현대화를 집중 지원했다. 규모화 및 시설 현대화로 대표되는 농업정책은 단위당 생산비(경영비)를 낮춰 농업소득을 증가시키는 정책이라 할 수 있다.

하지만 1995년 이후 농업총수입, 농업경영비, 농업소득률 변화 추이를 보면 농업총수입이 증가했음에도 불구하고 비슷한 폭으로 농업경영비가 증가함으로써 농업소득은 장기 정체에 빠져 있다. 따라서 단위당 생산비(경영비)를 낮춰 농업소득을 증가시키는 방법으로 농가소득문제를 해결한다는 것은 사실상 한계에 다다랐다고 평가할 수 있다. 개별 농가의 자체적인 노력에 의한 규모화 및 시설 현대화는 마땅히 인정되어야 하지만 이것이 농업정책의 핵심 수단이 된다면 농가소득문제를

해결하는 데 분명한 한계가 존재한다.

그동안 농업정책의 핵심 수단이 규모화 및 시설 현대화였기에 정책 대상이 된 소수의 농가들은 성장할 수 있었고 소득수준도 높아졌다. 농가소득 최상위 20%는 도시근로자가구의 최상위 20%와 비교해도 소득수준이 크게 뒤떨어지지 않는다. 그러나 나머지 80% 농가와 도시 근로자가구의 소득격차는 굉장히 벌어졌다. 소수 농가에 집중하는 정책에 따라 농가소득은 갈수록 상위층에 집중됐으며, 농가의 양극화 및 빈곤화가 빠르게 진행됐다. 농업정책이 규모화 및 시설 현대화에 중점을 둘수록 이러한 양극화·빈곤화는 더욱 가속화될 것이며, 대다수 농민은 더욱더 지속 불가능한 상태로 빠져들게 될 것이다.

□ 농가소득문제 해결은 직불제와 가격 안정이 중심이다

농가소득을 보전하는 방법으로서 선진국에서 가장 보편화된 정책 수단이 직접지불제도로, 농가의 소득을 직접 보전하는 정책이라고 할 수 있다.

우리나라에서도 지난 2005년 추곡수매제도가 폐지되고 쌀소득보전 직불제가 도입되면서 직접지불제도가 본격적으로 시행됐다고 할 수 있다. 현재 여덟 종류의 직접지불제도가 시행되고 있는데, 농가의 소득 보전을 목적으로 하는 것이 대표적으로 쌀소득보전 직불제와 밭농업 직불제다. 직접지불제도 도입으로 농가소득을 직접 보전해주는 직접소득정책의 비중이 증가했으며, 이는 농가소득을 증가시키는 긍정적인 효과를 발휘했다. 선진국 사례에서 보듯이 앞으로 우리나라에서도 직접지불제도와 같은 직접소득정책을 통해 농가소득문제 해결에 접근하는 것이 중요하다.

그러나 직접지불제도만으로 농가소득문제를 해결하는 데는 한계가 있을 것으로 판단된다. 정부 재정지출의 제약조건 때문에 직접지불제도를 단기간에 대폭 확대하기는 쉽지 않을 것으로 예상되기 때문이다. 따라서 직접지불제도 확대와 더불어 농가소득문제 해결을 위해 반드시 고려해야 할 것이 농산물가격 안정이다.

만약 농산물가격이 크게 하락하는 상황, 즉 가격 폭락이 발생한다면 직접지불제도를 통한 소득보전 효과도 그만큼 상쇄된다. 그것이 실효성을 거두려면 농산물가격이 안정적으로 유지되어야 한다. 직접지불제도와 농산물가격 안정은 농가소득문제를 해결하는 양대 중심축으로, 병행되면서 상호보완적인 기능을 수행해야 한다.

이는 선진국 사례를 살펴보면 분명히 확인된다. 선진국에서 직접지불제도가 농가소득보전 효과를 제대로 발휘하는 것은 농산물가격 안정이라는 밑바탕이 있기 때문이다. 예컨대 EU에서는 농산물의 최저가격을 보장해주는 제도를 운영하고 있다. 농산물가격이 폭락하는 매우 예외적인 상황이 발생할 경우, 농가에 품목별 최저가격을 보장해주는 방식이다. 농산물의 시장가격이 상당히 안정적으로 유지되고 있어 최저가격 이하로 폭락하는 상황은 거의 발생하지 않지만, 최악의 경우에도 최저가격을 보장해주는 제도가 있기 때문에 직접지불제도의 농가소득보전 효과가 충분히 발휘되고 있다.

□ 경영위험 관리와 농외소득 등 보완장치도 필요하다

직접지불제도와 농산물가격 안정을 중심으로 농가소득문제를 해결해나가야 하지만 몇 가지 보완적인 소득대책도 추가로 검토할 필요가 있다.

우선 경영위험으로부터 소득 안정을 꾀하기 위해 보험 방식의 경영안정제도를 강화할 필요가 있다. 대규모 농가에서 자연재해 등 다양한 경영위험으로 인한 피해가 발생할 경우, 그 피해 규모가 소규모 농가에 비해 크기 때문에 소득이 불안정한 위험을 갖고 있다. 따라서 규모화 및 시설 현대화가 진전된 대규모 농가에 대해서는 소득 안정을 목적으로 하는 보험제도를 강화할 필요가 있다.

현재 자연재해로부터 발생하는 경영위험을 관리하는 제도로서 농작물재해보험제도가 운영되고 있는데, 자연재해 이외에도 다양한 사회경제적 요인으로 인해 발생하는 경영위험을 통합적으로 관리할 수 있는 보험제도를 확대하여 경영 안정을 통한 소득안정장치를 확대할 필요가 있다. 이 같은 보험제도는 대다수 농가를 대상으로 하기보다는 대체로 규모화 및 시설 현대화가 진전된 농가를 중심으로 시행되기 때문에 직접지불제도 및 농산물가격 안정을 보완할 수 있는 추가적인 보완장치로 도입하는 것이 바람직하다.

다음으로 농외소득 증대를 위한 다양한 기회를 창출하는 것이 필요하다. 대다수 중소 가족농의 영농 규모를 고려할 때 농사를 지어 벌어들이는 농업소득도 중요하지만 농업 이외에 다른 수입원을 통해 농가소득을 보완하는 것이 반드시 필요하다.

농외소득과 관련해서는 예전부터 농공단지 조성, 농산물 가공 및 유통 활성화, 그린투어(농촌관광), 농촌체험 및 6차 산업화 등과 같은 다양한 정책이 시행되어왔다. 하지만 이 같은 농외소득정책이 얼마나 효과를 거두었는가에 대해서는 부정적인 평가가 많다. 2000년대 중반 이후 농외소득 비중이 농업소득 비중보다 높아졌는데, 이것이 과연 기존 농외소득정책의 효과인지가 불분명한 것이다. 농민들은 자영업을 하거나 비농업분야에 취업하거나 아니면 보유하고 있던 농지를 매각하는 등 개별 농가의 자구적 노력에 의해 농외소득이 증가했다고 주장한다.

그럼에도 불구하고 농외소득을 증대시킬 수 있는 다양한 기회를 확대하는 것은 꼭 필요하다. 중소 가족농이 농사만으로 소득을 충당하기 어려운 현실에서 추가적인 소득 확보를 위해 농민에게 적합한 농외소득 기회를 제공하는 정책을 다양하게 발굴하고 확대해야 한다.

III. 직접지불제도로 농가소득을 보장하자

1. 현행 직불제는 복잡하고 농가소득보전 효과가 낮다

현재 우리나라는 8개의 직접지불제도를 운영하고 있다. 쌀소득보전 직불제가 가장 대표적이며 규모도 가장 크다. 이외에 밭농업 직불제, 친환경농업 직불제, 경관보전 직불제, 조건불리지역 직불제, 경영이양 직불제, FTA 피해보전 및 폐업지원 직불제 등이 있다.

위와 같은 직접지불제도는 상황에 따라 별개의 제도로 도입하여 운영해왔기 때문에 농민들에게는 현행 직접지불제도가 매우 복잡하다고 인식되고 있다. 더욱이 중복 지원이 허용되지 않기 때문에 각각의 직접지불제도 사이에 연관성 및 보완성도 매우 낮다. 8개로 분산되어 있는 직접지불제도를 통합·개편함으로써 제도의 연관성 및 보완성을 높여야 한다.

특히 현행 직접지불제도에서 가장 큰 문제점은 소득보전 효과가 매우 낮다는 점이다. 쌀소득보전 직불제의 경우, 연간 1ha당 100만 원을 고정으로 지급하고 가격이 하락할 경우에는 일정한 기준에 따라 가격손실의 85%까지 변동직불로 지급하고 있다. 밭농업 직불제의 경우, 2017년 현재 연간 1ha당 45만 원을 고정으로 지급하고 매년 5만 원씩 올려 2020년에는 1ha당 60만 원을 고정으로 지급할 예정이다.

여기서 쌀소득보전 직불제는 지난 2005년 폐지된 추곡수매제도를 대체하는 제도로 도입됐는데, 추곡수매제도는 정부가 시장가격보다 높은 가격으로 매입함으로써 그 차액만큼 농가소득을 증대시키는 효과를 발휘했다. 이른바 가격지지 방식이다. 그러나 WTO 농업협정문에 따라 가격지지 방식이 감축대상보조금AMS으로 분류되면서 그 총액한도가 (우리나라의 경우) 약 1조 5,000억 원으로 정해졌다. 이렇듯 추곡수매 같은 가격지지 방식을 지속할 수 없는 상황에서, 정부는 농업협정문의 허용보조와 감축대상보조를 결합하여 쌀소득보전 직불제로 대체한 것이다. 쌀소득보전 직불제 가운데 고정직접지불은 허용보조에 해당하여 한도가 없고, 변동직접지불은 감축대상보조에 해당하여 연간 약 1조 5,000억 원이라는 한도가 정해져 있다.

문제는 쌀소득보전 직불제가 과거의 추곡수매제도에 비해 농가소득을 보전하는 효과가 낮다는 것이다. 추곡수매제도 방식에서 쌀 농가의 명목소득은 300평당 760,705원(2000년), 715,683원(2004년)이었다. 반면 쌀소득보전 직불제 방식에서(2005년 이후) 쌀 농가의 명목소득은 300평당 640,045원(2011년), 731,842원(2014년)이었다. 쌀값이 크게 폭락한 2015~2016년에는 2014년의 소득보다도 더 낮게 나타났을 것으

⟨표 3-7⟩ 300평당 논벼 수익성 변화 추이　　　　　　　　　　　　　(단위: 원, %)

연도	총수입	증감률	순수익	수익률	소득	소득률
2000	1,041,183	-	503,350	48.3	760,705	73.1
2004	1,030,301	-	442,553	43.0	715,683	69.5
2011	1,038,142	0.8	409,886	39.5	640,045	61.7
2014	1,174,714	0.9	453,236	38.6	731,842	62.3

자료: 농업농민정책연구소 녀름, 《녀름 이슈보고서》 제254호(2016. 10. 28).

로 짐작된다.

쌀소득보전 직불제가 추곡수매를 대체하여 도입된 제도임에도 불구하고, 농가소득을 보전하는 효과가 좀 더 낮게 나타난 것이다. 실질소득을 기준으로 비교할 경우 해당 기간 물가가 상승한 만큼 농가의 실질소득은 더 낮아졌다고 할 수 있다. 이처럼 쌀소득보전 직불제를 비롯해 우리나라의 직접지불제도가 농가소득보전 효과가 낮은 문제점을 해결하기 위해서는 직접지불제도의 규모를 대폭 확대해야 한다.

2. 직접지불제도를 확대·개편해야 한다

8개로 분산되어 개별적으로 시행되고 있는 직접지불제도를 단순하게 통합하는 방향으로 개편해야 한다는 점에 대해서는 이미 공감대가 형성되어 있는 것으로 판단된다.

쌀소득보전 및 밭농업 직불제는 농가소득보전을 목적으로 하는 직접지불제도로 통합하고, 친환경농업과 경관보전 및 조건불리지역 직불제는 다원적 기능을 목적으로 하는 직접지불제도로 통합하는 것이다. 경영이양, FTA 피해보전 및 폐업지원 직불제는 사실상 직접지불제도의 취지나 성격에 부합하지 않는 것이기 때문에 다른 분야의 연관 정책으로 이관하는 것이 바람직하다.

요컨대 소득보전 목적의 직접지불제도와 다원적 기능 목적의 직접지불제도로 단순하게 개편하는 방안이 공감대를 얻고 있다. 나아가 둘 사이에 연관성과 보완성을 갖추는 것이 필요하다. 예컨대 소득보전 목적의 직접지불제도는 모든 농가를 대상으로 하는 기본형 직불제로 운영하고, 다원적 기능 목적의 직접지불제도는 특정 정책 목표에 참여하는 농가를 대상으로 하는 가산형 직불제로 운영하는 것이다. 가산형 직불제에 참여하는 농가는 기본형 직불제에 더하여 해당 정책 목표별 직불금을 추가로 지원받을 수 있도록 말이다. 이렇게 통합·개편함으로써 직접지불제도는 농가의 소득보전 효과와 농업·농촌의 다원적 기능을 증진하는 효과를 조화시킬 수 있다.

농민에게는 직접지불제도 통합·개편보다 더 중요한 것이 직접지불제도의 규모를 확대하는 것이다. 그런데 이는 재원 확보 여부에 달려 있기 때문에 직접지불제도 규모를 확대하는 사안은 필요한 재원을 얼마나 어떻게 확보하는가에 달려 있다. 여기서는 먼저 현행 농업예산의 범위 내에서 실현 가능한 직접지불제도 규모 확대 방안을 살펴보고, 이어 중장기적으로 직접지불제도에 필요한 재원을 확보하는 방안에 대해 차례대로 살펴보도록 하자.

□ 첫째, 소득보전 목적의 기본형 직불제를 모든 농민에게 연간 1ha당 100만 원으로 확대한다

기본형 직불제가 농가소득보전 효과를 발휘할 수 있도록 논밭을 구분하지 않고 모든 농지를 대상으로 1ha당 연간 100만 원을 지급한다. 이를 위해서는 현재 45만 원 수준인 밭농업 직불 규모를 확대해야 한다.

□ 둘째, 다원적 기능 목적의 가산형 직불제를 다양하게 도입한다

친환경농업, 생태환경보전, 경관보전, 조건불리지역, 토종종자, 종다양성 등 다양한 형태의 다원적 기능 증진 프로그램을 마련하여, 각 프로그램에 참여하는 농민에게 프로그램별 의무 준수 이행을 조건으로 기본형에 더하여 추가 직접지불을 실시한다. 추가적인 직접지불 단가는 프로그램별로 농업생산 및 농가소득에 미치는 영향을 고려하여 정한다.

□ 셋째, 소농 직불제를 신설하여 농민의 양극화 및 빈곤화를 개선한다

농민층의 약 70%에 달하는 것으로 추정되는 중소 가족농이 지속 가능하기 위해서는 양극화 및 빈곤화 문제를 개선하기 위한 직접지불 제도를 신규로 도입해야 한다. 소규모 농가를 대상으로 가구당 연간 100만 원 수준의 직접지불을 도입해야 한다.

□ 넷째, 여성농민을 우선수급권자로 정하여 여성농민의 경제적 지위를 높인다

이상과 같은 모든 직접지불제도에 따른 지불금액을 농가에 지급할 때 여성농민에게 우선수급권을 부여하여 농업생산 주체로서 여성농민의 지위를 높이고, 농촌지역의 성평등 확대 및 농업의 성평등 예산 확산에 기여하도록 한다.

3. 직접지불제도 확대를 위한 재원을 확보해야 한다

기존 농업예산은 경쟁력 강화에 초점을 맞추었다. 농업예산은 특정 영역이나 특정 품목을 중심으로 하드웨어적 기반 확충 및 시설 현대화 등에 집중 투입됐고, 이마저도 정부에 의해 선택받은 소수 농민에게만 분산적·시혜적으로 이루어졌다. 그 결과 농민의 양극화가 급격히 확대 됐을 뿐만 아니라 농업·농촌의 다원적 기능도 빠르게 약화됐다.

이 같이 경쟁력에 초점을 맞추는 농정이 계속되는 한, 직접지불제도 규모 확대에 필요한 농업예산을 제대로 확보할 수 없다. 농정의 중심이 경쟁력에서 농가소득과 다원적 기능으로 옮겨 가야만 직접지불제도에 필요한 예산 확보가 가능하다.

우선 직접지불제도를 포함한 전체 농업예산의 증가율이 국가 전체

예산 증가율과 동일한 수준이 되도록 유지할 필요가 있다. 그래야만 직접지불제도를 확대하는 데 필요한 재원을 안정적으로 확보할 수 있기 때문이다.

우리나라는 20여 년 이상 농업재정을 경쟁력 위주로 운영한 결과, 하드웨어적 기반 확대의 필요성이 줄어들면서 최근 국가 전체 예산 대비 농업예산 비중이 점차 감소하고 있는 추세다. 정부 각 부처가 제출한 2018년도 예산 요구액을 보면, 국가 전체 예산은 2017년에 비해 약 6% 증가했으나 농업예산은 오히려 1.6% 감소하여, 국가 전체 예산 대비 농업예산 비율은 약 4%로 추산된다. 이런 추세가 이어진다면 직접지불제도 확대에 필요한 재원을 안정적으로 확보할 수 없다. 직접지불제도 재원을 안정적으로 확보하기 위해서는 국가 전체 예산 대비 농업예산이 차지하는 비중이 최소한 5% 이상 수준에서 안정적으로 유지되도록 2018년도 예산을 포함하여 향후 농업예산의 증가율을 국가 전체 예산 증가율과 동등하게 유지해야 한다.

다음으로 농업예산에 대한 전면적인 재검토 및 재편이 수반되어야 한다. 경쟁력에 초점을 두었던 기존 예산을 축소하는 대신 농업예산에서 직접지불제도가 차지하는 비중을 점차 높여나가야 한다. 농가소득 보전 및 다원적 기능 증진이라는 직접지불제도의 목적이 효과적으로 수행되기 위해서는 향후 5년 이내에 직접지불제도 예산의 비중이 농업예산의 약 50% 수준에 도달하도록 확대해야 한다. 이후에도 직접지불제도 예산의 비중을 지속적으로 높여 (EU와 같이) 농업예산의 약 80% 수준으로 확대되도록 해야 한다.

IV. 농산물가격 안정으로 농민이 안심하고 농사짓게 하자

1. 직접지불제도와 농산물가격 안정은 상호보완적 관계다

앞서 언급한 바와 같이 농가소득 측면에서 직접지불제도와 농산물가격 안정은 서로를 대체하는 관계가 아닌 상호보완관계다. 농산물가격이 안정적으로 유지되어야 직접지불제도의 소득보전 효과가 충분히 발휘되기 때문이다.

이는 지난 2016년 쌀값 폭락 사태가 우리에게 시사한 바다. 2016년 수확기에 전국 산지 쌀값 평균은 129,711원/80kg을 기록했다. 정부는 쌀값 손실을 보전하기 위해 약 1조 5,000억 원에 달하는 변동직접지불금을 농가에 지급했다. 고정직접지불과 변동직접지불을 전부 합해 약 2조 3,000억 원에 달하는 직접지불금이 농가에 지급됐다. 이렇게 막대한 직접지불금에도 불구하고 농가는 명목소득 기준으로 약 4,630억 원에 달하는 손실을 떠안아야 했다(여기에는 생산비 및 물가 등을 고려한 실질소득의 손실이 고려되지 않았다).

만약 쌀값이 안정적으로 유지되었더라면 변동직접지불금을 지급하지 않아도 됐을 것이고, 농가의 소득손실도 발생하지 않았을 것이다. 또한 막대한 변동직접지불금에 투입된 재원을 다른 직접지불제도를 확대하는 재원으로 활용하거나 농산물가격 안정을 위한 제도 운영에 필요한 재원으로 활용할 수 있었을 것이다. 농산물가격 안정과 직접지불제도의 상호보완적 관계가 얼마나 중요한지 역설적으로 보여준 대표적인 사례다. 아울러 선진국의 직접지불제도가 농가소득보전 효과를 충실하게 발휘할 수 있는 것은 농산물가격 안정이라는 조건이 충족되고 있기 때문이라는 사실 역시 분명하게 인식해야 한다.

이전의 추곡수매제도처럼 시장가격보다 더 높은 가격을 지지하는 방식은 감축대상보조금의 한도 때문에 뚜렷한 한계가 있다. 하지만 시장가격이 최저가격 이하로 떨어지는 경우에만 제한적으로 가격손실을 보전해주는 정책은 약 1조 5,000억 원 규모의 감축대상보조금과 약 4조 원 이상의 최소허용보조금de-minimis을 활용하면 충분히 가능하다.

최저가격 보장을 포함하는 농산물가격정책의 핵심은 농산물가격 안정에 필요한 제도를 대폭 확대하는 것이다. 수급 조절, 생산 조정, 출하 조절, 계약재배(약정수매) 등을 체계화하는 것이다. 더불어 최저가격 보장, 농산물가격 안정을 하나의 농산물가격정책으로 통합하여 시행하는 것이 효과적이다.

이러한 가격정책은 단순히 손실을 사후적으로 보전해주는 것이 아니라, 가격안정시스템을 운용하여 일차적으로 농산물가격이 일정한 범위 내에서 안정적으로 유지되는 데 초점을 맞추고 있다. 이 같은 가격안정시스템의 운영에도 불구하고 농산물가격이 최저가격 이하로 하락할 경우에 제한적으로 손실을 보전해주는 것이다.

2. 농산물가격정책을 대폭 개편해야 한다

우리나라는 농산물가격 폭락이 빈번하게 발생하기 때문에 농가소득 측면에서 농산물가격을 안정시켜야 할 필요성이 매우 높다. 농산물가격 안정은 농업소득 증대에 기여함으로써 농가소득뿐만 아니라 농민의 지속 가능성을 높인다. 따라서 취약한 농산물가격 안정제도를 확대하여 농산물가격 안정을 위한 제도장치를 획기적으로 강화해야 한다.

현재 우리나라는 배추, 무, 대파, 당근, 고추, 마늘, 양파 7개 주요 품목을 대상으로 가격안정제도 혹은 최저가격(하한가격)보장제도를 시행하고 있다. 품목별로 4~15% 수준의 생산물량을 계약재배 형태로 최저가격을 보장해주는 방식이다. 품목별 최저가격은 품목별 경영비 및 직접생산비 등을 기준으로 농림축산식품부 산하 농산물수급조절위원회에서 결정한다.

그런데 이와 같은 방식은 실질적인 가격 안정 효과를 기대할 수 없을 정도로 취약하다. 때문에 이러한 가격안정제도를 운영하고 있음에도 매년 품목별로 돌아가면서 농산물가격 폭등/폭락 같은 가격 파동이 발생하는 것이다. 현행 농산물가격 안정제도를 대폭 확대·강화하여 실질적인 가격 안정 효과를 거둘 수 있도록 전반적인 개편 및 재정비가 반드시 필요하다.

□ 첫째, 가격 안정 대상 품목 수를 늘려야 한다

현재 7개 노지채소에만 가격안정제도가 도입되어 있으며, 그중에서도 일부 품목만 선별적으로 생산안정제 및 출하안정제 시범사업을 시행 중이다. 가격정책 대상 품목이 제한됨으로써 이들 품목으로 재배 쏠림 현상이 발생하고, 주로 이들 품목에서 가격 파동이 발생한다. 아울러 농가 재배 비중이 높고 농가소득에서 차지하는 비중도 높으며 상대적으로 가격 불안이 심한 상당수 품목이 제외됨으로써 전반적인 농산물가격 안정 및 소득 안정 효과가 매우 제한적일 수밖에 없다.

따라서 가격정책 대상 품목을 늘려야 한다. 현행 7개 품목 외에도 재배면적이나 농가소득 등의 비중을 고려하여 15~20개 품목 정도로 확대할 필요가 있다. 가격 안정 대상 품목이 늘어날수록 특정 품목에 대한 재배 쏠림 현상을 방지할 수 있고, 품목별 가격 안정 효과를 높일 수 있다. 아울러 품목 수가 늘어날수록 더 많은 농가가 참여할 수 있으며, 가격 안정을 통한 농가소득 안정 효과가 농민층에게 고르게 돌아갈 수 있다.

□ 둘째, 계약재배(약정수매) 물량을 대폭 확대해야 한다

계약재배 물량이 품목별 생산량의 4~15%에 불과해 실제 시장가격을 안정시키는 데 충분한 효과를 발휘하지 못하고 있다. 즉 주요 품목별로 가격 안정 효과가 매우 제한적이라는 것이다. 이처럼 계약재배 물량이 적은 이유는 최저가격이 생산비에도 못 미쳐 농가의 계약재배 참여율이 낮은 데 있다. 따라서 계약재배 물량을 품목별 생산량의 50% 이상 확보함으로써 가격 안정을 위한 실질적인 시장지배력을 갖추어야 한다. 이는 최저가격 인상과 밀접하게 연관되어 있다.

더욱이 계약재배 물량이 너무 적기 때문에 실제로 가격안정제도는 품목별 주산지와 규모화된 농가를 중심으로 운영되고 있다. 비주산지와 중소 가족농은 가격 안정 대상에서 거의 배제된다. 따라서 계약재배 물량을 대폭 확대해 비주산지, 중소 가족농도 참여할 수 있게 해야 하며, 그럼으로써 농산물가격 안정 효과가 농민층에게 파급되도록 해야 한다.

□ 셋째, 최저가격 기준을 생산비 수준으로 올려야 한다

현행 최저가격은 직접생산비를 기준으로 할 경우 전체 생산비보다 9~12% 낮은 수준이며, 경영비를 기준으로 할 경우 30~40% 낮은 수준이다. 최저가격이 너무 낮아 생산비를 보장하지 못하기 때문에 농가의 계약재배 참여율은 저조하다. 한정된 계약재배 물량으로 가격 안정에 기여하는 효과는 매우 제한적일 수밖에 없다.

따라서 최소한 전체 생산비를 보장할 수 있는 수준으로 최저가격을

인상해야 한다. 영농활동의 재생산을 통한 농업의 지속 가능성을 고려할 때, 전체 생산비가 최저가격의 기준이 되어야 할 것이다. 최저가격을 현실화함으로써 농가의 계약재배 참여율을 높일 수 있고, 이를 통해 가격 안정에 필요한 물량을 충분히 확보할 수 있으며, 충분한 물량을 바탕으로 가격 안정 효과를 높일 수 있을 것이다.

□ 넷째, 농협의 품목별 연합회가 사업 주체가 되어야 한다

농산물가격 안정제도에서 운영 주체 및 시행 주체의 역할이 가장 중요하다. 가격 안정에 필요한 정책과 제도는 국가의 책임하에 운영해야 하지만, 실질적인 사업은 전국적인 경제사업 능력을 갖춘 조직이 수행할 수밖에 없다. 이와 관련하여 농협 개혁에 핵심 과제인 품목별 연합회의 설립 및 활성화가 필요하다.

품목별 수급 조절, 생산 조정, 출하 조절, 계약재배(약정수매) 등 실질적인 기능을 수행할 수 있는 전국 단위 경제사업조직으로서 품목별 연합회의 필요성과 중요성은 아무리 강조해도 지나치지 않다. 선진국에서는 품목별 연합회가 농산물가격 안정을 유지하는 핵심 장치로 기능하고 있다. 정부가 정책, 제도, 예산 등을 통해 농산물가격정책을 관리하고 감독하더라도 실질적인 사업은 품목별 연합회가 담당해야 한다.

장기적인 과제도 있다. 만약 품목별 연합회의 기능 및 역할이 활성화되고 농산물가격이 안정된다면, 현행 국영무역에 해당하는 농산물의 수입권한을 품목별 연합회에 부여함으로써 개방된 조건에서 수급 조절, 생산 조정, 출하 조정 등을 통한 가격 안정 및 소득 안정에 좀 더 효과적으로 기여할 수 있을 것이다.

□ 다섯째, 사업 주체에 대한 공적 관리기구를 민관협치 거버넌스로 운
  영해야 한다

품목별 연합회는 공공 목적의 사업을 수행하는 공적 독점기구로서
의 성격을 갖기 때문에 공공성 및 투명성 유지를 위한 별도의 감시·감
독체계를 필요로 한다. 정부에 의한 관리 및 감독 기능도 필요하고, 국
회에 의한 견제 및 감시 기능도 필요하다. 또한 사회적 이해관계를 조정
하기 위해 생산자 농민 대표와 소비자 대표가 주요 의사결정에 참여할
수 있도록 제도화하는 것도 중요하다.

농산물가격 안정제도의 사업 주체에 대한 공적 관리기구는 민관협
치에 의한 거버넌스 형태로 구성·운영되어야 한다. 농산물가격 안정제
도 운영 전반에 대한 관리 및 감독 기능을 수행해야 하며, 제도 운영
성과에 대한 평가 및 보완 기능도 수행해야 한다. 무엇보다 생산자 농민
과 소비자의 이해관계를 조정하는 것이 가장 중요하다.

□ 여섯째, 정부의 기금과 농협의 상호금융을 주요 재원으로 활용한다

농산물가격 안정제도 시행에 필요한 재원은 정부의 농산물가격 안
정기금, 변동직불기금 등 현행 정부의 가격정책 관련 기금을 통합하여
운영하도록 한다. 실제 농가와의 계약재배에 소요되는 사업비는 우선
적으로 농협의 상호금융 유휴자금에서 차입하는 방식으로 충분히 조
달할 수 있으며, 이 경우 정부는 이자차액 일부를 지원함으로써 사업
비 조달을 지원할 수 있다. 만약 가격손실 상황이 발생할 경우 정부 기
금에서 보전하도록 하고, 가격이 상한가격 이상으로 폭등할 경우 그
차액을 기금으로 적립하도록 한다면 정부의 재원 부담이 줄어들 수
있다.

3. 경영위험 관리 및 농외소득 등 농가소득 보완장치를 강화한다

규모화·전업화가 진전된 개별 경영체(농업생산에서 차지하는 비중이 높다)의 경우 가격 하락, 자연재해 등으로 인한 경영위험 부담이 더욱 크다. 따라서 개별 경영체에 대해서는 다양한 경영위험 요인을 관리할 수 있는 추가적인 보완장치가 필요하다. 더불어 농민층 대다수를 차지하는 중소 가족농을 중심으로 하는 농가소득 보완장치로서 농외소득 기회 확대가 필요하다.

□ 첫째, 경영위험관리제도를 확대한다

경영위험 관리를 위해 현행 농작물재해보험제도를 개선할 필요가 있고, 중장기적으로 소득안정수입보장보험Revenue Insurance제도를 도입할 필요가 있다. 보험 방식의 소득안정장치는 사회보험으로서 국가가 보험금을 일부 부담하며, 개별 경영체에서도 일부 부담한다.

우선 농작물재해보험제도를 전면 개정해 농가 실익을 보장해야 한다. 다른 보험의 손해율(일반 62.8%, 자동차 82.1%, 2년 이상 장기 86.8%)보다 현저히 낮은 손해율(17.5%)에 의한 보험회사 폭리 문제를 근본적으로 개선해야 한다. 특히 벼, 감자 등 2개 품목에만 적용되는 현행 병충해 피해 보장을 전 품목 대상으로 확대해야 한다. 이 밖에 농민 자기부담금 비율 대폭 인하, 비율 선택 다양화, 무사고 시 환급제도 실시 등으로 저조한 가입률을 확대하는 등 농민의 실익을 높이는 방향으로 개선해야 한다.

중장기적으로 규모화·전업화 농가의 경영 안정 및 소득 안정을 위해서는 농업재해를 비롯해 다양한 경영위험 요인을 반영한 소득안정수입보장보험제도를 도입할 필요가 있다. 이는 규모화·전업화 농가의 가격 변동 및 물량 변동을 통합해 농업수입 안정화로 경영 안정 보완장치를 마련하는 것이다.

한편, 경영위험관리제도에 해당하는 것은 아니지만 농업재해보험제도 개선과 아울러 「농어업인 안전보험법」(2016년 제정)을 「농어업인 재해보장법」으로 대체 제정할 필요가 있다. 현행 안전보험은 임의가입, 낮은 보장성, 영세농민 혜택 부재, 일반 보험사 사무위탁 등으로 충분한 재해대책이 되지 못한다. 일반 노동자와 달리 농어민의 업무상 사고·질병에 대한 국가 차원의 보호정책은 극히 미흡하다. 농어민에게도 국가적 보장이 적용되는 근본 대책을 마련할 필요가 있다. 예를 들면 「농어업인 재해보장법」 대체 제정을 통해 당연가입제를 실시하고, 산재 수준의 국가적 보장을 책임지는 농작업재해보상제도를 강화하는 것도 필요하다.

□ 둘째, 농업생산에 기반한 6차 산업 활성화로 농외소득 기회를 확대한다

이는 다른 파트에서 상세하게 설명할 것이니 여기서는 개략적인 내용만 소개할 것이다.

우선, 농촌융복합산업 육성을 통해 일자리를 창출함으로써 농민의 농외소득 기회를 확대한다. 이를 위해서는 「농촌융복합산업 육성 및 지원에 관한 법률」을 개정하여 유명무실한 조항을 폐지하고, 법적 효력을 강제하며, 농촌공동체 단위의 융복합산업 육성을 지원할 수 있도록 특성화할 필요가 있다. 또한 귀농·귀촌인 조직 및 단체, 협동조합, 농산물가공기업, 도시소비자조직이 결합해 추진하는 사회적경제 방식의 농촌융복합산업지구 육성 및 지원도 필요하다. 농가 단위의 농촌융복합산업의 한계를 극복하기 위해 다양한 관련 집단이 함께 참여하는 사회적

경제 방식의 '지구·단지'를 육성함으로써 지역 연계성을 높이고, 생산물 판로 확보는 물론 새로운 일자리 창출을 통한 귀농·귀촌인 유치에도 기여할 수 있을 것이다.

또한 지역 밀착 농가형 가공사업을 활성화하여 농외소득 기회를 확대하도록 한다. 이를 위해 농가형 가공사업 활성화를 목적으로 하는 「농촌가족기업법」을 제정하여 지역에서 생산된 농산물을 원료로 하는 소규모 농가형 가공사업에 대한 지원을 법제화해야 한다. 특히 농특산물가공지원센터를 설치, 운영함으로써 농가형 가공사업에 참여하고자 하는 농가에 가공시설 대여, 판로 확보 및 고객 관리 등 경영컨설팅, 법률서비스 제공 등 종합적 인큐베이팅을 지원할 필요가 있다. 이러한 사업은 귀농·귀촌인력과 연계함으로써 지역 내 새로운 일자리를 창출하는 기회가 될 것이다.

더불어 농촌 주민이 주체로 추진하는 다양한 농촌관광사업을 발굴, 지원함으로써 농외소득 기회를 확대하도록 한다. 특히 농촌 여성이 주체로 추진하는 (농촌의 자연경관, 역사문화자원, 전통 먹거리를 매개로 한) 농촌관광 및 도농교류가 활성화되도록 농촌 여성의 경제활동 확대, 다양한 농촌관광사업에 대한 지원이 필요하다. 도농교류 활성화를 위해서는 농촌일손돕기, 농산물 구매, 농촌체험·관광 등에 적극적으로 참여하는 기업에 대한 재정지원이나 조세감면 등이 가능하도록 「도농교류촉진법」 등 관련 법을 개정할 필요도 있다.

| 참고문헌 |

김미복, 〈농업구조 변화와 농가소득〉,《제21회 농업인의 날 기념 심포지엄: 농가소득문제, 어떻게 풀어갈 것인가?》, 농협중앙회, 2016.

김병률, 〈신정부의 농식품 유통정책의 방향〉,《2017 하계학술대회 자료집》, 한국식품유통학회, 2017

김육곤, 〈농가소득 정체의 주요 배경과 쟁점〉,《제21회 농업인의 날 기념 심포지엄: 농가소득문제, 어떻게 풀어갈 것인가?》, 농협중앙회, 2016.

김태훈, 〈농업직불제의 개편과 과제〉,《직불제 중심 농정전환, 어떻게 추진할 것인가》, 농어업정책포럼·대안농정토론회조직위원회, 2017.

박경철, 〈농민 기본소득제 도입방안〉,《2017년도 정기학술대회: 전환의 시대, 한국 농업·농촌의 지속가능성을 찾아서》, 한국농촌사회학회, 2017.

박성재 외,《농협 경제사업의 미래비전과 활성화 방안》, 한국농촌경제연구원·한국협동조합연구소, 2011.

유영봉 외,《제주형 농산물 가격안정 관리제도》, 제주특별자치도·제주대학교, 2016.

유찬희·오현석,《유럽 생태직불제 조사 결과 보고》, 한국농촌경제연구원, 2016.

유찬희·김종인·박지연,《주요 국가 직접지불제 도입 배경과 경과》, 한국농촌경제연구원, 2016.

이명헌, 〈경제민주주의, 협동조합, 그리고 농업〉,《농정연구》 제16호, 농정연구센터, 2016.

장경호, 〈전라북도 농산물 최저가격보장제도 시행방안〉,《전농 전북도연맹 2015 심포지엄 자료집》, 전농 전북도연맹, 2015.

_____, 〈농가소득 문제의 실태진단〉,《녀름 이슈보고서》 제202호, 농업농민정책연구소 녀름, 2015.

_____, 〈농가소득 문제 해결을 위한 접근방향〉,《녀름 이슈보고서》 제256호, 농업농민정책연구소 녀름, 2017.

_____, 〈양극화 해소 패러다임 – 농가소득 해결 기회〉,《녀름 이슈보고서》 제265호, 농업농민정책연구소 녀름, 2017.

_____, 〈경제민주화 패러다임 – 농산물 가격보장과 연계〉,《녀름 이슈보고서》 제267호, 농업농민정책연구소 녀름, 2017.

장경호 외, 〈2014 농민들〉,《한국농정신문》, 2015.

_____, 〈2015 농민들〉,《한국농정신문》, 2016.

_____, 〈2016 농민들〉,《한국농정신문》, 2017.

정원호·임청룡·홍승표,《소득보전형 직접지불제 효과 분석》, 한국농촌경제연구원, 2016.

Genevieve Savigny, "Cap, direct payment, and sustainable farming",《농업의 지속가능성을 위한 직접지불제도 국제토론회》, 한국농정신문·농업농민정책연구소 녀름, 2016.

Johan Vandromm, "The Common Agricultural Policy",《농업의 지속 가능성을 위한 직

접지불제도 국제토론회》, 한국농정신문·농업농민정책연구소 녀름, 2016.

Kühl R., "Support for Farmers' Cooperatives", EU synthesis and comparative analysis report – Food Chain. Wageningen: Wageningen UR, 2012.

北出俊昭, "日本の農業·農家所得保障政策の特徴と課題", 《농업의 지속가능성을 위한 직접 지불제도 국제토론회》, 한국농정신문·농업농민정책연구소 녀름, 2016.

농림축산식품부, 〈농림축산식품 주요 통계〉.

통계청, 국가통계포털(KOSIS).

통계청, 농가경제조사결과 마이크로데이터(2005~2015년).

한국보건사회연구원, 〈빈곤통계연보〉, 2015.

4장

'다기능농업-
지속 가능한 농정'의
실천 주체 육성

유정규
현 서울시 지역상생교류사업단 단장, (재)지역재단 이사
경제학 박사. 건국대에서 경제학을 전공하고 일본 교토대학
농학부에서 Post-doc을 수료했다. 내발적 관점에서 지역 리
더 육성, 농촌지역 개발, 사회적경제에 대한 연구와 강의를
해왔다. 주요 연구로는 〈농어촌형 사회적기업의 현황과 발
전과제〉(2011), 〈진안군 마을만들기 중장기 발전방안 연구〉
(2015), 〈일본의 집락영농 추진현황과 시사점〉(2016) 등이
있다.

- 우리 농업의 미래 주체는 '다기능농업-지속 가능한 농정'을 실천해나갈 '건강한 가족농'이다

농업 노동력의 양적 감소 및 질적 악화는 우리 농업의 지속 가능성을 위협하는 가장 본질적인 요인이다. 따라서 보다 근본적인 관점에서 우리 농업의 미래를 책임져야 할 주체를 고민하지 않으면 안 된다. 한국 농업의 미래 주체는 기존의 생산주의, 경쟁력 지상주의 농정을 추진하는 것이 아니라 농업·농촌이 가진 다기능성을 최대한 발휘하며, 이를 통해 경제적·환경적으로는 물론 사회적으로도 지속 가능한 지역사회 발전을 도모해나가는 '건강한 가족농'이다.

- 우리 농업의 미래 주체 확보를 위한 정책 목표는 '건강한 가족농'의 발전 기반을 구축하고 강화하는 것이다

가족농은 고용노동을 전제로 하는 기업농과는 대비되는 개념이다. 가족농은 영농에 필요한 노동을 자가노동으로 조달하며, 경영에 필요한 비용을 생산된 농산물의 판매수익을 통해 충당한다. 물론 영농 규모가 협소해 경영 내부에서 가족노동을 전부 연소하지 못할 경우 외부에 취업하여 농가경영에 필요한 비용을 조달하는 경우도 있다. 이러한 가족농은 역사상 우리 농업의 근간이었을뿐더러 미래 주체이기도 하다. 가족농의 붕괴는 곧 우리 농업의 붕괴다. 따라서 한국 농업의 미래 주체 확보정책은 '건강한 가족농'의 유지, 발전을 위한 기반을 구축하고 강화하는 데 목표를 두어야 한다.

- 우리 농업의 미래 주체인 '건강한 가족농'의 발전을 위한 다양하고 구체적인 정책 과제가 필요하다

첫째, 가족농 중심의 지역농업 조직화와 지역영농조직의 육성이다. 가족농은 농업생산 규모와 소유자본의 양, 경영주의 역량 등이 개방화된 시장환경 속에서 개별적으로는 생존하기 어려운 상황이기 때문에 '조직화'를 통한 공동 대응 방안을 강구해야 한다.

둘째, 가족농의 안정적인 발전을 위한 생태계를 조성해야 한다. 이를 위해서는 경자유전 원칙을 확립하고, 농지 이용 증진대책이 마련되어야 하며, 도시

의 일자리 부족 해소와 연계해 농촌 일손 부족 문제를 해결하고, 가족농이 생산한 농산물의 판로 지원을 위한 지역생태계를 조성해야 한다.

셋째, 가족농의 중요한 한 축인 여성농업인 육성을 위한 지원을 강화하고, 여성농민의 지위 및 권익 향상을 위한 정책 환경을 조성해야 한다. 이를 위해서는 농어촌 여성정책 전담부서를 설치하고, 여성농업인을 위한 생애주기별 맞춤형 지원체계를 구축해야 하며, 성평등한 농정 개혁이 단행되어야 한다.

넷째, 가족농의 재생산을 담보하면서 농업·농촌의 가치를 인정하고, 농촌적인 삶, 농촌공동체에 참여하고자 하는 적극성과 전문성, 역량과 신념을 갖춘 청년취농자의 발굴 및 지원이 필요하다. 고령화·과소화된 농촌지역에서 농업생산은 물론이고 지역사회 활성화를 주도해나갈 젊고 유능한 새로운 주체를 확보하고 육성하는 일이 시급하다.

다섯째, 귀농·귀촌인이 안정적으로 정착하기 위한 예비농업인 교육과정이 필요하다. 이러한 과정은 귀농 이후 성공적인 정착을 위해서도, 국가 예산의 효율적인 사용을 위해서도 필요하다.

1. 우리 농업의 미래 주체는 '건강한 가족농'이다

□ 상층농 중심의 전업농육성정책으로는 답이 없다

농업 인구의 공동화 및 고령화에 따라 농업후계인력의 중요성과 필요성이 주목받고 있다. 농업이 지속되기 위한 최우선 과제는 농업자원의 유지·보전과 농업 주체의 확보다. 이에 그동안 정부는 후계농업인육성사업을 비롯해 전업농육성정책, 신지식농업인 육성 및 농업벤처 지원, 농업경영컨설팅 지원 등 농업인력을 확보해 육성하고 정착시키기 위한 다양한 정책을 실시해왔다.

그럼에도 불구하고 농가 인구의 고령화율이 40%에 육박하고 있으며, 농업승계인력을 확보한 농가 비율은 10%를 밑돌고 있다. 정부가 1995년부터 규모화·전문화된 농업인 양성을 목표로 전략적으로 육성하고 있는 쌀 전업농의 경우 2015년 말 총 110,047호가 선정, 지원됐으나 중도에 취소된 농가가 49,252호에 달해 실제로는 60,795호만이 남아 있는 실정이다. 문제는 신규 선정되는 전업농 수가 매년 급격히 줄고 있는 반면, 기존 전업농 중 그 자격이 취소되는 농가는 급증하고 있다는 점이다. 2010년 1,800명이었던 신규 전업농은 2013년 862명으로 줄었다가 2015년에는 다시 392명으로 급감했다. 전업농육성정책이 크게 수정된 2004년 기준으로 2015년까지 신규 선정 농가는 16,385호인 데 반해 선정 취소 농가는 24,350호에 달해 신규 선정 농가의 1.5배에 이르렀다. 이는 정부의 가장 핵심적인 농업 주체 육성정책의 근본이 흔들리고 있음을, 더 이상 지속될 수 없음을 뜻한다.

□ 우리 농업의 미래를 담당할 주체의 상像을 정립해야 한다

이제 우리 농업을 담당할 미래 주체에 대해 처음부터 다시 생각해봐

야 할 상황이 된 것이다. 누가 우리 농업의 미래를 담당할 것인가, 이러한 주체를 어떻게 확보할 것인가에 대해 근본적인 대책을 세워야 한다. 이를 위해서는 먼저 정책적으로 육성해야 할 미래 주체의 상을 명확히 정립해야 한다. 이는 농정의 방향을 어떻게 설정하느냐와 깊은 관련이 있다. 따라서 먼저 우리가 추구해야 할 농정 패러다임을 설정하고, 그에 맞춰 농정의 방향과 내용을 결정해야 하며, 그러한 농정을 실현하기 위한 주체 육성 방안을 마련해야 한다.

□ 우리 농업의 미래 주체는 '다기능농업-지속 가능한 농정'을 실천하는 '건강한 가족농'이다

우리가 추구해야 할 새로운 농정 패러다임은 '다기능농업-지속 가능한 농정: 국민총행복을 증진시키는 농정'이다. 따라서 미래의 농업 주체는 이러한 농정 패러다임을 실천해나갈 주체가 되어야 한다. 요컨대 정책적으로 육성해나가야 할 미래의 농업 주체는 농업·농촌의 다원적 가치를 증진시키고 지속 가능한 농정을 실천하는 주체라는 의미다.

이러한 농업 주체는 역사적으로나 현실적으로나 '가족농'이다. 가족농은 고용노동에 의해 영위되는 기업농과 상반된 경영 형태다. 농번기의 일시적인 고용노동을 제외한다면 기본적으로 자가노동에 의해 경영된다. 농기계나 화학비료 등 생산수단이 발전함에 따라 자가노동으로 경영할 수 있는 규모가 커지기야 했지만, 아무래도 자가노동이라는 기본적인 한계가 있기 때문에 가족농은 기업농에 비해 소규모일 수밖에 없다. 또한 이윤 획득을 목표로 삼는 기업농과 달리, 가족농은 가계 유지에 일차적인 목표가 있기 때문에 (기업농에 비해) 농업경영의 존립 가능성이 크다. 이윤이 보장되지 않아도 존립할 수 있기 때문이다. 이것이 자본주의가 고도로 발달한 오늘날에도 가족농이 소멸하지 않고 세계

각국의 농업경영에서 주도적인 위치를 점하고 있는 이유다. 우리도 마찬가지다. 극히 일부의 기업적인 경영을 제외하고는 대부분 가족농에 의해 유지되고 있다. 이러한 흐름은 정부의 지속적인 기업농 지향정책(자본의 농업 진출을 허용하려는 정책, 상층농 중심의 규모화 정책 등)에도 불구하고 견고하게 유지돼왔으며, 향후에도 지속될 것이다.

다른 무엇보다도 가족농은 농업·농촌이 가지고 있는 다원적 가치를 가장 효율적으로 유지, 보전할 수 있는 주체다. 이윤 추구를 목적으로 농업자원의 고도 이용과 효율화를 제1원칙으로 하는 기업적 경영은 친환경, 치유 기능, 인성교육, 동물복지 등 농업·농촌의 다원적 가치 증진과 거리가 멀 수밖에 없기 때문이다. 그러므로 '다기능농업-지속 가능한 농정'을 실천할 우리 농업의 미래 주체는 가족농이 될 수밖에 없다. 정책적으로 육성해야 할 미래 주체가 이러한 농업·농촌의 다원적 기능을 증진시켜나가는 '건강한 가족농'임을 명확히 하고, 이러한 가족농의 존립 기반을 강화하는 데 초점을 맞춰야 한다. 구체적으로는 가족농의 건강한 발전에 부족한 부분을 어떻게 보완할 것인가, 현재 농업·농촌 구성원들이 우리가 추구하고자 하는 건강한 가족농으로 발전할 수 있을 것인가를 검토하고, 현재 구성원 중에서 이러한 주체가 될 수 있는 구성원이 부족하다면 어디서, 어떻게 발굴하고 육성할 것인가 등을 고민해야 할 것이다.

2. 농업·농촌 인구는 크게 감소하고 약화됐다

1) 농촌 인구는 양적으로 크게 감소했다

□ 농촌 인구는 지속적으로 감소하다가 최근에는 증가 추세로 전환됐지만 그것이 농업·농촌의 발전을 의미하는 것은 아니다

우리나라 전체 인구는 1980년 3,740만 7,000명에서 2015년 5,106만 9,000명으로 1,366만 명 이상 증가했다. 해당 기간에 도시 인구는 2,140만 9,000명에서 4,167만 8,000명으로 94.7% 증가한 반면 농촌 인구는 1,599만 8,000명에서 939만 2,000명으로 41.3% 감소했다.

그동안 농촌 인구는 지속적으로 감소해왔으나 최근에는 감소 추세가 둔화되고 있다. 총 인구 대비 농촌 인구 비중은 1980년 42.8%에서

〈그림 4-1〉 전국 행정구역별 인구 변화 추이 　　　　　　　　　　　(단위: 1,000명)

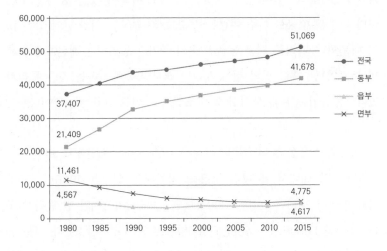

자료: 통계청, 〈주택인구총조사〉.

1990년 25.6%, 2000년 20.3%, 2010년 17.8%로 감소하다가 2015년에는 18.4%로 증가했다. 농촌 인구의 감소 추세는 2000년 이후 크게 약해져서 특히 2010년 이후에는 절대적·상대적으로 증가 추세를 보이고 있다(〈그림 4-1〉). 2010년 862만 7,000명이었던 농촌 인구는 2015년 939만 2,000명으로 증가했으며, 총인구에서 점하는 비중도 18.0%에서 18.4%로 늘어났다.

이처럼 2010년 이후 농촌 인구가 절대적·상대적으로 증가한 것은 다음과 같은 이유에서다. 첫째, 통신수단 및 교통 여건 개선으로 접근성이 양호한 일부 농촌지역에 공업단지가 조성되어 이들 지역을 중심으로 농촌 인구가 증가했으며, 둘째, 이른바 베이비부머 세대의 은퇴에 따른 귀농·귀촌 인구의 증가로 도시에서 농촌으로 이주하는 인구가 크게 늘어났고, 셋째, 결혼이주여성과 농촌지역에 일자리를 얻은 이주노동자 등 다문화 인구가 크게 증가(농촌지역 외국인은 2010년 12만 2,000명에서 2015년 37만 7,000명으로 늘었는데, 이는 같은 기간 농촌지역 인구 증가분의 33.3%에 해당한다)했으며, 넷째, 도시로 떠날 수 있는 농촌 인구는 이미 대부분 떠났고 이주 여건을 갖춘 농촌 인구는 거의 남아 있지 않기 때문이다. 따라서 최근 농촌 인구의 증가가 농업경영 개선이나 농촌의 복지 향상, 혹은 삶의 질이 개선된 결과라고 해석하는 것은 무리가 있다. 즉, 농업·농촌과 무관한 외적 요인으로 인한 결과라는 것이다.

□ 읍 단위 마을은 늘어났지만, 원격지 농촌마을은 소멸하고 있다

농촌지역 내에서 읍 단위 마을에 거주하는 인구는 1980년 456만 7,000명에서 2015년 461만 7,000명으로 1.1% 증가했지만 면 단위 인구는 1,146만 1,000명에서 461만 7,000명으로 58.3%나 감소했다. 이는 농촌지역 중에서도 면 단위 이하 마을 단위에서는 과소화 내지 소멸 위협

<표 4-1> 농(어)촌마을의 규모별 구성 비율 변화 (단위: 개)

구분	20호 미만	20~59호	60~99호	100~149호	150호 이상	합계
2010	3,091 (8.5)	19,281 (52.8)	7,291 (20.0)	2,525 (6.9)	4,308 (11.8)	36,498 (100.0)
2015	1,270 (3.5)	15,593 (42.4)	9,150 (24.9)	4,192 (11.4)	6,587 (17.9)	36,792 (100.0)

자료: 통계청, 〈주택인구총조사〉.
출처: 정도채·심재헌(2017) 재인용.

에 놓인 곳이 늘어나고 있음을 의미한다(〈표 4-1〉). 2010년 36,498개였던 농촌마을이 2015년에는 36,792개로 늘어나지만, 이는 시 지역의 농촌마을이 1,410개 늘어난 반면 군 지역의 농촌마을은 1,116개가 감소한 결과다.

□ 농가 수는 감소하고 있으며, 호당 가구원 수도 지속적으로 줄어들고 있다

농가 인구는 1980년 전체 인구의 28.4%에서 1990년 15.5%, 2000년에는 8.6%, 2010년 6.2%, 2015년에는 5.0%로 감소했다(〈표 4-2〉). 1980~2015년 사이에 농가 인구는 1,082만 7,000명에서 256만 9,000명으로 76.3% 감소했으며, 같은 기간 농가당 가구원 수는 5.02명에서 2.37명으로 절반 이상 줄어들었다.

문제는 이러한 감소 추세가 더욱 심화되리라는 점이다. 〈표 4-3〉, 〈표 4-4〉에서 보듯이 농가 인구 및 농업경영주의 고령화 추세가 심화되고 있기 때문에 향후에는 농가 인구 및 농업 종사 인구의 감소 추세가 더욱 가속화될 수밖에 없을 것이다.

〈표 4-2〉 농가 인구의 변화 추이 (단위: 1,000명)

	1980	1985	1990	1995	2000	2005	2010	2015
전체 인구(A)	38,124	40,806	42,869	44,608	47,008	48,138	49,410	51,069
농가 인구(B)	10,827	8,521	6,661	4,851	4,031	3,433	3,062	2,569
가구당 인구(명)	5.02	4.42	3.77	3.23	2.91	2.70	2.61	2.37
B/A(%)	28.4	19.9	15.5	10.9	8.6	7.1	6.2	5.0

자료: 통계청, 〈주택인구총조사〉.

2) 농가 인구는 질적으로 악화됐다

□ 젊은 농가 인구는 급감한 반면 고령 인구는 급증하고 있다

농가 인구 중 20세 미만의 비중은 1980년 45.4%에서 2000년 16.9%, 2015년 9.9%로 감소한 반면, 같은 기간 60세 이상 농가 인구 비중은 10.5%, 33.1%, 50.3% 순으로 증가했다.

□ 농가 인구의 고령화는 농가의 존립 자체를 위협하고 있다

농가 인구의 고령화율은 1980년 6.8%에서 1990년 11.5%, 2000년 21.7%, 2010년 31.8%, 2015년 38.4%로 급격히 높아지고 있다. 특히 2015년 농가 고령화율은 우리 사회 전체 고령화율(13.2%)의 약 3배에 달하는 매우 심각한 수준인데, 문제는 최근에 올수록 이러한 고령화 추세가 가속화되고 있다는 점이다. 농가 인구의 급속한 고령화는 단기 적으로는 농업노동과정에 투입되는 고용노동력의 비중을 증가시킴으 로써 농업경영비 증가를 불러오며, 중장기적으로는 농촌 내 새로운 인

<표 4-3> 연령별 농가 인구 분포 추이   (단위: 1,000명, %)

	전체	0~14세	15~19세	20~29세	30~39세	40~49세	50~59세	60세 이상
1980	10,827	3,230	1,684	1,371	957	1,372	1,074	1,138
	(100.0)	(29.8)	(15.6)	(12.7)	(8.8)	(12.7)	(9.9)	(10.5)/(6.8)*
1985	8,521	2,114	1,271	983	770	1,077	1,129	1,177
	(100.0)	(24.8)	(14.9)	(11.5)	(9.0)	(12.7)	(13.3)	(13.8)/ –
1990	6,661	1,370	734	810	662	787	1,111	1,187
	(100.0)	(20.6)	(11.0)	(12.2)	(9.9)	(11.8)	(16.7)	(17.8)/(11.5)*
1995	4,851	680	423	574	465	587	867	1,255
	(100.0)	(14.0)	(8.7)	(11.8)	(9.6)	(12.1)	(17.9)	(25.9)/(16.2)*
2000	4,031	459	262	417	352	532	676	1,333
	(100.0)	(11.4)	(6.5)	(10.3)	(8.7)	(13.2)	(16.8)	(33.1)/(21.7)*
2005	3,434	335	158	292	248	449	601	1,351
	(100.0)	(9.8)	(4.6)	(8.5)	(7.2)	(13.1)	(17.5)	(39.3)/(29.1)*
2010	3,063	270	133	213	217	364	587	1,279
	(100.0)	(8.8)	(4.3)	(7.0)	(7.1)	(11.9)	(19.2)	(41.8)/(31.8)*
2015	2,569	150	90	148	135	237	517	1,292
	(100.0)	(6.4)	(3.5)	(5.8)	(5.2)	(9.2)	(20.1)	(50.3)/(38.4)*

*주: 65세 이상 농가 인구 비율.
자료: 통계청, 〈농림어업총조사〉.

구의 재생산 능력을 약화시키고 향후 영농승계인력 확보를 어렵게 함으로써 농업의 지속성은 물론 농촌사회의 지속성을 위협하는 주요한 요인이 되고 있다.

3. 농업 주체가 취약하고 새로운 발전 가능성이 낮아지고 있다

1) 심각한 고령화, 부족한 영농승계인력

□ 농업경영주의 고령화는 농업의 지속 가능성을 위협하는 수준에 이르렀다

2015년 말 기준 우리나라 총 농가 수는 108만 9,000호이며, 농가 인구는 256만 9,000명이다. 2010년 이후 5년간 농업경영주의 연령별 분포를 보면(〈표 4-4〉), 40세 미만의 농업경영주는 3만 3,000명에서 5,000명으로, 40대 농업경영주는 14만 명에서 8만 4,000명으로 각각 84.8%, 40.0%가 감소한 반면 70세 이상 경영주는 36만 5,000명에

〈표 4-4〉 농업경영주의 연령별 분포   (단위: 1,000명, %)

	계		40세 미만		40~49세		50~59세		60~69세		70세 이상	
2010	1,177	100.0	33	2.8	140	11.9	287	24.4	352	29.9	365	31.0
2011	1,163	100.0	22	1.9	121	10.4	286	24.6	341	29.3	393	33.8
2012	1,151	100.0	18	1.6	107	9.3	273	23.7	337	29.3	416	36.1
2013	1,142	100.0	14	1.2	93	8.1	267	23.4	338	29.6	430	37.7
2014	1,121	100.0	10	0.9	82	7.3	253	22.6	331	29.5	445	39.7
2015	1,089	100.0	5	0.5	84	7.7	247	22.7	332	30.5	411	37.7
증감수 (10~15)	-88		-28		-56		-40		-20		46	
증감률 (10~15)	-7.5		-84.8		-40.0		-13.9		-5.7		12.6	

자료: 통계청, 〈농림어업조사〉.

<표 4-5> 영농 규모별 승계인력 확보 현황

	1995	2000	2005	2010	2015
영농승계자 확보농가(A)	197,161	150,453	45,163	114,396	109,528
전체 농가(B)	1,500,745	1,383,468	1,272,908	1,163,209	1,120,776
영농승계인력 확보율(A/B)	13.1	10.9	3.6	9.8	9.8

주: 2010년 통계는 2011년, 2015년 통계는 2014년도 수치다.
자료: 통계청, 〈농림어업조사〉.

서 41만 1,000명으로 12.6%가 증가했다. 60세 이상 경영주가 전체의 68.2%이고, 평균 연령도 65.6세에 달한다.

10년 후면 현재 70세 이상인 농업경영주가 은퇴할 수밖에 없다. 만약 새로운 경영주가 충원되지 않는다면 현재 농업경영주 수에서 30% 이상 감소할 것이다. 농업경영 자체가 위협받고 있는 것이다.

2015년 말 기준으로 영농승계인력을 확보한 농가는 전체 농가의 9.8%로 1995년 13.1%에 비해 크게 낮아졌다(〈표 4-5〉). 2005년 이후 영농승계인력 확보율은 10%를 넘지 못하고 있다.

물론, 축산이나 원예부문의 영농승계인력 확보율은 경종농가에 비해 훨씬 나은 편이다. 농촌진흥청에 따르면(2015년 말 기준), 조사 대상 축산농가의 41.2%는 영농승계자가 있으며, 그중 55.6%는 승계자가 현재 경영에 참여하고 있는 것으로 나타났다. 축종별로는 양돈 47.2%, 젖소 45.4%, 산란계 43.2%, 육계 37.3%, 한우 36.6%로 비교적 규모화가 진전됐으며 소득이 높은 양돈과 젖소, 산란계 농가에서 다소 높게 나타났다. 영농승계자가 없는 농가(58.8%) 중 '자신 세대에서 경영을 중단하겠다'는 농가는 10.7%로 나타났으며, '아직 계획이 없다'는 농가도 30.1%에 달했다. 특히 한우의 34.4%, 육계의 32.7%, 낙농농가의 27.8%가 계획이 없는 것으로 나타나, 축산부문 역시 영농승계자 확보 및 육성을 위한 구체적인 대책 마련이 필요함을 알 수 있다.

농업경영주의 고령화가 급속히 진행 중인 상황에서(《표 4-4》) 영농승계인력 확보율이 낮다는 것은 농업 주체의 감소 및 약화라는 측면에서 우리 농업의 미래를 위협하는 주요한 요인이다. 즉 우리 농업은 신규 취농인력을 확보하지 않고서는 더 이상 유지되기 어렵다.

2) 농가는 다수의 중소농과 극소수의 상층농으로 분화되고 있다

□ 양극분해의 가속화 속에서 하향분해가 진행되고 있으며, 농업경영 여건 악화에 대한 농가의 대응력이 전체적으로 약화되고 있다

토지이용형 농가를 중심으로 보면, 2010년 이후 우리 농가계층은 전형적인 양극분해가 진행되고 있다(《표 4-6》). 이처럼 1980~1990년대의 중농표준화 경향이 후퇴 내지 약화된 원인은 무엇일까. 구체적인 원인을 파악하기 위해서는 좀 더 다면적인 검토가 필요하지만, 시장개방의 영향이 계층에 따라 차별적으로 나타나기 때문이라는 것이 일반적인 해석이다. 즉, 시장과 거의 무관한 영세소농이나 어느 정도의 시장대응력을 갖춘 대규모 농가에 비해 중규모 농가가 시장개방의 부정적인 영향을 더 크게 받고 있다는 것이다.

《표 4-6》에서 A그룹(0.1~0.3ha 소유 농가)은 전체적으로 수가 증가했는데, 이들 대부분은 시장과 무관한 자가소비를 주목적으로 하는 소규모 고령농가 혹은 귀촌자들을 중심으로 한 취미농으로 추정된다.

전체 농가의 68.5%에 해당하는 B그룹(0.3~5.0ha 소유 농가)은 전반적으로 수가 감소하고 있는데, 이들은 자가소비를 초과하는 농산물

<표 4-6> 경지 규모별 농가 추이 (단위: 호, %)

구분		2010	2011	2012	2013	2014	2015	
전국		1,177,318	1,163,209	1,151,116	1,142,029	1,120,776	1,088,518	100.0
경지 없는 농가		13,556	12,084	11,514	9,984	9,637	10,478	1.0
A 그룹	0.1ha 미만	22,657	9,490	13,757	14,585	14,330	21,932	2.0
	0.1~0.2ha 미만	151,202	158,022	153,755	155,737	156,027	164,074	15.1
	0.2~0.3ha 미만	100,082	104,955	105,434	106,593	105,252	105,944	9.7
B 그룹	0.3~0.5ha 미만	198,716	205,291	201,853	197,675	195,208	194,284	17.8
	0.5~0.7ha 미만	136,586	134,320	130,374	128,756	125,677	124,663	11.5
	0.7~1.0ha 미만	151,109	146,978	145,080	140,716	135,898	130,702	12.0
	1.0~1.5ha 미만	141,501	136,142	133,855	133,359	128,685	113,819	10.5
	1.5~2.0ha 미만	87,039	82,979	82,899	81,266	78,945	71,292	6.5
	2.0~2.5ha 미만	46,612	44,243	43,646	43,751	43,698	36,387	3.3
	2.5~3.0ha 미만	31,628	31,789	30,149	30,708	29,882	26,248	2.4
	3.0~5.0ha 미만	57,039	55,556	56,280	55,387	54,255	49,330	4.5
C 그룹	5.0~7.0ha 미만	19,066	19,689	20,207	20,693	20,160	18,135	1.7
	7.0~10.0ha 미만	11,140	11,774	12,166	12,115	12,395	10,979	1.0
	10.0ha 이상	9,385	9,898	10,148	10,704	10,725	10,251	0.9

자료: 통계청, 〈농림어업조사〉.

을 생산하여 시장에 판매하는 농가층으로서, 시장개방에 대한 대응력이 취약하고 개방의 부정적 영향을 가장 크게 받는 계층이라고 할 수 있다. 장기적으로 봤을 때 B그룹 하층부에 위치한 중소농은 시장적응력 약화와 영농능력의 한계(고령화)로 인해 점차 A그룹으로 도태, 침전될 운명에 놓여 있으며, B그룹 상층부에 위치한 농가(3ha 이상)는 시장개방에 대응하기 위해 새로운 작물이나 경영기법을 도입함으로써 C그룹으로 상향 이동하거나 B그룹 하층부로 전락하게 될 것이다. 따라서 정책적으로는 이들 B그룹이 A그룹으로 전락하지 않게 하기 위한 대책(가령 생산자 조직화) 마련이 필요하다.

축산과 시설농업이 큰 비중을 점하고 있는 현실에서, 농지 규모를 중심으로 농가계층을 구분하는 것도 한계가 있고, 2010년 이후 짧은 기간의 흐름만으로 농가의 계층분화를 논하는 것도 한계가 있으며, 단순히 규모별 농가 수 변화만을 기준으로 농가계층의 성격을 구분하는 것도 문제가 있다. 하지만 농지가 농업의 기본적인 생산요소라는 점에서 농가 분포가 어떻게 변화해왔는지를 보는 것은 미래의 변화를 예측하는 데 일정한 의미를 갖는다. 〈표 4-6〉에서 알 수 있는 것은 첫째, 우리 농업 주체의 대부분은 소규모 농가이고, 둘째, 전체적으로 양극분해 경향을 보이고 있으며, 셋째, 양극분해 속에서도 전반적인 하향분해가 이뤄지고 있다는 것이다. 2015년의 경우, 농지 규모가 0.3ha 이하인 영세 소농을 제외하고 전 계층에서 농가 수가 줄어들고 있다. 이는 전체 농가 수의 감소와도 관련이 있지만 시장개방, 경영비 상승 등 농업경영 여건 악화에 대한 농가의 대응력이 (C그룹까지 포함하여) 전체적으로 약화되고 있음을 의미한다.

□ 상층농 혹은 전업농은 극히 일부다

〈표 4-6〉에서 전체 농가의 3.6%에 불과한 C그룹(5ha 이상 소유 농가)은 건강한 노동력과 성력화된 농기계를 갖추고 규모화를 추진해나가는 그룹으로 이해된다. 2010~2014년에 전체 농가 수는 4.8% 감소했으나 C그룹은 39,591호에서 43,280호로 9.3% 이상 증가했으며, 전체 농가에서 차지하는 비율도 2010년 3.3%에서 2014년 3.8%로 커졌다. 따라

서 이 그룹은 시장개방 및 경영비 상승이라는 대내외적 경영 여건 악화에도 불구하고 어느 정도의 대응력을 갖추고 있음을 알 수 있다. 이러한 대응력의 이면에는 '상층농 중심의 정부 정책'이 자리하고 있다.

하지만 2015년에는 이 그룹에서도 농가 수가 감소한다. 시장개방의 부정적인 영향이 이들 상층농으로까지 확산되고 있는 것이다. 이는 전업농육성정책과 같은 상층농 중심 구조 개선정책 추진이 우리 농업의 전체적인 시장대응력 제고에 별로 기여하지 못하고 있음을 반증한다.

□ 전원생활을 목적으로 하는 취미농이 늘어나고 있다

이들 대부분은 은퇴 후 전원생활을 희망하는 귀농·귀촌가구라고 할 수 있다. 2000년 이후 귀농·귀촌가구는 195,249호다. 시기별로 보면 2001~2005년에 5,076호, 2005~2010년에 14,503호, 2011~2015년에

〈그림 4-2〉 2000년 이후 연도별 귀농·귀촌가구 증가 추이 　　　　　　　(단위: 호)

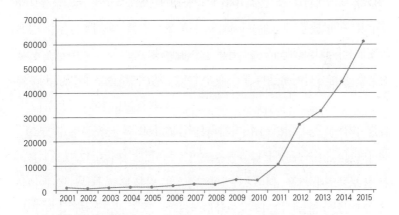

주: 2015년도 자료는 「귀농어·귀촌 활성화 및 지원법」(2015.12)의 시행에 따라 변경된 '귀촌'의 개념에 입각해서 발표된 귀촌가구 통계자료(317,409가구)를 기존 개념으로 조정한 수치다.
자료: 통계청·농림축산식품부.

175,670호로 최근 5년간의 귀농·귀촌가구가 지난 15년간 전체 귀농·귀촌가구의 90%를 차지한다. 이른바 베이비부머 세대(1955~1963년 출생자)의 은퇴와 맞물린 귀농·귀촌 수요의 증대를 반영하는 것이라 할 수 있다.

1990년대 말 이른바 IMF가 닥쳤을 때에는 대부분 도시생활에 적응하지 못한 자영업자 혹은 명예퇴직자 중심의 '좌절형 혹은 현실도피형 귀농·귀촌'이 주류를 이룬 데 반해, 2010년 이후에는 좀 더 여유로운 삶을 찾는 '가치추구형 귀농·귀촌'이 많아졌다는 점이 특징적이다. 최근으로 올수록 40세 이하의 젊은 귀농·귀촌자들의 증가 추세가 두드러진다는 점이 이를 방증한다. 특히 2015년에는 40대 이하 젊은층이 전체 귀농자의 29.6%, 전체 귀촌자의 64.6%에 달했다.

그럼에도 불구하고 2015년 전체 귀농가구(12,114호) 중 농작물재배가구(7,100호)의 평균 재배면적은 4,495m²로, 전국 농가 평균 재배면적의 30%에도 미치지 못한다. 규모별로는 0.5ha 미만이 전체의 75.3%, 0.5~1.0ha 가구가 16.8%로써 전체 재배가구의 92.1%가 1ha

〈표 4-7〉 2015년 귀농가구의 재배 규모별[1] 소유 형태별[2] 가구 수 (단위: 호, %)

구분	재배가구 수	0.5ha 미만	0.5~1.0ha 미만	1.0~2.0ha 미만	2.0ha 이상
전국	7,100 (100.0)	5,349 (75.3)	1,193 (16.8)	420 (5.9)	138 (1.9)

구분	평균 재배면적(m²)	순수 자경가구		일부 임차가구				순수 임차가구	
		가구 수	평균 자경면적	가구 수	평균 재배면적	자경 면적	임차 면적	가구 수	평균 임차면적
전국	4,495	4,465	3,704	655	7,437	3,445	3,992	1,980	5,304

*주 1) 귀농인이 농업경영체등록자료에 등록한 재배작물과 재배작물별 재배면적을 집계한 결과임.
　　2) 귀농인이 농업경영체등록자료에 등록한 임차 여부별 작물재배면적을 집계한 결과임.
자료: 통계청·농림축산식품부.

미만이다. 또 자가 소유 농지에서만 영농하는 가구는 전체 재배가구의 62.9%, 순임차경영 귀농가구는 전체의 27.9%, 일부 자경·일부 임차인 경우가 전체의 9.2%인 것으로 나타났다. 이러한 사실은 2015년 전체 귀농가구 중 농작물재배가구가 (극히 일부를 제외하고는) 텃밭 수준의 소규모 취미농이라는 것을 의미한다. 이들 대부분은 영농기술 및 경험 부족, 농지 및 시설투자 자금 부족으로 인해 영농 규모 확대에 어려움을 겪고 있는 것으로 나타났다.

4. 우리 농업의 미래 주체 확보를 위한 정책을 모색해본다

1) 우리 농업 주체 육성정책의 기본 방향은 '건강한 가족농'의 발전 기반을 조성하고 강화하는 것이다

□ 기존의 농업 주체 육성정책은 더 이상 불가능하다

그동안 정부에서는 농업 주체 육성을 위해 후계농업인 육성사업, 쌀전업농 육성사업, 전문농 육성사업 등을 추진해왔으며, 이러한 농업 주체의 경영 역량을 강화하기 위한 정책으로서 농업경영 컨설팅을 지원해왔다.

1981년부터 시작된 후계농업인 육성사업은 '농업발전을 이끌어나갈 유망한 예비농업인 및 농업경영인을 발굴하여 정예농업인으로 육성'하기 위한 사업으로 2015년까지 140,289명이 지원·육성됐다. 그중 축산이 54,852명으로 가장 많고, 수도작 26,510명, 복합영농 23,941명, 원예(채소·화훼) 20,629명, 과수 8,102명, 특작 6,255명 순이다. 쌀전업농 육성사업은 1995년부터 시장개방에 대비하여 쌀농업 농가의 소득 증대 및 경쟁력 강화라는 목적 아래 청장년을 중심으로 지원하기 시작했으며, 2004년에는 '소규모·고령농 중심의 생산구조를 경쟁 가능한 규모화된 쌀전업농체제로 전환'하기 위해 2010년까지 6ha 수준의 쌀전업농가 7만 호를 육성하여 전체 쌀 생산면적의 50%를 전담토록 한다는 정책이다. 쌀전업농의 역량을 강화하고 정예화함으로써 쌀산업의 핵심 주체를 육성한다는 것이다. 한편, 2016년에는 그동안의 '개별 사업 중심 지원에서 농업경영체의 연령, 영농 경력, 재배면적 등 특성에 맞춘 유형별 프로그램 지원 방식으로의 전환'을 표방하고 이른바 전문농육성정책을 발표했다. 이는 농업경영체 159만 호를 전문농, 일반농, 고령농, 창업농, 취미농 등 다섯 가지로 구분하고, 그중 '재배면적 상위 30%, 조수입 5,000만 원'에 해당하는 전문농 12만 9,000호와 '재배면적 상위 30%, 조수입 3,000만 원'에 해당하는 예비전문농 4만 5,000호 등을 포괄하는 전문농 19만 호를 육성한다는 계획이다. 기존의 전업농육성정책이 내외부적으로 한계에 직면하자 지원 기준을 바꾸면서 정책 명칭을 전문농으로 개명한 것이다.

하지만 이러한 정책이 과연 우리 농업의 미래 주체를 확보하고 육성하는 데 얼마나 실효가 있는지, 우리가 추구해야 할 발전 방향과 일치하는지는 의문이다. 이는 기본적으로 소수의 상층농을 대상으로 하고 있다. 그런데 앞서 살펴봤듯이 정책 대상 자체가 줄어들고 있어 내부적으로도 한계가 명확할뿐더러 설사 이러한 정책이 성공한다 하더라도 농업의 조방화 및 농업자원의 유휴화를 피할 수 없을 것이며, 정책 대상에서 많은 농가가 제외되기 때문에 더 많은 사회적 비용을 초래할수밖에 없다. 더욱이 이러한 정책 방향은 농업·농촌의 다원적 기능 증진과 지속 가능한 농정의 실현이라는 세계적인 흐름에도 역행하는 것이다. 이제 기존의 상층농 중심 후계인력육성정책은 처음부터 실현 불가능한 정책이라는 것이 명확해졌다. 근본적인 인식의 전환이 필요한 시기가 도래했다.

□ 세계적인 농정의 흐름과 우리의 농업 여건을 고려한 농업 주체 육성
　정책의 방향 전환이 필요하다

기존의 농업 주체 육성정책은 '생산주의-경쟁력 지상주의 농정' 패
러다임에 기초한 것이다. 때문에 기본적인 입장이 경쟁력 제고를 위한
규모 확대이고, 이는 필연적으로 대다수 농가의 탈락을 전제로 한다.
이러한 방향은 소규모 가족농이 절대다수인 우리 농업 현실에서는 실
현 불가능한 것, '맨발로 물 위를 걷는 일'만큼이나 무모한 것이었다. 그
럼에도 불구하고 정책당국에서는 '왼발이 빠지기 전에 빨리 오른발을
떼면 맨발로도 물 위를 걸을 수 있다'고 역설해왔다. 결국 물에 빠지는
농민들에게는 왜 정부에서 시키는 대로 하지 않느냐, 역량이 부족하니
역량을 강화해야 한다는 주장만 반복해온 것이다. 하지만 이는 역량의
문제가 아니라 애초부터 실현할 수 없는 것이었다.

이제 새로운 방향 설정이 필요하다. 기존의 '생산주의-경쟁력 지상
주의 농정' 패러다임을 시대 흐름에 걸맞게 '다기능농업-지속 가능한
농정'으로 전환하고, 새로운 농정 패러다임을 실천할 주체를 육성해야
한다. 이윤 추구를 목적으로 하는 기업농이 아니라, 농업경영을 통해
가족의 생존과 재생산이 가능한 '건강한 가족농'이 유지, 발전해나갈
수 있는 기반을 구축하고 강화하는 것이다.

전통적으로 우리 농업의 토대를 이루어온 가족농은 개별적으로는
소규모이지만 전체적으로는 국민의 먹거리를 안정적으로 공급하는 주
체이고, 농업·농촌의 다원적 가치를 증진함으로써 농업·농촌을 유지,
보전해나가는 핵심 주체다. 물론 오늘날의 가족농은 자급자족시대의
가족농과 다르다. 자본주의가 고도로 발달한 오늘날의 가족농은 안정

적인 농업경영을 위해 외부로부터의 '지원'을 불가피한 전제로 삼는다. 요컨대 가족농의 안정적인 발전을 위해서는 농업경영 여건뿐만 아니라 농외소득원의 보완 및 확충이 필요함을 의미한다. 따라서 가족농의 발전 기반을 조성하는 데 있어 농업경영 내부 여건은 물론 농업경영 외부 여건까지 종합적으로 고려하지 않으면 안 된다.

2) '건강한 가족농'을 육성하기 위해서는 개별 경영의 조직화와 새로운 주체의 확보가 필요하다

(1) 가족농 중심의 지역농업 조직화와 지역영농조직을 육성한다

□ 가족농의 위기를 극복하기 위한 대책 마련이 시급하다

가족농은 농업생산에 필요한 노동력 대부분을 가족 내에서 조달하며, 안정적인 농업경영을 위해 경영체 외부와의 연계를 중시한다. 때문에 가족농은 생산수단의 발전 정도에 따라 경영의 물리적 범위가 유동적이지만 규모 면에서 상대적으로 소규모일 수밖에 없다. 우리나라의 경우, 기업적 영농을 추구하는 극소수 상층농/전업농을 제외하면 절대다수가 가족농 범주에 포함된다. 따라서 가족농의 붕괴는 한국 농업의 붕괴라고 할 수 있다.

현재 가족농의 위기를 보여주는 몇 가지 지표를 살펴보면 첫째, 1ha 이하 영세소규모 농가의 비중이 1990년 59.5%에서 2000년 60.2%, 2010년 65.8%, 2015년 69.1%로 계속 증가해왔다. 둘째, 농업소득의 가계비 충족은 1990년 75.7%, 2000년 60.5%, 2010년 36.5%, 2015년 36.8%로 감소했다. 셋째, 도농 간 소득격차가 지속적으로 확대되고 있다. 1990년 도시근로자가구소득의 97.4% 수준이었던 농가소득은 2000년 80.6%, 2010년 66.8%, 2015년 64.4% 수준으로 감소했다. 넷

째, 영농승계자 확보율이 1995년 13.1%, 2000년 10.9%, 2005년 3.6%, 2010년 9.8%, 2015년 9.8%로 매우 낮다.

이처럼 전체 농가 중 1ha 미만의 소규모 농가 비중이 지속적으로 늘어나고, 농외소득원이 충분치 못한 상황에서 농업소득의 가계비 충족도가 급격하게 낮아지고, 도농 간 소득격차가 확대되고, 영농승계자 확보율이 10% 미만에 머무른다는 것은 우리나라 가족농의 존립 기반이 붕괴되고 있음을 의미한다. 가족농의 위기를 해소하기 위한 대책 마련이 시급하다.

□ 첫째, 가족농 중심의 지역농업 조직화를 추진하고, 지역영농조직을 지원·육성하기 위한 제도적 근거를 마련한다

가족농은 농업생산 규모며 소유 자본, 경영주의 역량이 취약해 오늘날과 같이 개방화된 시장에서 개별적으로는 생존하기 어려운 중소규모 농가다. 이들의 생존을 위해서는 지역농업자원을 조직화해야 한다. 또한 개별 농가 단위에서는 후계농업 주체 확보가 불가능하기 때문에 지역 단위 영농조직을 육성하고 농업자원의 관리 주체로 인정해야 한다.

이를 위해서는 지역농업 조직화에 필요한 조항을 현행 「농업·농촌 및 식품산업 기본법」 및 「농어업경영체 육성 및 지원에 관한 법률」에 신설해 지역영농조직의 육성 및 지원을 위한 제도적 근거를 마련하고, 「농지법」 및 「농업인등의 농외소득 활동 지원에 관한 법률」을 비롯한 관련법을 개정하여 개별 경영체(가족농)와 동일하게 쌀농업직불금을 비롯한 각종 직불금 수급 대상에 지역영농조직을 포함시켜야 한다.

□ 둘째, 지역영농조직의 원활한 발전을 도모하기 위한 생산기반을 지원
한다

가족농 중심의 지역농업 조직화를 촉진하기 위해서는 지역영농조직
의 농지 소유를 허용하고, 필요한 자금을 지원해야 한다. 나아가 개별
농가가 지역영농조직에 자신의 농지를 출자할 경우, 해당 농지의 재산
세를 감면하는 대신 '성실경작 의무'를 위반한 유휴화된 농지에 재산세
를 중과세함으로써 지역영농조직의 농지집적을 촉진하는 동시에 농지
유휴화를 억제해야 한다. 아울러 지역영농조직의 법인화를 유도하기
위한 재무 및 노무 관리를 지원하고, 지역영농조직의 경영 역량을 강화
하기 위한 경영개선지원제도를 도입해야 한다.

□ 셋째, 지역영농조직의 다기능농업 기여활동에 대한 보상을 추가한다
지역영농조직은 일정 지역의 농업자원을 포괄적·집단적·계획적으로
경영하는 조직이다. 따라서 지역농업자원의 유휴화를 방지하고 농업·
농촌의 다원적 기능을 증진시키는 활동에 있어 개별 경영체보다 유리
하다.

지역영농 조직화를 촉구하는 동시에 농업·농촌의 다원적 가치 증진활
동을 지원하기 위한 부가적인 공익형 직불제도를 도입할 필요가 있다.
즉, 지역영농조직의 공익활동 범위와 효과 등을 규정하고 개별 경영체
의 공익활동 보상에 추가하여 지원하는 제도 보완이 필요하다.

(2) 가족농의 존립과 발전을 위한 생태계를 조성한다

□ 가족농 발전을 위한 농지제도 개선, 인력문제 해소, 안정적인 판로 확
보가 필요하다

가족농이 발전하기 위해서는 첫째, 농지 소유 및 이용제도의 개선이

필요하다. 2015년 말 기준 전체 농경지 중 임차농지가 차지하는 비율은 50.9%이며, 비농민 소유 농지의 비중은 40%에 달한다. 임차농지의 증가는 농업생산 결과가 생산 농민의 손에서 지주에게로 이전된다는 점, 농업부문에서 창출된 부가가치가 비농업부문으로 이전된다는 점에서 이중으로 가족농의 발전을 위협한다. 더군다나 농지임차료율(논-일모작)이 높아지고 있는(2005년 23.6%, 2015년 32.3%) 최근에는 이러한 문제가 심화되고 있다고 볼 수 있다.

둘째, 농업인력 부족을 해소할 대책이 필요하다. 전체 농가의 87.4%가 일손 부족으로 인한 곤란을 겪고 있으며(농경연, 2013), 농업인들은 향후 농업경영을 위협하는 가장 중요한 요소로 일손 부족을 꼽았다(농경연, 2016). 현재 농림축산식품부는 전국 16개 지자체에서 권역별로 농산업인력지원센터를 운영하고 있지만, 이는 3년 보조사업으로 향후 예산이 끊기면 운영 자체가 불투명한 상황이다. 한편 농협중앙회는 158곳의 지자체에서 농촌인력중개센터를 운영하고 있는데, 전담직원 없이 여러 업무를 겸임하는 직원 한 명이 겨우 전화만 받고 있는 실정이다. 예산 지원이나 인력 배치 없이 개점 휴업 상태인 곳도 있다. 모두 생색내기에 머물러 있는 셈이다.

셋째, 농산물가격 불안정과 판로 불안에 대한 대책이 필요하다. 2016년 농업인들이 가장 많은 관심을 가졌던 분야는 '농산물가격 불안정'이었으며, 향후 농업경영의 발전을 위협하는 주요 요인으로 'FTA 등 개방 확대', '농산물 판로 불안'을 들고 있다(농경연, 2016).

이상과 같이 현재 우리나라의 농업 여건은 안정적인 농업생산에 가장 중요한 요소인 농지, 인력, 판로 등에서 심각한 위협에 직면해 있는 실정이다. 향후 가족농의 안정적인 발전을 위해서는 이러한 위협 요인을 제거하거나 완화하기 위한 정책이 요구된다.

□ 첫째, 경자유전 원칙을 확립하고 농지 이용을 증진한다

농지는 농업인의 생존과 농업경영의 지속을 위한 가장 기본적인 생산수단이다. 또 농업인이 농지를 소유하고 있을 때 해당 농지가 농업용으로서 가장 효율적으로 이용된다는 것이 일반적인 견해다. 이에 헌법 제121조에서도 "국가는 농지에 관하여 경자유전의 원칙이 달성될 수 있도록 노력하여야 하며, 농지의 소작제도는 금지된다"고 규정하고 있다. 따라서 헌법 정신을 위배하는 현행 농지제도를 경자유전의 원칙에 부합하도록 재정비해야 한다. 전 농지의 50%에 달하는 임차농지의 효율적인 이용과 임차인의 권리 강화를 위해서는 「농지법」상에 형식적으로 규정(임대차 확인제도, 임대차 최소기간, 임대인 지위 승계, 서면계약원칙, 묵시적 갱신 등)되어 있는 농지임대차제도의 미비점을 보완할 필요가 있다(「농지법」에 대한 특별법으로서 「농지임대차관리법」 제정). 아울러 농지의 이용 촉진과 농지임대차 관리를 실무적으로 뒷받침하기 위해 현행 '농지은행'을 폐지하고, 농지를 종합적으로 관리하기 위한 컨트롤타워로서 '농지중간관리기구'의 설치 및 운영이 필요하다.

□ 둘째, '농촌일손뱅크'를 설치한다

도시의 일자리 부족 해소와 농촌의 일손 부족 문제 해결을 연계해서 추진한다. 도시지역에서는 일자리를 필요로 하는 도시민을 모집하고, 농촌 일에 적합한 직무 교육을 담당하며, 일손을 필요로 하는 지역에 배정하는 역할을 담당하는 중간지원조직을 발굴·육성해야 한다. 농촌지역에서는 필요로 하는 일손의 종류, 시기, 필요한 교육, 일손 배정, 일당 지급 방법, 숙박, 보험 등을 관리할 수 있는 중간지원조직을 발굴·육성해야 한다. 그리고 이를 종합적으로 연계하는 조직으로서 '농촌일손뱅크'를 설치할 필요가 있다.

농촌일손뱅크는 현행 '농산업인력지원센터'나 '농촌인력중개센터'의 문제점을 보완하고 좀 더 실질적인 역할을 담당하기 위한 조직으로서 행정이나 농협이 아닌 '민간' 주도의 조직이어야 하며, 운영에 필요한 예산을 행정에서 지원하는 민관협업시스템이 바람직하다.

□ 셋째, 가족농의 판로 지원을 위한 지역생태계 조성과 도농상생시스템을 구축한다

지역 내 가족농이 생산하는 농산물의 안정적인 판로 확보를 위해 지역 단위에서의 소비체계를 구축해야 한다. 가족농의 존립 기반을 강화하는 동시에 푸드마일리지를 최소화하고 건강한 식생활을 보장할 수 있는 지역별 학교급식, 공공급식 제도화, 지역 단위 푸드플랜 수립 및 시행 등이 필요하다.

또 농민(생산자)조합원과 도시민(소비자)조합원 간의 농산물 직거래를 통해 가족농의 유지 기반을 강화하는 동시에 농촌 내 유휴자원 활용을 증진함으로써 지역 활성화에도 기여할 수 있는 '다중이해관계자협동조합'의 설립을 지원해야 한다. 나아가 소규모 가족농이 생산한 농산물의 안정적인 판로 확보와 부가가치 증대를 위한 수단으로써 다양한 커뮤니티 비즈니스(6차 산업화, 농촌관광/도농교류)를 연계 추진하는 대책이 필요하다.

(3) 여성농업인 육성 및 지원정책을 강화한다

□ 여성농업인의 현실을 직시하고, 여성농업인 육성 및 지원 대책을 마련한다

2015년 말, 전체 농가 인구(256만 9,000명) 중 여성이 차지하는 비율은 50.8%다. 이처럼 농가 인구 절반 이상이 여성농업인이지만, 남성

농업인에 비해 농외소득활동 기회가 절대적으로도 상대적으로도 부족할뿐더러 농촌지역개발사업에 대한 참여 부족, 지역사회에서의 인식 부족 등으로 영농의 주체라기보다는 '보조인력'이라는 인식이 팽배하다. 실제로 여성농민의 명의로 된 농지 비율은 전체의 27.4%에 불과하며, 다문화 여성농민의 경우 1.9%에 불과한 실정이다(농림축산식품부, 2013).

더욱이 여성농업인을 지원하는 정책추진체계는 사실상 부재하다. 농림축산식품부의 경우, 여성농업인 전담부서가 없고 '농촌복지여성과'의 7개 업무 분장 중에서 여성농업인 전담업무담당자는 극소수에 불과하며, 여성가족부의 경우 여성정책국이 있기는 하지만 업무 대부분이 도시 여성에 초점이 맞춰져 있어 실제 여성농업인과 농촌 여성은 정책 대상에서 제외되어 있다. 중앙정부의 여성농업인 경시 풍조는 지자체에까지 고스란히 이어져, 지자체 여성농업인 업무는 대부분 아동, 청소년, 이주여성 등과 중복되어 있다. 여성농업인 고유의 정책이 이루어지기 어려운 구조인 것이다. 따라서 여성농업인의 주체성 강화와 건강한 발전을 위한 여성농업인 육성 및 지원대책이 필요하다.

□ 첫째, 여성농업정책 전담부서를 신설하고 「여성농어업인육성법」을 개정한다

중앙부처에 여성농업정책과 신설 및 여성농업정책 전담인력 마련, 여성농업인육성정책위원회에서 여성농업인정책 심의·평가, 현장에서부터 여성농민이 참여하는 정책 실현, 여성농민 교육도우미제도 도입 등이 필요하다.

또한 여성농어업인육성정책위원회를 통한 농업분야의 성별 영향평가, 성인지 예산·결산 점검 및 개선, 임신·출산·질병에 대비한 제도 마

련, 각종 농업 교육 시 성평등 교육 시행 등이 요구된다.

□ 둘째, 여성공동경영주 확대를 위한 등록제도를 개선하고, 여성농민
   의 가공사업 활성화를 촉진한다

이를 위해서는 「농업·농촌 및 식품산업 기본법」 시행령 제3조의 농업인 기준을 근거로 공동경영주 등록이 가능하도록 변경해야 한다.

또한 여성농민 생산공동체 육성·지원 계획 시행, 여성농민의 자가생산물 가공을 지원하기 위한 정책 추진, 여성친화형 농기계 개발 및 보급으로 여성농업인의 안전한 농업노동을 보장해야 한다.

□ 셋째, 고령여성농민의 전통농업지식을 자원화하고 토종농업을 육성
   하며, 여성농민의 건강한 농촌생활을 보장하기 위한 복지정책을 확
   충한다

전통농업지식을 보존하고 자원화하기 위해 농업·농촌 유산, 여성농민 기록물을 보존하는 농업자원보존 직불제 추진, 고령여성농민의 전통농업지식을 주제로 한 귀농·귀촌 교육 개발, 고령여성농민과 청년(여성)농민 간 멘토링제도 도입, 토종종자·토종농업 직불제 실시, 토종종자 보급소 및 전시관 설립·운영 등이 필요하다.

더불어 농업노동으로 인한 농부병 예방의료제도 실시, 여성농민 행복바우처 확대 실시, 마을회관을 (여성)농민 농촌공동체 삶터로 활용하는 방안 지원, 고령여성농민의 안전한 이동권 보장 등 건강한 농촌환경 조성 등이 필요하다.

(4) 젊은 영농 주체 확보를 위한 종합대책을 수립하고 시행한다

□ 취농인력 충원이 없다면 우리 농업의 미래도 없다

농가 인구 감소 폭이 커지고 있는 가운데 농가 인구 및 농업경영주의 고령화 추세는 더욱 심화되고 있다. 젊은 농업경영주는 줄어들고 고령경영주가 급증했다. 2015년 농가 인구의 고령화율은 38.4%로 매우 심각한 수준이며, 40대 이하 농업경영주는 9.0%인 반면 70대 이상은 37.7%에 달하고, 영농승계자 확보율은 9.8%에 불과하다. 이처럼 농가 인구 감소, 농업경영자의 고령화, 낮은 영농승계인력 확보율은 우리 농업의 지속 가능성을 위협하는 가장 본질적인 요인이다.

따라서 우리 농업의 지속 가능성 제고를 위해 필요한 신규인력을 산정하고, 이를 확보하기 위한 중장기 대책을 수립하여 추진해야 한다. 그러기 위해서는 현재 농업경영주의 연령별 분포를 고려해 연도별 은퇴농가 수를 산정한 다음, 이에 대응하여 확보해야 할 적정 신규 취농자 규모를 추정하여 '신규 취농인 육성계획'을 수립·추진해야 한다.

□ 첫째, 청년취농인턴제도를 도입한다

30세 이하의 대학생, 청년들을 대상으로 농업·농촌활동 참여를 권장하고 촉진함으로써 장기적으로 농업·농촌 지향의 응원군을 육성하기 위해 현재 귀농인을 대상으로 하는 '귀농인 현장실습 지원사업'(현재, 선도농가·실습 희망 귀농인·농업기술센터 소장의 3자 협정에 의거하여 월 20일 이상 근무, 5개월, 월 80만 원 지급)을 농촌 지향의 도시 청년에게까지 확대해야 한다. 또 현행 대졸 취업준비생을 대상으로 시행하고 있는 '교육연계형 국내 식품산업 연수 청년인턴십 프로그램'(1일 4~8시간, 주 20시간 근무, 1~3개월, 월 50만 원 지급)을 농업·농촌 현장실습분야까지 확대할 필요가 있다.

□ 둘째, 청년취농 직불제를 시행한다

젊고 유능한 미래 농업 주체를 확보하고 육성하기 위해 40세 미만의 청년취농자에게 착실한 취농 준비와 안정적인 정착을 지원해야 한다. 일본의 청년취농급부금靑年就農給付金제도를 벤치마킹하여 올해부터 시행 예정인 '청년창업농(청년창업형 후계농)지원제도'(40세 미만 청년취농자 1,200명, 월 80~100만 원, 최대 3년 지원)을 확대, 강화해야 한다. 청년취농자의 안정적인 정착을 위해서는 준비기간 2년, 정착기간 3년, 월 100만 원 정도의 직불금을 지급할 필요가 있다. 이러한 청년취농 직불제는 일본만이 아니라 EU의 '청년농업인 직접지불제Young Farmers Direct Payment', 프랑스의 '청년농업인 육성체계Young Farmers' Scheme', 미국의 농촌청년대부제도Rural Youth Loans' 등 세계 각국에서 시행하고 있는 정책이다.

□ 셋째, 안정적인 취농 정착을 위한 유휴자원 활용 및 지원제도를 시행한다

현행 '농지은행'과 연계하여 지역 내 유휴농지를 청년취농자에게 우선 임대하고, 일정기간 임차료를 감면한다. 또한 각종 농촌지역개발사업을 통해 만들어진 농촌지역의 다양한 가공·체험·휴양·교류시설을 청년취농자에게 임대하여 활용토록 하고, 일정기간 동안 임차료를 감면한다. 이를 통해 청년취농자의 창의적인 아이디어를 접목하여 유휴자원 활용도를 높이고 지역 활성화에도 기여하도록 유도해나간다.

젊고 의식 있는 청년취농자를 농촌지역에서 필요한 사회적경제분야(공동체회사, 마을기업, 협동조합, 사회적기업, 커뮤니티 비즈니스 등)의 주체로서 육성해나가야 하며, 이는 농업·농촌의 다원적 가치 증진을 위해서도 반드시 필요하다. 다기능농업의 증진 및 발전을 위한 주체로서 청

년취농자의 역할이 중요하다는 것이다.

(5) 신규 농업인 육성을 위한 지역 단위 교육시스템을 구축한다

□ '할 일 없으면 농촌에 가서 농사나 짓자'는 식은 더 이상 안 된다

누구나 아무런 제약 없이 영농에 종사하는 현재와 같은 제도하에서는 취농 실패로 인한 개인적인 손실은 물론 국가적으로도 예산 낭비가 초래될 가능성이 크다. 취농 실패로 인한 역귀농·역귀촌 사례에 관한 최근 통계는 없지만 농림축산식품부와 전라북도가 2010~2012년 이주한 4,411세대를 대상으로 정착 실태를 조사한 결과, 도시로 되돌아간 세대가 같은 기간 귀농·귀촌한 세대의 8.3%(365세대)에 달하는 것으로 나타났다.

이러한 역귀농·역귀촌 사례를 줄이기 위해서는 취농하고자 하는 사람으로 하여금 반드시 일정한 교육과정을 거치도록 의무화하는 방안을 도입할 필요가 있다. 이는 신규 취농자들의 가장 큰 애로사항이 '영농기술 및 경험 부족'이라는 점에서도 충분히 타당한 조치다. 누구나 농업에 종사할 수 있고, 일정한 요건(가령 농민의 자격)만 갖추면 정책적인 지원 대상이 되는 현행 방식을 개선해, 일정한 전문성을 갖춘 후 농업에 종사하도록 하는 안정적인 취농지원정책이 필요하다.

□ 첫째, 도 단위의 체계적인 신규 취농자 전담교육기관으로 '농업대학'
을 설치, 운영한다

각 도마다 기존의 자영농고를 농업대학으로 전환하고 자영농고가 없는 도에서는 신규 취농을 희망하는 예비농업인은 물론, 기존 농업인의 재교육을 담당하는 기관을 설립·운영하도록 한다. 이 '농업대학'은 전문적인 교과학습은 물론이고 농업경영 실습, 마케팅 실습, 모의농업경영

등 실전교육을 중심으로 하며, 졸업 후에도 자립할 수 있도록 다양한 컨설팅을 지원한다(일본 '농업대학교' 사례 참조).

또한 농업대학은 과거 농업인에 대한 대학학위과정으로서 시행되었다가 부처 간 합의 불발과 교육내용 부실로 유야무야됐던 '농업인 마이스트 과정'의 실패 사례를 참고해, 학위과정이 아닌 신규 농업인 전문교육 및 기존 농업인 재교육과정으로서 운영하는 것이 타당할 것이다. 현재 전국에서 운영(예정) 중인 8개 '체류형 농산업창업지원센터'와 연계 추진하는 방안도 고려해볼 수 있을 것이다.

□ 둘째, 신규 취농자에 대한 정책 지원 요건을 강화한다

현재와 같은 귀농·귀촌 교육과정 100시간 이수만으로는 영농 실무역량을 습득하기는커녕 농업경영 여건 변화에 제대로 대응할 수 없다. 각 품목별로 갖추어야 할 기본적인 영농 역량을 설정하고, 일정한 영농 규모 이상을 확보한 신규 취농자에 한해 정책자금을 지원하는 방식으로 개편함으로써 신규 취농의 실패를 예방하고, 예산의 효율적 집행과 정책의 성공 가능성을 높여나가야 한다.

그러나 귀농가구 중 재배농가의 평균 경작면적이 4,492m²(2015년)에 불과한 점을 고려할 때, 지원 가능한 재배면적 기준을 너무 높게 설정해서는 지원 대상 자체가 지나치게 좁아질 수 있기 때문에 적정한 규모 설정이 중요하다. 아니면 현재 일률적으로 규정하고 있는 정책자금의 지원 규모(3억, 이자율 2%, 5년 거치 10년 분할상환)를 농업경영 규모에 따라 차등화하는 방안도 고려해볼 수 있을 것이다.

□ 셋째, 신규 취농교육의 체계화·종합화를 위한 통합적인 관리시스템
  을 도입한다

교육 시행 주체에 따라 단편적이고 중복적으로 진행되고 있는 현행
귀농·귀촌 교육프로그램을 교육과정별로(기초, 심화, 전문과정), 품목별
로(경종, 과수, 화훼, 특작, 축산 등), 영농주체의 요구별로(취미농, 전문농)
재분류·체계화하고, 각 과정별 표준교육모듈을 개발하여 시행한다. 교
육과정은 다양성을 존중하되 통합적으로 관리하는 시스템을 구축하
고, 정책 지원 대상자를 선정할 때는 반드시 이 시스템을 통해 대상자
의 영농분야 및 역량을 반영하여 결정함으로써 성공적인 영농 정착과
국가 예산의 효율적인 집행에 기여하도록 한다.

5. 우리 농업의 미래 주체 재설정과 농업인력육성정책의
   전면적 개편이 필요하다

농업노동력의 양적 감소와 질적 악화는 우리 농업의 지속 가능성을
위협하는 가장 본질적인 요인이다. 중장기적인 관점에서 우리 농업을
책임져야 할 미래 주체를 고민하지 않을 수 없다. 이를 위해서는 먼저
미래에 우리 농업을 이끌어나갈 주체의 상을 정립할 필요가 있는데, 이
러한 상은 결국 우리가 추구해야 할 농정 패러다임과 직접적인 관련이
있다. 즉, 우리가 추구해나가야 할 올바른 농정 패러다임을 설정하고,
그러한 농정 패러다임을 실천할 주체의 상을 정립해야 한다.

더불어 한국 농업의 미래 주체 확보를 위한 정책 목표는 우리가 추
구하고자 하는 새로운 농정 패러다임의 실천 주체를 육성하는 데 맞춰
져야 한다. 우리가 추구해야 할 농정 패러다임은 세계적인 흐름과 우리
농업의 현실을 고려하여 기존의 생산주의, 효율성 제일주의가 아니라

농업·농촌이 가진 다기능성을 최대한 발휘하고, 이를 통해 경제적으로
는 물론 사회적으로도 지속 가능한 농촌지역의 발전을 도모해나가는
것이다. 다기능농업을 지향하는 지속 가능한 농정 패러다임은 세계적
인 흐름과도 부합하는 것이다.

　이러한 농정 패러다임을 실천할 한국 농업의 미래 주체는 '건강한 가
족농'이다. 따라서 미래 농업 주체의 확보 및 육성 정책은 '건강한 가족
농'이 안정적으로 발전해나갈 수 있는 기반을 구축하고 강화하는 것이
어야 한다. 구체적으로 첫째, 가족농 중심의 지역농업 조직화와 지역영
농조직의 육성이 필요하다. 둘째, 가족농의 안정적인 발전을 위한 생태
계를 조성해야 하며 셋째, 여성농업인 육성을 위한 지원을 강화하고, 여
성농민의 지위 및 권익 향상을 위한 정책환경을 만들어야 한다. 넷째로
는 청년농업인을 확보하여 미래의 농업 주체로 육성하며, 다섯째는 귀
농·귀촌인을 위한 예비농업인 교육과정을 설치·운영하는 것이다.

　아울러 기존 전업농육성정책에 대한 재검토와 개선이 필요하다. 최
근 정부에서는 전업농육성정책을 '전문농육성정책'으로 개칭했다. 이러
한 개칭에도 불구하고 경쟁력 강화, 효율성 제일주의 농정이라는 기본
적인 성격은 변함이 없다. 다시 말해 다기농업을 목표로 하는 지속 가
능한 농정 패러다임과는 거리가 멀다는 것이다. 따라서 이러한 전업농
혹은 전문농육성정책은 '다기농농업-지속 가능한 농정'이라는 새로운
농정 패러다임의 실천 주체 육성이라는 방향에 맞춰 전면적인 개편이
필요하다.

| 참고문헌 |

김동원·박혜진,《농업·농촌에 대한 2015년 국민의식조사 결과》, 한국농촌경제연구원, 2015.

김정섭·김미복,〈지속 가능한 농업의 조건: 고령농과 청년 신규취농〉,《농업전망 2017》, 한국
　　농촌경제연구원, 2017.

김정섭 외,〈농어촌 지역의 인구·산업·일자리 동향과 전망〉,《농업전망 2012》, 한국농촌경제
　　연구원, 2012.

_____,〈최근의 귀농·귀촌 실태와 정책 과제〉,《KREI 농정포커스》제13호, 한국농촌경
　　제연구원, 2013.

_____,〈귀농·귀촌인의 사회·경제활동과 함의〉,《농촌지도와 개발》제21권 3호, 한국농
　　촌지도학회, 2014.

김정호 외,《농업·농촌분야 청년일자리 등 창출방안 연구》, 환경농업연구원, 2015.

김철규 외,《귀농·귀촌인의 성공적 정착과 농촌사회 발전 방안 연구》, 농림수산식품부 연구
　　보고서, 2011.

농림축산식품부,〈여성농업인 실태조사〉, 2013.

_____,〈2014 귀농·귀촌인 통계〉, 2015.

_____,〈농림축산식품 주요 통계〉, 2016.

_____,《경영체 DB분석에 기초한 농업경영체 유형별 맞춤형 정책 추진계획》, 2016.

농림축산식품부·해양수산부·통계청,《2015년 귀농어·귀촌인 통계》, 2016.

농촌진흥청 국립축산과학원,《축산 영농승계 실태와 의향조사 보고서》, 2015.

마상진 외,《신규취농의 진입장벽 해소방안》, 한국농촌경제연구원, 2009.

박대식 외,《외국의 귀농·귀촌 동향과 정책》, 한국농촌경제연구원·농촌진흥청, 2014.

박진도,〈농민이 행복해야 국민이 행복하다〉,《民爲邦本》제14호, 지역재단, 2015.

배민식,〈농가 인구의 고령화 지표 현황과 과제〉,《지표로 보는 이슈》제8호, 국회입법조사
　　처, 2014. 11.

성주인 외,《농촌의 중장기 인구변화에 대응한 지역활성화 과제》, 한국농촌경제연구원·한국
　　보건사회연구원, 2014.

성주인·채종현,〈농어촌의 과소화 마을 실태와 정책 과제〉,《KREI 농정포커스》제21호, 한
　　국농촌경제연구원, 2012.

송미령 외,〈귀농·귀촌 증가 추세와 정책 과제〉,《KREI 농정포커스》제103호, 한국농촌경제
　　연구원, 2015.

유정규,《귀촌실태분석 및 활성화 방안 연구》, 지역발전위원회, 2011.

_____,《도농상생을 위한 귀농·귀촌정책의 방향 연구》, 지역발전위원회, 2012.

임준홍·홍성효,〈2040년 읍면동 인구추계로 본 충남의 정책과제〉,《충남리포트》제109호,
　　충남발전연구원, 2014.

정도채·심재헌,〈늘어난 곳과 줄어드는 곳, 농촌 인구와 농촌개발과제〉,《농업전망 2017》, 한

　　　국농촌경제연구원, 2017.

정현희 외, 《농업의 다기능성과 다기농업 활성화 정책》, 충남발전연구원, 2013.

통계청, 〈농림어업조사〉.

_____, 〈농림어업총조사〉.

_____, 〈주택인구총조사〉.

_____, 〈귀농어·귀촌인 통계 결과〉, 2016, 2017.

_____, 〈농가경제조사〉, 2016.

채광석·김홍상, 《농지거래 형태조사와 제도개선 방안》, 한국농촌경제연구원, 2014.

_____, 〈임대차제도의 개선방안〉, 《농지임대차제도 개선 전문가 토론회》, 한국농림 축산식품부·농촌경제연구원·한국농어촌공사, 2015.

최지현 외, 〈2016 농업 및 농가경제의 동향과 전망〉, 《농업전망 2016》, 한국농촌경제연구원, 2016.

황수철 외, 《귀농·귀촌인구의 정착실태와 개선방안》, 농정연구센터, 2014.

_____, 〈생산주의 농업에서 다기능농업으로〉, 《한국 농업, 경로를 바꾸자》, 농정연구센터, 2016.

楠本雅弘, 《地域の多様な條件を生かす集落營農》, 農山漁村文化協會, 2006.

_____, 《進化する集落營農: 新しい'社會的協同經營体'と農協の役割》, 農山漁村文化協會, 2010.

農林水産省, 《支援策活用ガイド》, 2015.

_____, 《青年就農計劃制度について》, 2012.

_____, 《青年等就農資金 - 平成27年度予算の槪要》, 2015.

5장

한국형 친환경농업의 새로운 대안을 찾아

– 저투입·지역순환·자연공생을 통한 진정한 친환경농업의 모색

조완형

현 한살림연합 전무이사

농식품유통경제를 공부해 박사학위를 받았고, 1991년부터 한살림에서 일하고 있는 친환경농식품·생협 전문가이자 활동가다. 한살림 외에도 유기농업·협동조합·식품유통 관련 영역에서 폭넓은 참여 및 연구활동을 하고 있다. 농식품 소비·유통 등에 관련된 논문과 글을 다수 썼다.

요약

• 인증 및 농자재 중심의 친환경농업 육성정책은 미래가 없다

일찍이 녹색혁명형 화학농업에 대한 문제의식을 가진 민간 영역에서 1970년대 중반부터 친환경농업을 실천해왔다. 이런 실천 경험과 성과를 바탕으로 정부 주도하에 1990년대 중반부터 친환경농업 육성정책이 추진됐다. 그러면서 지난 20여 년간 친환경농업의 정체성과 대안적 가치보다는 인증과 농자재 중심의 산업적 측면을 강조하는 관행농업화가 진행됐다. 그간 정부가 추진하고 민간이 실천해온 친환경농업의 관행농업화를 계속 고수하는 한 지속가능한 친환경농업의 미래는 밝아 보이지 않는다.

특히 안전과 건강이라는 이름으로 친환경농식품 수입에 열을 올리고 있는 식품유통회사들, 친환경농자재만 쓰면 친환경농업이라며 농민을 오도하고 있는 친환경농자재상들과 그들의 배만 불리고 있는 친환경농자재 지원정책, 돈(보조금) 보고 달려든 뜨내기 친환경농업인들, 여전히 친환경농업을 비과학적이라며 발목을 잡는 농학자들, 친환경농업의 원칙과 이념을 이해하지 못하거나 무시해버리는 행정관료 등이 기승을 부리는 한 우리 친환경농업의 미래는 요원하다.

• 저투입·내부순환·자연공생을 열쇳말로 하는 '한국형 친환경농업 3.0'을 추진해야 한다

친환경농업의 진정한 가치인 자연친화성과 지역물질순환성을 실현하고 성장 활력을 회복하기 위해서는 어떻게 해야 할까? 지난 20여 년간 안전과 품질에 치중한 인증 및 농자재 중심의 친환경농업정책과 실천에서 벗어나야 한다.

우선 친환경농업에서 산업적 측면만을 중시해온 친환경농업의 관행농업화 실천과 정책을 원점에서 재검토해 본래의 정체성과 대안적 가치를 중시하는 방향으로 과감히 전환해야 한다. 지금과 같은 인증 및 농자재 중심의 친환경농업 실천과 정책에서 벗어나 저투입·내부순환·자연공생을 열쇳말로 하는 진정한 친환경농업, 즉 '한국형 친환경농업 3.0'을 실천하고 추진해야 한다.

• 생산자와 소비자의 참여·연대를 통한 대안유통체계의 구축 및 확대가 필요하다

이를 위해서는 생산자와 소비자가 친환경농산물을 매개로 주체적인 참여, 연대를 통해 생산과 소비의 선순환구조를 마련함으로써 지역농업 활성화에 기여해야 한다. 또한 기존의 제3자 인증시스템을 보완하기 위한 자주인증시스템을 도입하고 시행해야 하며, 현행 먹거리체계가 초래한 생태적 불균형을 회복하고 농촌사회의 지속 가능성을 확보할 수 있는 대안유통체계의 구축 및 확대가 필요하다.

1. 우리나라 친환경농업은 어떻게 전개돼왔는가

우리나라는 계절풍이 부는 지대인 아시아 최북동부에 자리 잡고 있다. 기후가 온난다습하고 경사지가 많으면서 풍부한 농수農水까지 갖추고 있어 논농사에 유리하다. 밭농사 중심인 서구에서 지하수 오염을 걱정했던 것에 비해 논농사는 환경보전 기능이 뛰어난 편이다.

그러나 1970년대 이후 농업생산 규모가 확대되고, 생산 효율을 높이기 위한 기계화 및 시설화, 농약과 화학비료 등에 기대야만 하는 화학농법, 옥수수 등 수입곡물에 의존해야만 하는 공장형 축산이 빠르게 확산됐다. 뿐만 아니라 축산공해(수질오염, 악취, 소음, 위생해충 등), 공중방제, 볏짚 태우기, 농자재 폐기물 불법 투기가 늘어나고, 연작으로 짓는 밭농사로 인한 피해, 유휴농지 확대 등에 따른 농경지 황폐화가 점점 더 심해졌다. 그 결과 농업이 갖고 있던 환경보전 기능은 급속히 줄어들고 화학농업으로 인한 환경오염은 점점 확대됐다.

이처럼 농업환경이 나빠짐에 따라 (녹색혁명이라 불리던) 화학농업의 해로운 현상들을 직접 체험한 생산자들이 1970년대 중반부터 그 대안으로 친환경농업으로 눈을 돌리기 시작했다.

이렇게 시작된 우리나라 친환경농업의 전개과정을 간략히 구분해 살펴보면 다음과 같다.*

첫째, 자발적 친환경농업 실천 태동기 및 기반 형성기, 즉 한국형 친환경농업 1.0 시대다. 1970년대 중반부터 1990년대 중반까지는 증산 위주의 화학농업에 대한 문제의식을 가지고 민간 영역에서 자발적으로 친환경농업을 실천한 태동 및 기반 형성 기간이다.

이 시기에는 단순히 안전, 품질만을 추구하는 정부 주도의 획일화된 친환경농업이 아니라 자연친화성과 지역순환성을 중시하는 대안적 친환경농업을 지향했다. 또한 자연과 인간의 공생, 생산과 소비의 협동, 농업과 밥상의 연대를 매개로 하는 친환경농업의 근본가치를 실천하는 데 충실했다.

둘째, 정부 주도형 친환경농업의 성장기 및 조정기, 즉 한국형 친환경농업 2.0 시대다. 1990년대 들어서는 변화가 생겼다. 농산물시장개방이 확대되면서 농업 관련 단체며 기관에서는 친환경농업이 우리 농업에 새로운 변화를 불러올 동력이 될 것이라 생각했다. 또한 농업 관련 학계와 연구기관에서도 농산물시장개방 시대를 헤쳐나갈 대안으로 친환경농업에 관심을 갖기 시작했다. 정부는 이런 분위기 속에서 소비자의 농식품 안전성 요구에 응하면서도 생산자의 농업소득 증대에 도움이 되는 정책 목표를 내세우면서 친환경농업 육성정책을 추진하기 시작했다.

1990년대 중반부터 2010년까지는 정부가 나서서 인증과 농자재 지원 중심으로 친환경농업을 주도하여 빠른 성장을 거친 시기다. 하지만 이 시기는 자연친화성과 지역순환성을 중시하는 대안적 친환경농업이라기보다는 안전과 품질에 치중한 인증과 농자재 지원 중심의 친환경농업 육성정책이라는 한계를 분명하게 드러냈다. 친환경농업의 원리·가치와는 거리가 있을 수밖에 없었다. 이런 정책 기조는 2010년 전후부터 최근까지 그대로 이어져 결과적으로 친환경농업의 성장 활력이 서

---

* 국제유기농업운동연맹IFOAM은 지난 100년에 걸친 세계 유기농업의 역사를 유기농 1.0, 유기농 2.0, 유기농 3.0으로 구분해 설명한다. 유기농 1.0은 1920~1970년대를 가리킨다. 이 시기는 화학농업의 한계에 대응하는 민간 주도의 유기농업 실천을 핵심 가치로 두고 있다. 유기농 2.0은 1970년대부터 2015년까지의 시기로, 제3자 인증에 의한 유기농업 실천을 핵심 가치로 두었던 시기다. 이 시기에는 인증을 중심으로 한 유기농업의 표준화가 진행되고 시장 개척을 통한 유기농업의 산업화가 진전됐다. 하지만 인증 중심, 품질 중시, 기준 미충족 배제 등의 문제가 있었다. 유기농 3.0은 2015년 이후 제3자 인증에서 참여자(생산자·소비자) 인증으로, 세계가 직면한 환경과 생물다양성 문제를 해결하는 유기농업으로, 대규모 물류체계가 아니라 지역순환체계를 고려한 유기농업으로 전환해야 한다는 인식에서 제안됐다.

서히 떨어지는 조정기에 접어들었다.

셋째, 진정한 친환경농업*을 위한 대안 모색기 및 성숙기, 즉 한국형 친환경농업 3.0 시대다. 새로운 정부가 들어서자 그동안 정부 주도로 추진되어온 친환경농업정책에 대한 비판적 평가와 함께 방향 전환을 요구하는 지적들이 친환경농업 관련 학계나 민간단체에서 나오고 있다. 지금은 지난 20여 년에 걸친 정부 주도의 획일화된 친환경농업정책을 되돌아보고 그 문제와 한계를 극복하기 위해 새로운 전환점을 모색해야 하는 성숙기라고 말할 수 있다.

'한국형 친환경농업 3.0'은 이미 1980년대 후반 생산자와 소비자가 손을 맞잡고 밥상과 농업과 생명을 살려내고자 하는 대안적 친환경농업운동 형태에서 해답을 찾을 수 있을 것이다. 지난 30년에 걸친 이런

〈표 5-1〉 한국 친환경농업의 전개과정

구분	시기	내용	비고
친환경농업 1.0	모색기(1970년대 중반 ~1990년대 중반)	친환경농업의 필요성 제기와 친환경농업에 대한 관심 점증	관행화학농업에 대한 문제의식을 가지고 민간 주도로 친환경농업 실천
친환경농업 2.0	성장기(1990년대 후반 ~2010년 전후)	친환경농산물시장의 빠른 성장 거듭	민간 주도의 친환경농업 실천 경험을 바탕으로 정부 주도의 친환경농업 정책 추진(인증과 농자재 지원 중심)
	조정기(2010년 전후 ~2016년 전후)	친환경농산물시장의 성장 저하, 2016년부터 활력 회복 중	
친환경농업 3.0	성숙기(2017년 이후)	2010년 이전의 성장세 회복 기대	친환경농업의 새로운 비전과 방향 모색

---

* 외부 농자재 투입량 저감과 농토 생태계 성숙·풍부화를 통해 농작물의 자립적 생명력과 병충해 억제력을 증대시킴으로써 친환경농법의 기술적 가능성을 높이는 것을 의미한다.

운동의 경험과 교훈은 앞으로 '한국형 친환경농업 3.0' 시대를 열어가는 데 좋은 참고서 역할을 할 것이다.

2. 정부 주도의 친환경농업정책을 점검해야 한다

1997년 「친환경농업육성법」(현 「친환경농어업 육성 및 유기식품 등의 관리·지원에 관한 법률」)이 제정된 이후 줄곧 인증과 농자재 지원 중심의 친환경농업 육성정책이 추진돼왔다. 정부의 친환경농업정책은 농약과 화학비료를 줄이거나 아예 배제해서 관행화학농업에 버금가는 수량, 품질, 소득을 높이는 데 초점이 맞춰졌다. 친환경농업의 정체성이나 대안성은 생각하지 않고 오로지 산업적 측면만을 강조해왔다고 볼 수 있다. 이런 과정에서 친환경농업은 단순히 '농약과 화학비료를 줄이거나 사용하지 않고 생산하는 농업, 혹은 농약과 화학비료를 줄이거나 사용하지 않으면 성립되는 농업'이라는 인식이 널리 퍼지게 된 것이다.[*]

1997년 이후 정부 차원에서 획일적인 친환경농산물 인증 기준이 본격적으로 시행됐다. 이로 인해 자연생태순환과 지역물질순환을 중시하는 친환경농업의 근본가치는 점점 더 퇴색했다. 또 생산자와 소비자가 함께 도농공동체를 이루어내는 관계성 가치도 약화됐다. 결국 인증 기준을 지키면서 금지된 농자재를 쓰지 않고 허용된 농자재만 사용하면 친환경농산물로 성립되는 방식이었다. 이에 따라 친환경농업도 '저투입·내부순환·자연공생'이라는 원리와 가치를 점점 더 멀리하고, 관행

---

[*] 「친환경농어업 육성 및 유기식품 등의 관리·지원에 관한 법률」 제2조(정의)에서도 친환경농업을 "합성농약, 화학비료 및 항생제·항균제 등 화학자재를 사용하지 않거나 그 사용을 최소화하고 농업 부산물의 재활용 등을 통해 생태계와 환경을 유지·보전하면서 안전한 농산물을 생산하는 산업"으로 정의하고 있다.

화학농업과 마찬가지로 외부 투입 친환경농자재에 크게 의존하게 됐다. 현재 친환경농업은 관행화학농업에 사용되는 농약과 화학비료 등의 합성화학자재를 대체하는 친환경농자재만 선택하면 되는 시스템인 것이다. 2016년부터 2020년까지 시행되는 제4차 친환경농업 육성 5개년 계획*에서도 친환경농업의 새로운 전환점을 발견하기는 어렵다.

정부는 지난 20년간 친환경농업 육성이라는 목표를 내걸고 줄곧 친환경농업의 산업적인 측면만 고려해왔다. 하지만 이 땅의 친환경농업은 정책 시행 초기와는 달리 2010년 이후 마이너스 성장을 거듭하면서 활력을 점점 잃어가고 있다. 2016년 저농약농산물 인증 폐지와 함께 유기농산물 및 무농약농산물의 생산량이 소폭 증가세를 보이는 듯하지만, 전체 친환경농산물 생산량은 여전히 증가세로 돌아서지 못하고 있다. 저농약농산물 인증 폐지는 무농약을 거쳐 유기농으로 상향 전환되지 못하고 오히려 관행화학농업으로 뒷걸음질쳤다. 저농약농산물 인증 폐지와 함께 무농약 및 유기농을 적극 확대하겠다던 정부의 친환경농업 정책은 지금으로서는 실패했다고 진단할 수 있지 않을까?

정부의 기대나 민간의 열망과는 달리, 지금의 친환경농업 육성정책이 심각한 위기 상황에 처한 한국 농업의 새로운 성장 동력이 되기는 어려워 보인다. 이대로 가다가는 혹여 정부의 친환경농업 육성정책이 대표적인 정책 실패 사례가 되는 것은 아닐까 우려된다. 정부가 지난 20년간 친환경농업 육성을 위한 핵심적인 정책 수단으로 선택했던 친

---

* 정부의 제4차 친환경농업 육성 5개년 계획은 이전의 1~3차 친환경농업 육성 5개년 계획과 비교할 때 비전의 표현만 약간 다를 뿐(제1차는 농업인과 소비자가 함께하는 친환경농업 구현, 제2차는 국민의 건강한 삶과 생명환경농업의 실현, 제3차는 국민과 자연이 함께하는 친환경녹색산업 구현, 제4차는 국민적 신뢰에 기반한 지속 가능한 친환경농업 육성), 그 기조나 내용에는 별다른 변화가 없다.

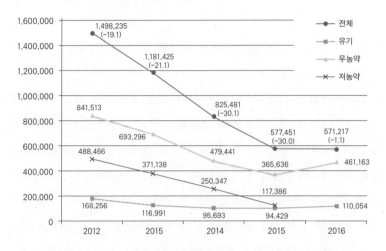

〈그림 5-1〉 친환경농산물 생산량(인증량) 추이 　　　　　　　　　　　(단위: 톤)

주: 괄호 안의 수치는 전년 대비 증감률을 나타냄.
자료: 국립농산물품질관리원, 〈친환경인증통계〉, 2017.

환경농산물 인증제도는 친환경농업의 눈부신 성장세에 가려진 채 짙은 그림자 또한 드리우고 있다. 여기에는 농정당국이나 농정기관의 친환경농산물 인증 실적주의도 한몫했다. 정부 주도의 친환경농업 현실에 대한 냉혹한 평가, 친환경농업의 답보 상태를 초래한 인증 및 농자재 중심의 정책, 즉 농자재 허용·금지 기준에 따른 기계적 판단이나 농약잔류검사 등이 중심이 된 정책체계에 대한 깊은 성찰이 있어야 할 것이다.

앞으로 친환경농업이 틈새 농업에서 벗어나 주류 농업으로, 또 친환경농산물이 틈새 농산물에서 주류 농산물로 나아가기 위해서는 지난 20여 년 가까이 전개해온 정부 주도형 친환경농업의 관행농업화정책을 과감히 바꾸어야 한다. 근본적인 변화 없이 그저 해오던 대로의 친환경농업정책이 계속된다면 또 하나의 농정 폐단이 생길 수 있다.

3. 친환경농업의 관행농업화에서 과감히 벗어나야 한다

친환경농업은 단순히 농약과 화학비료를 줄이거나 배제하는 농업이라기보다는 관행화학농업의 결함과 모순을 근본적으로 바꾸고 '저투입·내부순환·자연공생'의 원리와 가치를 추구하는 농업이라고 할 수 있다.* 관행화학농업의 최대 결함과 모순은 자연친화성과 지역순환성을 무시한 채 생산성과 효율성만을 추구하는 데 있다. 이런 결함과 모순은 단순히 농약이나 화학비료 등의 합성화학자재를 친환경농자재로 대체한다고 해서 해결될 문제가 아니다.

주로 사용하는 자재에 대한 허용 또는 금지만을 따지는 지금의 인증기준에 따라 친환경농산물을 기계적으로 판단해서는 곤란하다. 그렇다고 해서 단순히 농약과 화학비료를 덜 쓰거나 아예 쓰지 않는 특수한 농업으로 한정지어서도 안 된다. 친환경농업은 자연에서 벗어나 외부 농자재 투입을 축으로 인공적인 생산력을 추구하는 관행화학농업과는 원리도, 가치도 다르다. 근본적으로 친환경농업은 관행화학농업과는 다른 차원의 원리와 가치를 지향해야 한다. 그러지 않고서는 친환경농업의 새로운 전환점을 마련할 수 없다.

친환경농업은 농업 내부의 순환성을 강화하는 것, 재배포장 내 생태계를 풍부하게 하는 것, 외부 투입 농자재 사용을 회피하는 것, 지역자원의 순환·이용을 중시하는 농업으로 인식돼야 한다. 친환경농업은 〈그

---

* 친환경축산업 또한 효율성을 우선시하여 높은 조밀도의 인공시설과 항생제·살충제 등의 화학제품에 기반한 공장식 축산산업이 아니라 자연친화성과 물질순환성을 중시하는 친환경 동물복지 축산을 추구해야 한다.

〈그림 5-2〉 저투입·내부순환·자연공생 추구 친환경농업의 기술적 가능성

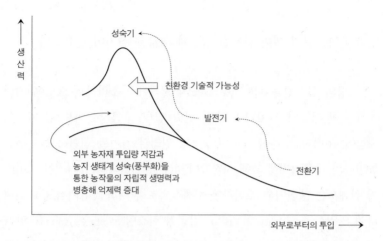

자료: 中島紀一,《有機農業の技術とは何か》, p. 30에서 일부 수정 인용

림 5-2〉와 같이 관행화학농업과는 기술체계, 즉 농법 자체가 다른 것이다. 친환경농업은 그야말로 '저투입·내부순환·자연공생'을 열쇳말로 하는 농법체계라 할 수 있다. 이러한 의미와 가치를 이해하고 참여하는 농민들이 계속 늘어나야 앞으로 나아가지 못하는 친환경농업에 새로운 활력을 불어넣을 수 있다.

앞서 말했듯이 농자재의 대체 또는 선택만을 가지고 친환경농업 여부를 판정해서는 곤란하다. 합성화학자재를 안전한 농자재로 바꾼다고 문제가 해결되는 것이 아니다. 무엇보다 농업현장에서 생명을 살리고 자연과 함께하는 농민들의 감성과 경험, 실천과 행동을 중시해야 한다. 외부 농자재 투입 여부를 중시하고, 인증 기준 적용과 과학적이고 매뉴얼화된 기술을 추구하는 식의 관행농업화를 경계해야 한다. 이런 경향을 넘어서야 친환경농업의 정체성을 바로 세우고 대안적 가치를 담아낼 수 있다. 이것이 진정한 친환경농업으로 나가는 길이며, '한국형 친

환경농업 3.0'을 실천하는 기본 방향이다.

4. 친환경농업에 대한 진지한 성찰과 새로운 실천이 필요하다

이 땅의 친환경농업은 정부 주도의 정책이나 소비자의 요구에 의해 시작된 게 아니다. 그보다는 햇빛, 별빛, 달빛, 구름, 비, 바람, 물, 풀, 흙, 지렁이, 두더지 등과 협동하여 農농의 원리와 가치를 실현하고자 했던 농민들의 자유의지에 의해 시작됐다. 이런 농민들의 자유의지를 이어가기 위해서는 생산자와 소비자가 주체적으로 참여하고 유기적으로 연대하여 영역성territoriality를 넓히고 자발적 시스템voluntary system을 만들기 위해 노력해야 한다. 이럴 때 친환경농업의 완전성과 신뢰성이 실현될 수 있다. 이와 달리 산업화와 제도화를 기반으로 하는 친환경농업의 관행농업화정책에 기대고 매달린다면 친환경농업의 활력을 기대하기는 어려워 보인다.

또한 전통적인 생산자와 소비자의 의식과 존재*에 머물러서는 친환경농업의 새로운 전망을 세우기가 어렵다. 생산자와 소비자는 따로 떨어져 있는 것이 아니라 한 덩어리, 즉 '생산하는 소비자'와 '소비하는 생산자'로 거듭나야 한다. '생산하는 소비자'와 '소비하는 생산자'가 일상적이면서 지속적으로, 다양한 형태와 방식으로 관계하고 연대할 때 진정한 친환경농업을 회복하고 새로운 친환경농업의 미래를 열어갈 수 있다. 그러기 위해서는 무엇보다 먼저 일반유통체계를 넘어 대안유통체계에 직접 참여해 서로에 대한 이해의 폭을 넓혀야 한다.

---

* 권익 신장과 투쟁에 집중하는 생산자의 의식과 존재, 소비자 주권 신장과 권리 행사에 집중하는 소비자의 의식과 존재를 말한다.

현재 친환경농업이 보이는 모습에 대한 민간 영역의 진지한 반성과 성찰도 요구된다. 그동안 민간 영역에서는 친환경농업의 정체성을 분명히 하거나 대안적인 가치를 중시하기보다 친환경농업이 가진 산업적 가치에 편승한 면이 없지 않다. 다시 말해 정부가 주도한 친환경농업의 관행농업화정책에 휩쓸리고 기대어온 측면이 없지 않다. 이제부터라도 관행화학농업의 개념을 넘어서는 진정한 친환경농업의 개념과 가치를 이해하고 과감히 실천에 옮겨야 한다. 민간 영역에서 정부 친환경농업정책의 문제점과 개선점만을 지적하고 제기할 것이 아니라 이에 기대어 관행농업 방식의 친환경농업을 실천해온 점에 대한 진지한 반성과 성찰이 있어야 한다.

5. 생산자·소비자 참가형 자주인증시스템을 활성화해야 한다

현재 정부는 민간에서 진행하는 친환경농산물 자주인증시스템을 인정하지 않고 있다. 자주인증시스템을 또 하나의 친환경농산물 인증제도로 인정하여 적극적으로 장려하고 활성화해야 한다.

국제유기농업운동연맹IFOAM은 2000년대 이전까지 유기생산 기준의 국제표준화와 국제무역의 활성화를 위해 노력했다. 국제유기농업운동연맹이 세계 공통의 유기농업 기준*을 제정해 적용함으로써 세계적으로 유기농업의 획일화 및 산업화가 빠르게 진행됐다. 그 결과 오히려 유기농업의 원칙과 이념이 퇴조하고 순환성·다양성·지역성을 강조하는 생산과정보다는 주로 허용 농자재의 사용 여부만을 따지는 제3자 유기인

---

* 무농약이나 저농약 농식품에 대한 국제 기준global standard은 제정되어 있지 않고 유기농식품에 대한 국제 기준만 존재한다. 그래서 유기생산 기준, 유기농업 기준이라고 표현하고 있다.

증시스템이 확산됐다. 우리나라도 예외가 아니다.

국제유기농업운동연맹은 2005년 이후 소규모 유기농가를 보호하기 위한 방향을 강조하고 있다. 이를 위해 소규모 가족농을 유기농업으로 끌어들일 수 있는 새로운 유기인증시스템을 적극 장려하고 있다. 새로운 유기인증시스템은 별도의 인증기관이 인증을 해주는 제3자 유기인증시스템이 아니라 생산자와 소비자가 함께 참여하여 유기농산물의 품질을 확인하고 보증하는 이른바 자주인증시스템partcipatory guarantee system: PGS이다.

여기서 말하는 자주인증시스템은 지역에 초점을 맞춘 생산자·소비자 참가형 친환경농산물 품질보증시스템을 의미한다. 생산자와 소비자 간의 신뢰관계와 네트워크 기반 위에서 소비자의 적극적인 참여를 통해 생산자와 생산과정을 인정하는 것이다. 자주인증시스템의 철학은 친환경농업의 원칙과 이념에서 생겨난 것이기 때문에 근본적으로 생태계친화형 농업시스템의 구축 및 확대를 추구한다. 또 경제적 지속성과 사회적 공정성을 중시하며, 생산자와 노동자를 생각한다. 기본적으로 지역성과 직접거래에 초점을 맞추고 지역공동체 활성화, 환경보호, 지역경제 공헌에 힘쓴다.

자주인증시스템은 근본적으로 친환경농산물을 찾는 소비자에게 높은 신뢰를 줄 수 있다는 점에서는 제3자 인증시스템이 추구하는 바와 다르지 않다. 그러나 이 두 시스템은 접근 방식에 있어 큰 차이가 있다. 자주인증시스템은 생산자와 소비자가 인증과정에 직접 참여하는 것을 권장하고, 또 요청한다. 제3자 인증시스템이 인증 기준을 지키고 인증 절차에 따르고 있음을 생산자가 증명해야 한다는 관점에서 시작되었다면, 자주인증시스템은 생산자 및 생산과정에 대한 강한 신뢰를 전제로 한다. 철저한 투명성과 공정성이 뒤따라야 가능한 신뢰다. 이는 위계적인 질서나 행정기관의 간섭을 최소화할 때 오히려 잘 관철될 수 있다.

현재 우리나라는 친환경농산물에 대해 제3자 인증을 필수조건으로 요구하고 있다. 그 밖의 표시에 대해서는 엄격히 규제하고, 어길 경우에는 벌칙규정도 있다. 몇몇 생활협동조합(생협)은 자체적으로 국가 인증이 폐지된 저농약농산물을 중심으로 자주인증시스템을 운영하고 있다. 제3자 인증시스템은 공적 기준을 적용하지만, 자주인증시스템은 독자 기준을 적용하고 있다. 정부는 자주인증시스템을 공식 인증제도로 도입하고 장려할 필요가 있다.

최근 생산자들이 정부의 지원정책이나 제3자 인증시스템에만 의존해 편하게 친환경농업에 참여했다가 지나친 규제와 벌칙규정 때문에 결국 떨어져 나오는 비율이 적지 않았다. 또한 새로 친환경농업에 참여하는 농가의 비율도 과거와 같지 않다. 친환경농업의 원칙과 이념에 충실한 생산자를 폭넓게 육성하고 친환경농업에 대한 소비자의 인식과 신뢰를 향상시키기 위해서라도 기존의 제3자 인증시스템과 함께 자주인증시스템을 병행하는 것이 필요하다.

6. 친환경농산물 용어 및 인증마크 사용 규제를 개선해야 한다

생산자·소비자 참가형 자주인증시스템의 활성화와 함께 친환경농산물의 용어 및 인증마크에 대한 사용 규제를 개선할 필요가 있다.

우리나라의 경우, 정부가 친환경농산물(유기·무농약 등)이라는 용어와 인증마크의 사용 및 표시를 모두 통제·관리하고 있다. 친환경농산물이라는 용어나 인증마크를 자율적으로 표시하는 일은 허용되지 않는다. 이를 사용하려면 반드시 법률이 정한 친환경농산물 인증을 받아야 한다.

친환경농산물 인증제는 허위표시나 유사표시에 따른 부정유통을 방지해 소비자를 보호하기 위한 목적으로 시행되고 있다. 하지만 친환경농산물 '인증'을 '면허' 개념으로 이해하는 경향이 있지는 않을까 우려된다. 인증과 면허의 개념은 엄연히 다르다. 농민에게는 인증을 받지 않았더라도 친환경농업을 실천할 수 있는 권리가 있다. 만약 어떤 농민이 농약이 싫어 농약 없이 농사를 지었는데 복잡한 인증서류를 갖출 만한 능력이 없다면 그는 친환경농업의 범주에서 제외된다. 인증을 받지 않으면 친환경농산물로 생산·판매할 수 없다는 것은 친환경농업을 포기하라는 말과 같다. 그렇다면 그에게 농약을 사용하라고 강요라도 해야 하는 것일까? 친환경농산물이라는 용어는 인증 여부와 상관없이 그 가치를 이해하고 실천하는 농민이라면 누구나 사용할 수 있어야 한다. 법적으로 규제하고 있는 친환경농산물 용어와 인증마크에 대한 사용 규제를 과감하게 개선해야 한다. 이는 앞서 말한 생산자·소비자 참여형 자주인증시스템을 활성화하기 위해서도 반드시 필요하다.

친환경농산물 인증은 어디까지나 인증기관이 객관적으로 확인했다는 표시로 인식돼야 한다. 이를테면 인증기관의 품질보증 브랜드로 이해될 필요가 있다. 이러한 의미를 나타내는 표시로서 알아보기 쉽게 디자인된 인증마크가 사용돼야 한다. 친환경농산물 인증제는 용어 사용을 통제하는 방식이 아니라 인증마크를 잘 관리하는 것으로 바뀌어야 하며, 이때 소비자는 인증받은 친환경농산물과 인증받지 않은 친환경농산물 중 어느 것을 구입할지 선택할 수 있다. 이렇듯 다양한 선택지를 제공함으로써 자율적인 질서를 형성하는 편이 바람직하다. 이렇게 하면 친환경농산물 인증제도는 자연스럽게 발전할 수 있으며, 그만큼 친환경농업의 미래도 밝아질 수 있다.

7. 지역 단위 생태순환 및 자원순환체계를 구축해야 한다

그동안 정부에서 추진해온 친환경농업 생산단지·지구 조성사업에 대해서도 냉정하고 엄격한 평가를 해야 한다. 친환경농업 생산단지·지구 조성사업은 '저투입·내부순환·자연공생'을 강조하는 생태적 지역농업시스템을 만들어가는 방향보다는 투입 농자재 사용 여부를 위주로 하는 현행 친환경농업체계를 전제로 추진된 것이다. 현재 친환경농업 생산단지·지구 조성사업은 지속성과 안정성을 담보하기 어려울 수 있다.

제4차 친환경농업 육성 5개년 계획에서 말하는 친환경농업 생산단지·지구와 농업환경보전 프로그램 연계는 약간 억지 주장처럼 느껴진다. 정상적인 친환경농업을 하는 단지·지구라면 이미 토양, 수질 등 환경보전 기능을 수행하고 있을 테니 말이다. 관행화학농업에 환경보전 기능을 강화하는 농업환경보전 프로그램이 들어온 것은 바람직하지만(2020년까지 한국형 농업환경보전 프로그램 모델 5개소 육성, 향후 5년간 전체 친환경농업 예산의 약 27% 차지) 저농약 인증 폐지정책 사이에는 모순이 발생한다. 관행화학농업의 환경보전 기능을 강화하는 새로운 정책프로그램에 앞서, 저농약농산물 인증제를 그대로 유지하면서 저농약농산물 자주인증시스템을 도입하거나 표시신고제로 전환하면 어땠을까 하는 아쉬움이 남는다. 이를 통해 저농약농산물 생산기반이 확대된다면 자연스레 토양, 수질 등 농업환경보전 기능도 강화될 수 있지 않겠는가?

농업환경보전 프로그램에서는 지역별·수계별 물질 균형과 건전한 생태계보전을 강조하고 있지만 한편으로는 단일 품목 단지화(집단화)를 위한 생산단지·지구 선정 및 지원을 제시하고 있는 듯하다. 따라서 농업환경보전 프로그램 모델 육성사업은 그간 정부 주도로 이끌어온 친환경농업정책의 연장선상에 있다. 물론 농업환경보전 프로그램 모델 사업은 나름의 긍정적인 의미가 있지만, 개념이나 방향을 달리 설정할 필요가 있다. 수계별·지역별 환경부하 허용량을 초과하지 않는 범위에서 농업생산 규모 및 농법 전환이 이루어지기 위해서는 무엇보다 앞서 언급한 친환경농업의 새로운 전환점을 모색해야 한다.

지역 단위별로 농업과 축산이 자연스럽게 어우러져 지역 범위의 순환성·다양성·복합성을 강조하는 생산체계를 형성하고, 작목 조직화를 통해 생태적인 지역농업환경을 조성해야 한다. 이를 통해 친환경농산물을 생산하는 생태적 지역순환 농업시스템을 구축해가야 한다. 그러기 위해서는 특정 지역 단위에서 생산되는 몇몇 친환경농산물만을 선택적으로 거래해서는 안 된다. 지역의 모든 친환경농산물(친환경가공식품 포함)을 종합적으로 거래하는 지역종합거래시스템을 구축해 추진해야 한다. 친환경농산물 지역종합거래는 자연스럽게 친환경농업에 기반한 생태적 지역순환 농업시스템의 형성으로 이어진다. 이런 실천은 시장원리에 장악돼 친환경농자재에만 과도하게 의존한 결과 생태환경을 파괴해버리는 정부 주도형 친환경농업의 관행농업화를 견제할 수 있을 뿐만 아니라, 농업환경보전 프로그램 모델 육성사업의 실제적인 모델이 될 수 있다.

8. 생산자·소비자가 함께 참여·연대하는 시스템을 구축해야 한다

'한국형 친환경농업 3.0'은 값싸고 좋은 것을 바라는 소비자 권익을 우선시하는 전통적인 소비자운동과 농촌 희생·농업 피해에 저항하는 농민 권익을 우선시하는 전통적인 농민운동을 넘어서야 한다. 새로운 차원의 친환경농업운동이 전개돼야 한다. 생산자와 소비자가 서로 '나

몰라' 하는 관계가 아니라 함께 연대하고 협력하는 새로운 차원의 협동관계가 모색돼야 한다. 생산약정을 통해, 생산자가 책임지고 생산한 친환경농산물을 소비자가 모두 소비하는 방식으로 신뢰관계망을 구축하고 진전시켜나갈 수 있다. 이는 친환경농산물의 유통경로 단축 및 유통비용 절감이라는 경제적 의미만이 아니라 친환경농산물의 가치를 새로운 차원으로 도약시키는 일이다.

생산자·소비자가 함께 참여하고 연대하는 시스템에 대해, 우리나라 친환경농산물 영역에서 큰 비중을 차지하는 생협을 예로 들어 간단히 설명하고자 한다.

생협은 친환경농산물을 직거래함으로써 가격, 품질, 안전 등의 경제적 가치만이 아니라 시장유통에서 평가되지 않는 생산자와 소비자 간의 관계성이라는 가치를 중시한다. 주로 한 해 전 생산약정을 통해 생산자가 생산을 계속 이어갈 수 있도록 안정된 생산가격과 생산량을 정함으로써 농가경제 안정에 도움을 주고 있다. 아울러 시장출하에 요구되는 생산자의 수고와 불필요한 중간유통비용을 줄임으로써 소비자에게도 적정한 가격으로 친환경농산물을 공급하고 있다. 생산자는 재배관리에 들이는 노력이나 생산현장에 대한 정보를 소비자에게 충분히 전달하고, 소비자는 생산현장 체험이나 일손 돕기 등 다양한 도농교류 활동에 참여하고 있다. 더불어 소비자가 생산과정이나 생산지 사정을 이해하고 그에 따른 조리법이나 보존법을 고안해내고 서로 공유하는 등 생산과 소비가 서로 밀접한 관계를 맺어나가고 있다.

생산자와 소비자가 함께하는 친환경농산물 유통시스템의 경우에는 당연히 유통비용 절감과 가격 및 품질 안정이라는 경제적 합리성이 추구된다. 그렇지만 경제적 합리성만 중시된다면 소비자들이 생산현장을 방문하거나 도농교류활동에 참여하는 것, 생산 계획·생육 상황·가격 결정에 관여하는 것은 쓸데없는 일로 치부될 수 있다. 밥상 앞에서 생산현장과 생산자를 떠올리고 기후와 풍토를 생각하는 것 역시 불필요한 행위로 여겨질 수 있다. 따라서 소비자는 생산과정에 구현된 풍부한 의미와 내용, 생산자와의 관계까지도 소비하면서 더욱 충실한 관계가 형성될 수 있도록 노력해야 한다. 이러한 관계를 형성하면서 친환경농산물을 의식적으로 생산하고 소비하는 활동이 추진돼야 한다.

9. 고정소비층 대상 대안유통체계 집중 육성

2016년 기준 판매처별 친환경농산물 유통액(약 1조 1,400억 원) 구성비는 생협 34.0%, 대형마트 20.1%, 기업형 슈퍼마켓SSM 18.3%, 친환경전문점 16.4%, 백화점 6.7%, 농협 2.3%, 로컬푸드 직매장 2.2% 등으로 나타났다. 또한 유통경로별 친환경농산물 유통액(약 1조 8,750억 원 추정) 구성비는 최종 소비처를 기준으로 학교급식 31.5%, 직거래 26.5%, 생협 16.4%, 친환경전문점 4.7%, 대형유통업체 18.8% 등으로 나타났다. 일반시장유통 바깥의 고정소비층 조직화를 기반으로 한 대안유통체계가 판매처 기준으로 약 50%(생협, 친환경전문점)를 차지하고, 유통경로 기준으로는 약 78%(직거래, 생협, 친환경전문점, 학교급식)를 차지하고 있다. 즉, 친환경농산물 유통은 일반시장유통 바깥의 고정소비층 조직화를 기반으로 한 대안유통체계를 중심으로 이뤄지고 있다.

친환경농산물의 경우, 그 가치 속성이자 선택 이유인 '안전성'에 대한 정보의 비대칭성 문제가 인증마크만으로는 해소되지 않는다(〈표 5-2〉 참조). 한두 번의 생산현장 심사에 의한 인증 취득 및 제공만으로 친환경농산물의 안전성을 담보할 수는 없는 것이다. 실제로 친환경농산물은 전적으로 인증마크에 의존해서 정보를 전달하는 인증제 중심의 시

〈그림 5-3〉 친환경농산물 판매처별 유통액 구성비(2016년 기준)

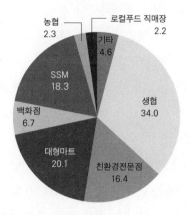

자료: 농식품신유통연구원, 《유기농식품판매장 현황조사》, 2017.

〈그림 5-4〉 친환경농산물 유통경로별 유통액 구성비(2016년 기준)

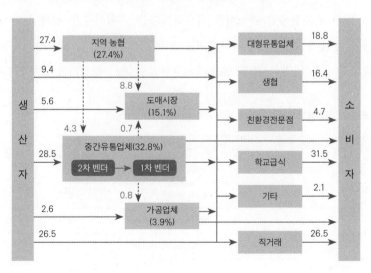

자료: 농식품신유통연구원, 《유기농식품판매장 현황조사》, 2017.

장유통체계보다는 생산자와 소비자 간의 정보 비대칭성을 해소하는 직거래 형태의 대안유통체계로 확대돼왔다. 따라서 전통적인 생산자 및 소비자의 의식에 머물거나 일반시장유통 방식을 고수한다면 친환경농업의 전망을 세우는 데 한계가 있다.

하지만 지난 20여 년간 정부의 친환경농산물 유통정책 방향은 대체로 생산자단체 중심의 광역 단위 산지 유통조직 육성과 농협 계열화 체계 구축 등을 통한 일반시장유통 활성화에 초점을 맞춰왔다. 제4차 친환경농업 육성 5개년 계획(2016~2020년) 역시 이런 전통적인 친환경 농산물 유통정책 기조에는 큰 변화가 없는 듯하다. 앞으로는 이런 전통적인 정책 접근이 아니라 현실적인 정책 접근, 즉 일반시장유통 바깥의 고정소비층 조직화를 기반으로 한 대안유통체계를 집중 육성한 다음 일반시장유통으로 나아가는 정책 방향을 과감히 추진할 필요가 있다.

정부는 2016년부터 2020년까지 5년간 총 3조 4,299억 원의 투융자를 통해 친환경농업 활성화를 유도하겠다는 계획이지만, 전체 친환경 농업 예산 중 유통부문 예산은 8.4%밖에 되지 않는다. 또한 대안유통체계의 유통 비중이 절대적으로 높은 현실도 거의 반영하고 있지 않다.

〈표 5-2〉 친환경농산물의 가치 속성과 정보 비대칭성 해소

가치 속성	해소 방법	해소 시점
겉모양	확인	구입 전
신선도	표시	구입 전
맛	섭취	구입 후
향	섭취	구입 전
성분(영양가)	표시	구입 전
안전성	표시	계속

대안유통체계 확대에 대해 정부 예산이 적정하게 반영되어야 하며, 예산 규모도 커져야 한다.

요컨대 친환경농산물 생산 및 소비를 확대하기 위해서는 우선 정부의 유통정책을 생협 등과 같이 소비자가 조직화되고 소비층이 확보된 대안유통조직을 집중 육성하는 방향으로 전환할 필요가 있다. 특히 생산약정과 책임생산·책임인수(소비)를 전제로 유통경로 단축, 유통비용 절감이라는 경제적 의미를 넘어서는 새로운 차원의 친환경농산물 직거래 유통이 더 활성화되도록 해야 한다. 그렇게 하지 않고서는 '한국형 친환경농업 3.0'을 기약하기 어려울 것이다.

10. 현행 먹거리체계의 문제를 극복하는 친환경농업을 전개해야 한다

친환경농업은 생산과 소비, 도시와 농촌, 자연과 인간의 관계를 분리시키고 농업과 먹거리, 지역순환과 연대의 관계를 단절시킨 현행 먹거리체계의 한계를 넘어서는 운동이 되어야 한다. 그러나 지난 20년간 정부 정책이나 민간 실천은 지역성, 순환성, 관계성이라는 친환경농업의 진정한 가치와 지향을 반영했다기보다는 친환경농업이라는 겉모양 갖추기에 치중해왔다고 할 수 있다. 자칫 '진품' 친환경농업을 멀리한 채 '짝퉁' 친환경농업만 양산했다는 평가를 받을 우려도 없지 않다.

친환경농업은 현행 먹거리체계가 만들어낸 생산현장과 밥상 간의 물리적 거리, 생산자와 소비자 간의 사회적·심리적 거리를 최대한 줄이는 '가까운 친환경먹거리Local Organic Food'운동으로 전개돼야 한다. 특히 지역을 바탕으로 친환경농산물 생산 및 소비의 선순환구조가 이루어진다면 지역농업 활성화에 기여할 수 있다. 또 현행 먹거리체계가 초래한 생태적 불균형을 회복하고 농촌사회의 지속 가능성을 확보할 수 있을 것이다.

친환경농산물은 지역성·순환성·관계성을 떨어뜨려놓은 채 법적 인증 기준에만 의존해 획일적으로 분류할 대상이 아니다. 진정한 친환경농업은 생태파괴형, 관계파괴형, 순환파괴형, 지역파괴형, 가족농퇴출형 농업을 극복하는 먹거리운동이고 정책이어야 한다. 현행 먹거리체계의 문제와 한계를 깊이 성찰하고, 진지한 고민과 노력을 기울일 때 친환경농업은 비로소 대안적 먹거리체계로 성립될 수 있다. 이러한 방향에서 관행농업화로 변질된 친환경농업의 현실을 냉혹하게 평가하고 새로운 인식을 통해 친환경농업의 정책적·실천적 전략을 세워야 한다.

| 참고문헌 |

국립농산물품질관리원, 〈친환경인증통계〉, 2017.

김창길 외,《친환경농업 육성 및 농업환경자원 관리 강화 방안》, 한국농촌경제연구원 연구
　　보고서, 농림축산식품부, 2016

농식품신유통연구원,《유기농식품판매장 현황조사》, 2017, pp. 1~24.

윤병선, 〈유기농 3.0과 대안농식품운동〉,《산업경제연구》제30권 제2호, 한국산업경제학회,
　　2017, pp. 769~792.

제럴드 라만, 〈유기농 3.0은 연구를 동반한 혁신-미래 과제 해결을 위한 유기농업의 공헌〉,
　　《지속가능한 농업을 위한 유기농 3.0》(환농연 정책논단 제13호), 환경농업단체연합회,
　　2015. pp. 15~30.

조완형, 〈생산자와 소비자가 함께하는 한살림 협동운동의 실험〉,《모심과살림》제0호, 모심
　　과살림연구소, 2012, pp. 50~62.

_____, 〈시민의 주체적 참여·연대를 통한 농적순환사회와 자급권 모색〉,《성장을 넘어 성
　　숙사회로, 살림운동의 새로운 모색》(한살림 30주년 기념 대화마당 자료집), 2016, pp.
　　77~92.

_____, 〈친환경 인증제의 문제 근원 진단과 근본 대책 모색〉,《2017 한국유기농업학회 하반
　　기 학술대회 자료집》, 한국유기농업학회, 2017, pp. 119~126.

_____, 〈한국형 유기농 3.0 발전 전략-친환경농업의 정체성·대안성 가치 앞세워야〉,《지속
　　가능한 농업을 위한 유기농 3.0》(환농연 정책논단 제13호), 환경농업단체연합회, 2015.
　　pp. 31~37.

한국농촌경제연구원,《친환경농업 육성 및 농업환경자원 관리 강화 방안》, 농림축산식품
　　부, 2016, pp. 251~329.

中島紀一,《有機農業の技術とは何か》, 農山漁村文化協會, 2013, pp. 11~41.

2부

국민의 삶터·일터·쉼터로서
농촌 재생·지역 혁신

6장

파괴된 농촌환경의 보전을 통한 국가의 지속 가능한 발전

— 농촌환경의 복원과 보전을 위한 농촌환경정책

김태연

단국대학교 환경자원경제학과 교수 겸 부설 지역연구소 소장
〈농촌개발을 위한 가족농 모델에 관한 연구〉로 영국 뉴캐슬
대학에서 박사학위를 받았으며, EU 공동농업정책과 영국의
농촌개발정책에 관한 광범위한 연구를 수행해왔다. 주요 연구
로는 〈지역분권적 농촌개발정책의 발전과정〉(2005), 〈사례
연구를 통한 식품산업 클러스터 조성방향 연구〉(2007) 〈농업
환경프로그램 도입방안 연구〉(2013), 〈선진국 농촌자원관리
정책의 현황과 법률운영체계 연구〉(2017) 등이 있다.

• 우리나라의 경제발전은 기본적으로 농업·농촌의 많은 자원을 토대로 이루어졌다. 공장, 주택, 도로는 농촌지역 토지를 활용해 이루어졌으며, 수출상품의 세계적인 경쟁력은 낮은 곡물가격과 임금에도 불구하고 열심히 일한 농업노동력을 기반으로 이루어졌다. 그 결과 농촌은 도시로 변모하거나 인구가 감소하는 낙후지역으로 변모했다. 즉, 현재 우리가 당면한 농업·농촌의 모습은 국가 경제발전의 결과물이다. 그런데 이런 농촌의 변화와 함께 도시의 규모도 크게 확대되어 이제는 더 이상 도시 자체적으로 도시 문제를 해결하기 어려운 상황에 직면하였다. 농촌의 쇠퇴를 이대로 두면 국가 발전의 미래도 암울할 수밖에 없다.

• 농촌을 유지, 발전시키기 위해서는 무엇보다 산업화과정에서 파괴된 농촌의 자원을 복원하고 보전하는 활동에서 시작되어야 한다. 이는 근본적으로 농촌의 주요 경제활동인 농업생산활동이 기존의 산업화 지향의 방식에서 환경보전 방식으로 전환되어야 가능하다. 즉, 농촌지역의 환경을 보전하는 농업을 시행하게 되면, 자연스럽게 지역의 동식물 서식지가 풍성해진다. 이러한 환경의 변화로 지역 주민의 생활 여건이 쾌적해지고, 관광객 등 외부 방문객이 많아지면서 농촌지역에 다양한 경제활동이 형성될 수 있다. 비농업적인 분야의 소득이 증가하면 자연스럽게 주민소득의 기반이 되는 환경자원에 대한 보전 인식이 확대되고, 이를 보전하기 위한 공동체 활동이 늘어 쾌적한 주거환경을 유지하게 된다. 그럼으로써 지역으로 유입되는 인구가 늘어 결과적으로 농촌공동체를 강화하는 효과가 나타나게 될 것이다. 결국, 환경친화적인 농업생산-농촌공동체 강화의 자연적인 선순환 구조가 마련되면서 농촌지역의 발전이 이루어지는 것이다.

• 농업의 산업화를 먼저 경험한 선진국들은 도시와 농촌이 당면한 문제를 해결하기 위해 1980년대부터 서서히 농업정책의 근간을 농촌환경보전으로 전환해왔다. 특히 EU와 영국에서는 1987년부터 농업환경정책을 시작해 점차적으로 정책 범위를 확대해왔고, 최근에는 직접지불금 지급의 전제조건으로 농민들에게 환경보전활동을 수행하도록 법적으로 규정하고 있다.

반면 우리나라는 아직도 농업생산성 및 농가소득 증대를 지향하는 산업화시대의 농정에서 벗어나지 못하고 있는 상황이다. 그나마 세계적인 추세를 일부 반영하여 도입된 농업환경 관련 정책들도 농업활동이 환경에 미치는 영향을 제대로 인식하지 못한 채 단순히 농가소득 증대를 정책의 주요 목적으로 설정하고 있다.

• 따라서 국가의 지속 가능한 발전과 국민의 행복을 향상시키는 데 농업이 기여하기 위해서는 무엇보다도 그동안 경제발전과정에서 그 가치와 역할을 인정받지 못했던 농촌지역의 자원과 환경의 보전을 중심으로 한 농정개혁이 추진되어야 한다. 이를 위해서는 우선 농림축산식품부 명칭을 '농촌' 개념을 포함시키도록 바꾸고 농촌을 직접적인 정책 대상으로 다룰 수 있도록 해야 한다. 또한 농촌환경 개선에 가장 중요한 활동으로 기존의 집약적인 농업을 억제하고 환경을 보전하는 저투입농업으로 전환하도록 장려하는 정책을 실시해야 한다. 이와 함께 농업의 다기능성을 강화하는 정책을 도입하여 생태계, 수자원 보호, 역사 및 문화자원 보전 등의 활동을 실천하는 농가를 직접적으로 지원하는 정책을 추진하는 것이 필요하다. 이러한 농촌환경보전활동은 농촌지역에서 새롭게 나타나는 다양한 활동을 더욱더 촉진할 수 있는 전문인력을 양성하는 체계를 수반해야 한다. 무엇보다도 이들 활동은 주민 및 지역 내 관련 기관들과의 협력적인 파트너십을 기반으로 추진되어야 한다.

I. 농촌환경을 보전해야 국가가 발전한다

1. 건강한 농촌사회는 국민행복의 기반이다

□ 우리 국가의 미래는 농촌의 미래에 달려 있다

20세기 중반부터 등장하기 시작한 근대 경제발전이론은 농촌지역의 과잉된 노동과 자본을 근대적인 산업생산을 위해 이동시켜야만 국가 경제발전이 이루어진다고 주장했다. 이러한 이론을 적용하면서 농촌지역의 많은 인적자원과 자연자원이 산업생산에 투입됐고, 그 결과 우리나라를 비롯한 많은 개도국이 경제발전을 이룩할 수 있었다. 즉 농업의 기계화 및 산업화, 그리고 농업노동력의 이주로 도시는 다양한 경제활동과 활력이 넘치는 지역으로 변모했지만, 농촌은 농산물 생산이라는 단일한 경제활동에 인구가 점차 감소하는 쇠퇴지역으로 변모했다. 도시의 발전과 확대뿐만 아니라 농촌의 쇠퇴도 산업화의 표상이다. 즉, 지금 우리가 당면한 도시 팽창에 따른 문제는 더 이상 도시의 기능과 역할을 확대하는 것만으로 해결될 수 없으며, 농촌과의 역할 분담을 통해 해결 방안을 찾아야 한다.

□ 국민행복은 건강한 농촌이 담보되어야 지속될 수 있다

국민의 행복은 국민의 건강을 토대로 이루어져야 하며, 농업·농촌은 국민의 건강 증진에 기여할 수 있어야 자신의 역할을 제대로 수행하는 것이라고 할 수 있다. 산업화를 추진하던 시기에는 농산물의 안정적인 공급이 무엇보다 우선시됐다. 하지만 국민행복시대를 추구하기 위해서는 농업·농촌의 기능과 역할 역시 국민의 건강 증진에 기여할 수 있도록 바뀌어야 한다.

이를 위해 가장 중요한 것은 농산물 생산량 증대 중심의 농업생산에서 환경보전을 중심으로 하는 농업생산으로 전환하는 것이다. 즉, 화학적 투입재 중심의 생산 방식에서 환경자원을 보전하는 생산 방식으로 전환한다. 이로써 식품 섭취에 있어 국민의 건강성을 제고하고, 농지의 생물다양성을 증진시켜 토지의 건강성을 회복함으로써 국토의 건강성을 제고하며, 농촌지역에 농업 이외의 다양한 경제활동이 이루어지게 함으로써 농촌경제의 다양성을 제고하여 국민경제의 다양성과 국민건강 증진에 기여하도록 해야 한다.

2. 농촌환경이 훼손되도록 내버려두어서는 안 된다

□ 주민이 원하지 않으면, 농촌환경보전은 불가능하다

원칙적으로 다음 세 가지 차원에서의 상생은 최근까지 거의 불가능했다. 첫째, 경제발전은 환경보전과 양립할 수 없었고, 둘째, 도시의 확대는 농촌의 보전과 양립할 수 없었으며, 셋째, 농업생산의 집약화와 산업화는 농촌 생물다양성 보전과 양립할 수 없었다.

도시민뿐만 아니라 농촌 주민 대부분이 바랐던 것은 '부유한 삶', 즉 '물질적 부의 향상'이었다. 이를 통해 도시에서 누리는 편의를 농촌에서도 그대로 누릴 수 있기를 바랐던 것이다. 요컨대 농촌개발, 농업생산성 향상의 목표는 농촌에서도 도시와 같은 경제적 발전을 이루는 것이었다. 농촌의 도시화가 농촌개발의 목표였다고 할 수 있다.

결국 농촌과 농촌 주민이 부지불식간에 지향하고 있던 바는 농촌환경의 파괴를 수반한 농촌의 소멸이었으며, 주민들이 이러한 인식을 갖고 있다면 농촌환경보전은 불가능한 일이다.

□ 환경이 파괴된 농촌은 경쟁력이 없다

최근까지 경제발전을 설명하는 이론들은 공통적으로 경제적 낙후 상태를 농촌으로 개념화하고 이로부터 탈피해 도시화하는 것이 경제발전이라고 정의하고 있다. 이러한 이론에는 도시화를 추구하는 발전은 있을지언정 농촌을 유지하는 발전은 없다. 때문에 현실적으로 적용되고 있는 이론에서, 환경을 보전하는 농촌지역의 경제발전은 '불가능'한 것으로 받아들여지고 있다.

그런데 현실적인 여건을 살펴보면 농촌이 도시에 비해 우월한 부분은 자연적으로 형성된 환경자원을 갖고 있다는 점이다. 만약 이러한 환경자원이 훼손된다면 농촌은 도시에 비해 어떠한 이점도 없을 가능성이 높고, 환경이 파괴된 상태에서는 농업생산의 지속적인 성장도 어렵다.

따라서 농촌지역이 지속적으로 발전하기 위해서는 다른 지역에 비해 상대적 우위에 있는 요소들을 잘 관리하고 활용하는 것이 중요하다. 단순히 경제적인 측면에만 초점을 두는 것이 아니라 농촌지역의 사회적·문화적·역사적·자연적 환경을 모두 고려하는 발전이 이루어져야 한다.

□ 농촌발전에 가장 근본적인 것은 농촌환경을 보전하는 것이다

〈그림 6-1〉에서 설명하듯이, 농업생산과 관련된 다양한 환경자원을 보전하는 것은 농촌지역에서 그동안 농업의 산업화과정에서 중단됐던 자연과 인간 간의 순환 및 공생관계를 회복하는 것이다.

농촌지역의 환경자원 복원과 보전으로 동식물 서식지가 풍성해지면 관광객 등 외부 방문객이 늘어나면서 자연스럽게 다양한 경제활동이 형성될 수 있다. 이렇게 비농업적인 분야에서 소득이 늘어나면 주민소득의 기반이 되는 환경자원에 대한 보전 인식이 확대되고, 환경보전을

〈그림 6-1〉 농업생산-농촌공동체 강화의 선순환구조

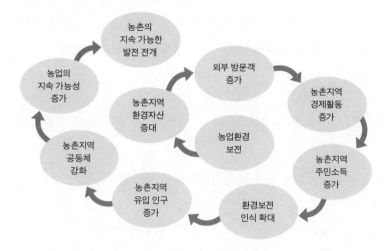

위한 공동활동이 활발해져 쾌적한 주거환경을 유지하게 된다. 이러한 경제적·환경적 측면의 이익에 의해 농촌지역에 거주하면서 다양한 경제활동을 하고자 하는 인구의 유입이 증가해, 농촌공동체가 강화되는 효과가 나타날 것이다.

결국 농업환경에서 시작된 농촌지역 환경보전이 지역의 경제적 발전과 환경적 지속 가능성을 증대하는 결과를 불러옴으로써 이들 농촌지역 공동체는 다시 그 출발점인 농업생산의 지속 가능성을 강화하는 방식으로 변화할 것이다. 농업생산-농촌공동체 강화의 자연적인 선순환구조가 마련되는 것이다.

그러므로 현재 농업생산을 위한 단절된 공간이자 집약적 농업에 의해 파괴되어가는 농촌지역을 다양한 활동이 이루어지는 공간으로 변화시키는 정책이 필요하다. 이것이 농업과 농촌지역의 다원적 기능을 획기적으로 제고하는 출발점이 될 것이다. 또한 대부분의 국가들과 마찬가지로 우리나라에서도 농촌지역 토지 대부분이 농업용으로 사용되고 있고, 농촌 주민 다수가 농업활동에서 소득을 얻고 있기 때문에 농업을 중심으로 환경자원을 보전하는 시책이 마련되어야 한다.

II. 최근 선진국 농업정책의 근간은 농촌환경보전정책이다

1. 농촌환경보전을 위해 농업환경정책을 도입했다

□ 농업환경정책은 농촌자원을 보전하기 위한 정책이다

'농업환경Agri-Environment'이란 '농업활동으로 인해 조성된 농촌지역의 경관, 생물다양성, 역사적 유적, 문화적 유산 등을 통칭하여 이르는 것'으로 개념화할 수 있다. 이러한 농업환경에 관한 정책을 농업환경정책Agri-Environmental Policy이라고 하는데, 이를 농업정책 중 한 분야로 다루기 시작한 것은 EU다. 이 정책은 "정부나 농업 관련 기관이 농업예산을 활용하여 환경재 생산을 촉진하거나 환경적 악영향을 줄이고자 하는 정책"(Hanley & Oglethorpe, 1999)으로 정의된다. 즉, 농림축산업과 관련된 제반 활동이 농촌지역의 경관과 국토의 모습을 형성한다는 인식에 따라 농림축산물 생산활동이 농촌지역의 환경, 문화, 역사, 경관의 유지·보전·복원에 기여할 수 있도록 유도하는 정책으로, 농업활동의 공익적 가치를 제고하는 정책이라고 할 수 있다.

명칭상으로는 '농업'환경이지만 실제 정책 내용은 '농촌'지역의 다양한 자원을 포괄하고 있어, 농촌환경정책이라고 지칭하는 것이 우리가 이해하기에 더 수월할 것이다. 특히 영국에서는 '농촌관리정책Countryside Stewardship'이라 칭하고 있어, 농업환경을 농촌이라는 포괄적 개념하에서 다루려는 국제적 추세를 확인할 수 있다.

여기서는 이러한 농촌환경정책에 대한 EU와 영국의 사례를 살펴봄으로써 우리나라에도 농촌환경정책 도입이 필요함을 밝히고자 한다.

2. EU는 농업환경정책을 지속적으로 확대하고 있다

□ 1985년 환경민감지역정책으로 시작됐다

EU의 농업환경정책은 1985년 규정 797/85(CEC, 1985)에 의해 처음 시작됐다. 이 법안 19조에서 개별 회원국이 환경민감지역정책Environmentally Sensitive Areas Schemes을 실시할 수 있도록 규정한 것이 시초다. 이 시책은 19조 1항에서 이 정책의 도입 목적을 "자연적인 서식지를 보전하고 농가의 적절한 소득을 보장하기 위하여"라고 규정하고 있다. 즉, 이 시책을 통해 환경보전 및 농가소득 보장을 동시에 달성하고자 함을 명확히 밝히고 있다.

이후 1987년에 규정 1760/87(CEC, 1987)에서 기존 법안을 일부 수정하여 「환경 및 자연자원의 보호, 경관과 전원의 보전이 필요한 지역에 대한 지원법」으로 농업환경정책이 회원국에 적용되기 시작했다.

□ 우루과이라운드 협상에 대비하기 위한 1992년 개혁의 동반조치 중 하나로 본격적으로 도입됐다

농업환경정책의 1차 확대는 1992년 EU 개혁(CEC, 1991)에서 세 가지 동반조치 중 하나로 도입된 EU 규정 2078/92(CEC, 1992)에 '환경보호와 전원 유지에 필요한 영농 방법에 관한 규정'을 도입하면서 이루어진다.

이 규정에서도 농업환경조치를 도입하는 세 가지 목적으로 ① 시장

조직 규칙에 도입됐던 변화에 대응하는 보완적 조치의 역할, ② 농업과 환경에 관한 EU의 정책 목표 달성에 기여, ③ 농민의 적정한 농업소득 확보에 기여 등을 제시하고 있으며, 구체적인 실시 방법에 대해서는 최소 5년간의 '지구zone 단위' 프로그램으로 시행할 것을 규정하고 있다. 또한 보조금 지급 기준과 관련해서 처음으로 대응이행 상호의무준수 규정을 도입했다.

□ 2000년 농정 개혁에서는 모든 EU 회원국이 의무적으로 시행하는 정책으로 확대됐다

농업환경정책은 농촌개발법안인 규정 1257/1999(CEC, 1999a)에서 '농업환경시책Agri-Environmental Measure'으로 명명됐고, 그 지향점으로 ① 저투입 영농시스템의 유지 및 장려, ② 자연보전 가치가 높은 지역 high nature value과 환경보호가 필요한 지역에 대한 지속 가능한 농업의 보전 및 장려 등을 제시하고 있다. 즉, 현재 EU가 규정하는 농업환경정책의 기본적인 틀은 1999년 개혁에 의해 형성된 것이다. 농업환경정책에 관한 계획을 작성할 때에는 다음 〈표 6-1〉에서 제시하는 사항을 고려하도록 하고 있다.

이 시책의 세부적인 시행 기준은 규정 1750/1999(CEC, 1999b)에서 제시하고 있는데, 여기에 회원국별로 보조금을 받을 수 있는 최하 기준을 제시한 '모범영농수칙Good Farming Practice: GFP', 일반 농업예산을 농업환경사업으로 전환시키는 '보조금 조정제Modulation', 농업환경지불금을 받는 농민은 자신이 경작하는 농지 전체를 GFP 규정에 따라 경작해야 하는 '전체 농장 적용 원칙Whole Farm Approach' 등을 적용하도록 규정하고 있다.

〈표 6-1〉 농업환경정책 시행 계획 작성 시 고려사항

---

a) 환경적인 기대 성과에 대한 타당성
b) 소멸 위기에 처한 동물종 보전에 대한 과학적 근거
c) 유전적으로 소멸 위기에 처한 식물자원에 대한 과학적 근거
d) 농장 관리 계약에서의 농민의 의무와 보상금 지급조건에 대한 명시
e) 농업환경조치의 시행 범위(지리적 범위, 적용 산업부문 및 기타 범위와 수준)
f) 환경보전활동에 따른 소득 감소 및 비용 추가분, 농학기술 수준·인센티브 수준에 대한
　농학적인 계산 근거 명시
g) 농업환경정책이 고려해야 할 기타 내용들

자료: CEC, 1999b, 49p.

▢ 2003년 공동농업정책 중간평가개혁에서 농업생산의 환경조건을 강화하는 규정을 도입했다

공동농업정책은 2003년에 다시 한 번 소위 중간평가개혁Mid-Term Review을 시행하는데, 직불제 관련 법안인 규정 1782/2003(CEC, 2003a)을 도입하여 전반적으로 농업의 환경보호 기능을 강화하는 영농 방법을 기준으로 직불금을 지급하겠다는 규정을 도입했다. 또한 기존 농촌개발법안의 일부를 수정한 규정 1783/2003(CEC, 2003b)을 도입하여 농업환경활동에 대한 예산 지원금액을 늘리고 기존의 모범영농수칙Good Farming Practice을 모범영농환경조건Good Agricultural and Environmental Conditions으로 강화했다(〈표 6-2〉 참조). 즉, 기본적으로 모범영농환경조건을 준수해야 보상금을 받을 수 있다.

2003년 중간평가개혁을 통해 농업환경정책의 범위도 좀 더 확대됐는데, 기존에 환경보호조치로 도입됐던 분야의 활동을 수행하는 농민에 대해서도 보상금을 지급할 수 있도록 했다. 즉, 야생조류 보전에 관한 규정 준수(Directive 79/409/EEC), 지하수 보호에 관한 규정 준수(Directive 80/68/EEC), 토양과 관련된 환경보전(Directive 86/278/

〈표 6-2〉 모범영농수칙의 주요 내용

분야	필수사항	선택사항
토양 부식 방지	– 최소량의 토양 마련 – 토질 특성을 감안한 최소한의 토지 관리	– 다랭이 경지의 유지
토양유기물 유지	– 작물의 그루터기 관리	– 작물의 윤작체계 기준
토양구조 유지		– 적절한 농기계의 사용
최소한의 관리를 통한 서식지의 파괴 방지	– 영구초지의 보호 – 경관요소들의 보호, 관리(담쟁이 넝쿨, 연못, 고랑, 경지 간 경계물) – 농지에 불원 생식계의 출현 방지	– 최소 가축 사육 마리 수 유지 – 서식지 형성 및 유지 – 올리브나무 파손 방지 – 좋은 식생의 올리브 숲과 포도밭 유지
수자원 관리 및 보호	– 수로의 완충지 형성 – 법적 절차를 따르는 관개수 사용	

자료: CEC, 2003a

EEC), 영농에 따른 질산오염으로부터 물 보호(Directive 91/676/EEC), 자연 서식지 및 야생동식물 보전(Directive 92/43/EEC) 등이며, 이에 대해 1ha당 최고 200~500유로까지 지급이 가능하도록 했다.

□ 2013년 공동농업정책 개혁의 키워드는 '환경보전Greening'이었다

EU는 2013년에 '환경보전'을 키워드로 하는 정책 개혁을 단행(이상만, 2012; CEC, 2013a)했는데, 자연스럽게 농업환경정책도 더욱 강화됐다. 먼저 농업환경정책을 포함하고 있는 농촌개발에 관한 규정 1305/2013(CEC, 2013b) 제5조에서 환경 및 기후와 관련된 과제를 크게 두 가지로 제시하고 있다. 첫째는 농림업과 관련된 생태계의 복원·보전·강화이고, 둘째는 농업·식품·산림 분야에서 자원의 효율성을 개선하고 저탄소 및 기후변화에 회복력resilience이 있는 경제체계로의 변화를

<표 6-3> 생태계 및 기후변화 회복력 강화를 위한 시책

조항	사업 내용
21조 (1)(a)항	- 숲 조림 및 형성 지원
21조 (1)(b)항	- 농지임업시스템의 형성
21조 (1)(d)항	- 잠재적 임업생태시스템의 회복력, 환경적 가치 개선과 악영향 경감을 위한 투자
28조	- 농업환경기후시책
29조	- 유기농업시책
30조	- 나투라 2000 및 물관리시책에 따른 보상금 지급
31, 32조	- 자연 및 특정 어려움에 처한 지역에 대한 보상금 지급
34조	- 임업환경기후 서비스 및 임지 보전

자료: CEC, 2013b.

지원하는 것이다. 이러한 과제를 달성하기 위해 농업환경기후시책Agri-Environment-Climate을 포함하여 총 여덟 가지 시책이 도입됐고 이들 활동에 대한 예산지원금이 모두 증액됐다.

몇 가지 주요 세부적인 농업환경 관련 사업들을 살펴보면, 먼저 농업환경기후시책(제28조)은 농업생산 방법을 환경과 기후변화에 긍정적인 방향으로 변화시키는 것을 목적으로 하고 있다. 이 시책에는 모든 개별 농민과 농민단체, 토지관리자 및 토지관리기관들이 참여할 수 있는데, 이들에게는 보상금에 대한 조건으로 대응이행 상호의무 기준을 준수하는 것, 각 회원국에서 설정한 활동을 최소 한 가지 이상 수행하는 것을 제시하고 있다. 또한 이 사업에 참여하는 농민은 최소한 5~7년간의 협약기간을 설정해서 이행해야 하며, 이에 따른 비용과 소득손실, 20% 이내의 거래비용을 보상받을 수 있다. 세부적인 지불금 상한액은 <표 6-4>에서 보는 바와 같다.

다음으로 유기농업시책Organic Farming(제29조)은 유기농업으로의 전환기간이 종료된 이후에도 유기농업 유지를 위한 보상금을 도입했는데, 여기에는 몇 가지 추가적인 조건이 제시됐다. 우선 해당국 농촌개

〈표 6-4〉 농업환경기후시책 지불금 상한액

대상 활동	지불금 상한액
일반적인 단년생 작물	ha당 600유로
특수한 다년생 작물	ha당 900유로
기타 토지 이용	ha당 450유로
위험에 처한 희귀종의 사육	LU당 200유로

자료: CEC, 2013b, p. 539.

발프로그램에 유기농업 유지기간을 설정해야 하며, 농업환경기후시책에서 언급한 것과 같은 새로운 협약이 적용되어야 한다는 것이었다. 지불금액은 기본적으로 농업환경기후시책에서 책정한 것과 동일한 수준이다.

나투라 2000 및 물관리시책Natura 2000 and Water Framework(제30조)은 EU의 환경보전규정이나 물관리지침 때문에 토지를 농업적으로 사용할 수 없는 농민들에게 보상하는 제도다. 즉 환경조치에 따른 소득 손실이나 추가된 비용을 보상하는 것이며, 이는 회원국이 자율적으로 도입할 수 있도록 규정하고 있다. 이 시책의 지불금은 〈표 6-5〉에서 보는 바와 같다.

자연제약지역 지원시책(제31조, 제32조)은 산지나 기타 자연적인 장애에 직면한 지역 농민들에게 보상금을 지급하기 위한 것이다. 이는 기존의 조건불리지역 정책을 대체하는 시책이기 때문에 기본적으로 농업 생산조건의 어려움에 따른 비용이나 소득 감소분을 보상하는 것에 중점을 두고 있다. 이들 지역은 크게 산지지역, 산지 이외의 심각한 자연 조건불리지역, 기타 특정한 조건불리지역 등 세 가지로 구분하고 있다. 이들 지역에 대한 지불금은 〈표 6-6〉에서 보는 바와 같다.

〈표 6-5〉 나투라 2000 및 물관리지침 지불금 상한액

내용	지불금 상한액
초기 5년간의 연간 지급 최고액	ha당 500유로
5년 이후의 연간 지급 최고액	ha당 200유로
물관리지침에 따른 연간 지급 보상금 최고액	ha당 50유로

자료: CEC, 2013b, p. 539.

〈표 6-6〉 자연제약지역에 대한 지불금

내용	지불금
수혜자의 토지에 대해 연평균 최소 금액	ha당 25유로
수혜자의 토지에 대해 연평균 최대 금액	ha당 250유로
산지지역 수혜자의 토지에 대한 연평균 최대 금액	ha당 450유로

자료: CEC, 2013b, p. 539.

2013년 공동농업정책 개혁에서 나타나는 농업환경정책의 시사점은 농업활동을 통한 환경보전 효과를 중시하는 것과 동시에 유기농업정책, 물관리 시책, 자연제약지역 지원시책 등 다양한 정책사업을 통해 농촌지역의 환경보전을 추진하고 있다는 것이다.

3. 영국은 유럽에서 농촌환경보전정책의 선도국가다

영국은 실제로 유럽에서도 농촌환경정책 도입 및 확대를 선도하는 국가다. 따라서 영국의 사례를 살펴보면 향후 전개될 농촌환경보전정책에 대한 국제적 추세를 예상할 수 있다. 또한 우리나라 농촌환경정책을 형성하는 데에도 중요한 참고자료가 될 것이다.

□ 1950년대부터 농업환경 훼손에 대한 연구보고가 지속적으로 있었다

EU의 농업환경정책은 영국의 요구에 의해 도입됐다. 영국은 전통적인 농법과 생태계보전을 위한 연구의 일환으로 1949년부터 과학연구용지 지정제도Site of Special Scientific Interest: SSSI를 운영하고 있었는데, 이와 더불어 1950년대부터 환경보호단체들이 농업활동으로 인한 환경파괴의 심각성에 관한 많은 연구(NCC, 1977)를 발표하면서 일반 국민의 환경보호에 대한 인식이 높아졌다.

이러한 배경에서 1984년, 170명의 국회의원이 서명한 농업환경정책 도입을 촉구하는 성명서가 발표됐다. 이는 농촌지역 환경파괴의 심각성을 국민에게 알리는 역할을 했고, 영국 농림수산부가 농업환경정책을 도입하는 직접적인 계기가 됐다. 이에 따라 영국은 1986년 「농업법」을 개정하여 환경민감지역 선정 및 관리를 위한 규정을 마련함으로써 유럽에서 가장 먼저 농업환경정책을 실시한 나라가 됐다.

이후 EU 농업환경정책의 확대에 맞춰 지속적으로 농업환경정책을 확대한 영국은 2003년 유럽 공동농업정책의 중간평가개혁과정에서 기존에 다양한 사업으로 시행해왔던 농업환경정책을 모두 통합하는 전폭적인 개혁을 단행하여 '농촌환경관리정책Environmental Stewardship Scheme: ESS'을 도입했다.

□ 2003년부터 농촌환경관리정책이 실시되고 있다

영국은 지난 20여 년간의 경험을 토대로, 농촌환경관리정책을 통해 영국 전역의 농경지 및 일반 토지를 환경보전적인 관리지역으로 조성하고자 시도한 것이다. 그래서 소위 '넓고 얇게broad and shallow'라는

원칙을 적용하여 많은 농민에게 어렵지 않은 환경보전활동을 부과했고 많은 토지가 농업환경정책 대상이 될 수 있도록 유도했다(DEFRA, 2005).

농촌환경관리정책의 목적은 다음과 같이 제시됐다. 1) 야생생물(생물다양성) 보전conserve wildlifebiodiversity, 2) 경관 유지 및 개선maintain and enhance the landscape, 3) 역사적 환경의 보호protect the historic environment, 4) 일반인의 전원지역 환경자원 접근 장려 및 전원에 대한 인식 제고promote public access and understanding of the countryside, 5) 자연자원 보호protect natural resources, 6) 토양 부식 및 수질오염 방지prevent soil erosion and water pollution, 7) 구릉지역 환경 관리 지원support environmental management of uplands areas 등이다.

□ 농촌환경관리정책은 기초수준, 유기수준, 상위수준 관리사업 등 크게 세 가지로 구분되어 있다

이 정책은 크게 세 가지 시책으로 구분되는데, 먼저 기초수준 관리지원사업Entry Level Stewardship: ELS은 영국 내의 모든 농민과 토지관리자를 대상으로 한다. 기본적으로 직접지불제도의 모범영농환경조건Good Agricultural and Environmental Conditions: GAEC 수준의 토지 관리를 의무사항으로 제시하고 있다.

유기수준 관리지원사업Organic Entry Level Stewardship: OELS은 유기농업단체에 등록되어 있는 모든 유기농가 또는 유기농기업을 대상으로 하지만 유기농지원제도Organic Aid Scheme에 따라 지원받는 농가는 제외하고 있다.

상위수준 관리지원사업Higher Level Stewardship: HLS은 농민이나 토지관리자에 대한 특별한 지원이 필요한 지역에서 다양한 형태의 토지 관

리를 지원하기 위한 사업이다. 이 사업 신청에 대한 평가는 지역의 특정한 자원의 환경적 중요성specific local targets에 따라 이루어지며, 토지관리협약은 농민이나 토지관리자들이 이러한 특정 자원의 보전을 충족시킬 수 있고 또 이에 대한 재정적인 지원 가치value for money가 있는 경우에 이루어진다.

이 사업을 위해 영국은 전 국토를 8개 지역으로 구분해 그동안의 연구결과를 토대로 각 지역의 중요한 환경자원과 이에 적합한 활동 내용이 무엇인지를 공지하고, 이들 활동을 각각의 사업에서 어떻게 수행해야 하는지에 대한 상세한 지침서를 제시하고 있다. 또한 사업별로 보상금 지불 기준에 대해서도 구체적으로 제시하고 있다.

〈표 6-7〉 영국 농촌환경관리정책 개요

	기초수준 관리제도 (ELS, Upland ELS)	유기수준 관리제도 (OELS, Upland OELS)	상위수준 관리제도(HLS)
수준	기본 수준	유기농업 수준	특정한 요건 충족 의무
자격	모든 농민, 토지관리자	유기농업 농민, 농기업	특정 지역 및 활동에 관해 해당 지역 농민과 협약
기간	5년	5년	10년 이상

보조금	일반적으로 £30(ha/년)
	- 단, 황무지 수준 이상 토지
	  또는 필지가 15ha 이상 토
	  지일 경우 £8(ha/년)
	
	Upland ELS: £62(ha/년)
	- 위의 경우 £23(ha/year)
		일반적으로 £60(ha/년)
		- 전환기: £175(ha/년)
		  (초기 2년간 추가 보조)
		- 과실류: £600(ha/년)
		  (초기 3년간 추가 보조)
		
		Upland OELS:£92(ha/년)
			협약기간 동안 투입물의 획기적
			개선 필요
			(높은 보조금 지급의 이유임).
			
			실제 보조금은 협약 내용에서
			요구하는 관리 수준에 따라 다름.

자료: Natural England, 2013.

III. 우리나라 농업환경 관련 정책은 여전히
농산물 생산과 소득이 중심이다

우리나라는 아직 농업환경정책을 도입하고 있지는 않다. 그러나 몇 가지 농업과 관련된 환경정책이 현재 시행 중에 있다. 이러한 정책들이 어떻게 추진되고 있는지 간략히 살펴보도록 하겠다.

1. 친환경농업 육성정책은 환경보전 농업 및 농가의 육성을 목적으로 해야 한다

□ 우리나라는 친환경농산물 생산이 주목적이다

우리나라에서 농업 및 환경 관련 정책은 1994년「환경농업육성법」에 관한 논의에서부터 시작됐다. 관행농업에 따른 농약, 비료, 제초제의 환경 훼손에 대한 인식이 일부 확산되면서 나타난 결과라고 할 수 있다. 그러나 실제 이에 대한 과학적 연구들은 주로 친환경농업의 생산성 향상을 통한 친환경농산물의 효율적 생산에 초점을 두고 있었으며, 환경에 미치는 관행농업의 부정적 영향은 주된 관심 영역이 아니었다. 즉, 친환경농업 육성정책에 관한 논의는 농업환경에 대한 인식을 확대시키지 못하고 친환경농산물 생산에 의한 소득 증대 방안으로만 인식되는 차원에 머물렀다.

□ 부실 인증에 따른 친환경농산물 재배면적 감소 현상이 나타났다

이제까지 세 차례에 걸친 친환경농업육성 5개년 계획을 통해 친환경농업 확산에 정책적 노력을 기울여왔다. 이에 따라 2009년까지 친환경농산물 재배면적이 급격히 증가(전체 경지면적의 11.6%)했으나 최근

저농약 인증 폐지, 부실 인증 등의 문제가 나타나면서 감소세로 전환됐다. 2014년에는 전체 경지면적의 5.9%까지 감소했다. 제4차 친환경농업 육성 5개년 계획에서는 기술적·사회적·경제적 측면을 모두 고려하는 종합적인 정책을 추진하고 있다.

□ 제4차 친환경농업 육성 5개년 계획에서 농업환경보전 기능 강화를 위한 정책이 제시됐다

2016년 3월 농림축산식품부는 친환경농산물시장 규모를 현재의 1조 4,000억 원에서 2020년까지 2조 5,000억 원으로 확대하는 것 등을 목표로 하는 5대 분야 21개 과제로 구성된 '제4차 친환경농업 육성 5개년 계획(2016~2020)'을 발표했다. 인증제도 개선, 유통체계 확충 및 소비 확대, 생산기반 확충, 유기농업자재의 안정적 공급, 농업환경보전 강화 등 5대 분야로 구성됐으며, 특히 친환경농업을 통한 토양·수질 등 농업환경보전 기능을 강화하고 한국형 농업환경보전프로그램 모델을 2020년까지 5개소 육성하기로 하는 등 농업환경 분야에 중점을 둔 것이 특징이라고 할 수 있다. 그러나 여전히 환경보전을 하나의 프로그램으로 인식하고 있다는 것은 아쉬운 부분이다. 차제에 생산, 유통 및 소비, 자재 공급, 인증 등 전 분야에서 환경을 우선시하는 계획이 마련될 필요가 있다.

2. 환경보전 관련 직불제도 소득 증대가 목적이다

□ 직불금은 환경보전보다는 소득 증대를 주목적으로 하고 있다

UR 협상 이후 농산물시장개방 압력이 본격화되면서 1997년 친환경농업 직불제가 도입됐고, 2004년 농촌개발정책의 도입과 함께 직불제

가 개편되면서 조건불리지역 직불제와 경관보전 직불제가 도입되어 직불제와 관련된 농업과 환경에 관한 논의들이 이루어졌다고 할 수 있다. 하지만 이러한 논의과정에서 농업의 다원적 기능에 대한 논의가 이루어진 것은 사실이지만 실제 농업의 환경보전 기능보다는 소득손실에 대한 보상이 큰 부분을 차지하고 있었다. 위 세 가지 직불제를 농업 환경이라는 측면에서 보면 어떤 한계점을 갖고 있는지 살펴보도록 하겠다.

□ 경관보전 직불금은 경관작물 재배를 조건으로 지급하고 있다

먼저, 경관보전 직불제는 일반적으로 농촌지역에 아름다운 경관을 조성하는 기능과 전통적이고 문화적인 경관을 유지·보전하는 기능을 수행한다. 그러나 우리나라의 경관직불은 경관'작물' 재배를 조건으로 지불되는 것으로, 농업'활동'과 농업 관련 '시설'(가령 밭담)이 창출하는 다양한 경관 효과를 정책 대상으로 삼지 못하는 문제점이 있다. 또한 본질적으로 '경관'이라는 개념은 주관적인 요소가 강해 특정한 작물로 국한해서 설명하기 어려운 한계가 있다.

□ 친환경농업 직불금은 화학적 투입재 억제에 초점을 두고 있다

친환경농업 직불제는 농약 및 화학비료 투입을 통제함으로써 농촌 환경을 보전하고, 농업의 생산 기능을 유지하도록 한다. 하지만 우리나라에서는 '투입재 억제'에만 초점이 맞춰져 있을 뿐, 산출되는 환경자원이 무엇이어야 하는가에 대해서는 논의가 결여되어 있다. 따라서 환경자원 보전은 단순히 투입재 억제에 대한 파생 효과로만 인식되고 있으며, 환경보전을 위해 어떤 활동을 해야 하는지에 대한 명확한 규정이 없다.

□ 조건불리지역 직불금은 한계농지에서 오히려 집약적 농업을 촉진할
　가능성이 있다

조건불리지역 직불제는 한계농지에 대한 지원으로 농업 기능 유지를
통한 농지 보전 및 지역사회 유지 등 매우 중요한 기능을 수행하는 정
책이다. 하지만 환경적인 측면에서 보면, 한계농지 유지를 단순히 농업
기능으로만 설정하고 있어 집약적 농업이 전개되는 경우도 포함될 수
있고, 따라서 환경보전에 역효과를 초래할 가능성도 있다. 또한 마을
환경요소를 보호하고자 마을공동기금을 어떻게 써야 하는지 구체적인
방안을 마련하는 데 관심을 두지 않고 있다. 즉 중앙정부나 지자체 차
원에서 환경요소를 어떻게 설정하고 어떻게 관리할 것인가에 대한 논
의가 전혀 이루어지지 않은 채, 단순히 마을 차원에서 환경요소를 보
전하도록 하고 있어 유명무실한 규정이 되고 있다.

□ 직불금은 농촌환경보전 필요성에 대한 인식을 확대시키지 못하고
　있다

우리나라에서 직불금에 대한 논의는 다양함에도 불구하고 여전히
농업환경에 대한 연구는 거의 이루어지지 못한 상태이며, 관행농업이
농지며 수질을 악화시키고 있다는 인식도 농민들에게 확산시키지 못하
고 있다. 즉 선진국과 달리, 직불금을 활용한 환경보전에 대한 인식 제
고 효과가 우리나라에서는 전혀 나타나고 있지 않다.

3. 환경부의 농업환경 관련 시책은 농민을 주체로 간주하지 않는다

□ 환경부 정책에서는 농업이나 농민이 환경보전사업의 주요 추진 주체
  가 아니다

2013년 환경부 업무보고에 따르면 국정과제 중에서 1) 환경유해물질 관리 및 환경피해 구제 강화, 2) 기상이변 등 기후변화 적응, 3) 환경서비스 품질 수준 제고, 4) 자원·에너지순환 이용하는 자원순환사회 실현 등 4건의 주관과제와 5) 생태휴식공간 확대 등 행복한 생활문화공간 조성, 6) 총체적인 국가 재난관리체계 강화, 7) 온실가스 감축 등 기후변화 대응, 8) 신재생에너지 보급 확대 및 산업 육성, 9) 환경과 조화되는 국토개발, 10) 작은 통일에서 시작하여 큰 통일을 지향하는 등 6건의 협조과제 추진 계획 속에 농업환경과 관련된 계획이 포함되어 있다. 이러한 환경부 정책은 크게 환경보전이라는 측면에서는 농업환경 정책과 맥락을 같이하지만, 실제로 환경보전을 추진하는 주체를 농업이나 농민으로 설정하지 못하고 있는 것이 가장 큰 차이점이다.

□ 수자원 관리와 관련해서도 농업의 역할은 매우 중요하다

이외에도 농업생산활동으로 인한 수질오염을 억제하기 위한 '비점오염 관리 종합대책'이 시행 중이며, 그 일환으로 농촌지역의 도랑유역 관리 방안에 대한 연구가 진행됐고, 이를 정책적으로 활용하는 방안에 대해 논의하고 있는 상황이다. 현재 농업 비점오염 관리와 농촌지역 도랑유역에 대한 관리는 주로 환경부에서 담당하고 있는 정책이다. 그러나 그 실제 영향은 농촌지역 주민과 농민들에게 미치고 있어, 비점오염 관리를 통한 농촌지역 수질 관리를 농업에서 주도적으로 시행할 필요가 있다. 이를 위해서는 농림축산식품부에 농업의 비점오염 관리 및

도랑유역 관리를 담당할 부서가 마련되어야 하지만 현재 이 분야가 매우 종합적인 성격을 갖고 있기에 어느 한 부서를 선정하기 어려운 상황이다.

특히 문재인 정부 국정과제 중 환경부 시책인 '지속 가능한 국토환경 조성(59)'에서도 농업과 농민의 역할은 거의 고려되고 있지 않다. 주요 사업 내용인 1) 국토 보전 및 이용 조화, 2) 동물복지, 3) 4대 강 재자연화, 4) 안전한 물 환경 등에서도 농업과 농민의 역할이 명시적으로 언급되지 않는다. 특히 유역 관리와 이를 위한 유역 관리 거버넌스의 설치는 주로 농촌지역 농지를 대상으로 하고 있음에도 불구하고 계획안에 농업, 농민이 언급되지 않은 것은 향후 이 사업의 실제 진행과정에서 농업과 농민이 도외시되지 않을까 하는 우려를 갖게 한다.

Ⅳ. 농촌환경정책을 중심으로 농업정책을 재편해야 한다

1. 포괄적인 농촌정책이 우선 도입되어야 한다

□ 농촌지역을 직접적인 정책 대상으로 다루는 법적 근거가 없다

우리나라 전체 면적에서 도시지역이 차지하는 비율은 불과 16.3%이며, 기존의 준도시지역과 준농림지역을 합한 관리지역은 25.5%이고, 농림지역과 자연환경보전지역은 각각 50.5%, 7.8%이다. 그럼에도 불구하고 비도시지역을 종합적으로 다룰 수 있는 지역적 정책을 수행할 법적 근거가 부재한 상황이다. 또한 국토이용계획에 따라 도시지역은 주거·상업·공업·녹지지역으로 구분하여 이용계획을 수립하고, 관리지역은 계획 관리·생산 관리·보전 관리지역으로 구분하고 있다. 하지만 농림지

역과 자연환경보전지역에는 구체적인 세부분야가 없으며, 지역계획에서도 특정 지역 개발계획으로 실행하도록 하고 있어서 농촌지역의 다양한 문제를 전담할 수 있는 제도적 틀이 부재한 상황이다.

□ 농림축산식품부 명칭에 농촌을 포함시켜야 한다

농림축산식품부 명칭 자체에 농촌지역에 대한 표현이 전혀 없어 농촌정책을 추진할 구체적인 명분이 부족한 상황이다. 실제로 2008년부터 농촌정책국을 주무국으로 변경했음에도 불구하고 여전히 부서명에 농촌정책을 포함하는 표현이 없다는 사실은 농림축산식품부가 농촌정책의 중요성을 자체적으로도 명확하게 인식하지 못하고 있는 것으로 여겨진다. 이러한 맥락의 연장선상에서, 농촌정책국의 업무 자체도 농촌지역 전체에 대해 지역적 관점으로 접근하는 지역 주도적인 추진 방식이 없다는 한계를 노정하고 있다.

□ '농업식품농촌부'로의 개칭과 농촌정책 개편이 필요하다

따라서 농촌정책을 도입하면서 농림축산식품부 명칭을 농촌의 개념을 포함하는 '농업식품농촌부'로 변경하는 것이 필요하다. 또한 농촌정책의 업무 범위가 농촌지역 산업·공동체·환경분야 사업을 포괄하는 것이 필요하다.

2. 저투입농업을 우선적으로 확산하는 것이 필요하다

□ 농촌환경보전의 필요성에 대한 국민 인식이 커지고 있다

농업·농촌에 대한 2016년 국민의식 조사(농경연)에 따르면 대다수 도시민(62.1%)이 '농업과 농촌의 다원적 기능과 가치'를 인정하고 있으

며, 이는 귀농·귀촌 인구의 급격한 증가세에 반영되어 있다.

□ 집약적 영농에 의한 환경파괴는 심각한 상황이다

농약 사용량은 화학농약에 대한 정부 지원 중단으로 감소하다가 최근 다시 증가하는 추세에 있고, 화학비료 사용량도 정부 지원 중단으로 감소하고 있는 추세지만 여전히 많다. 특히 우리나라 질소 및 인산 수지는 다른 선진국에 비해 압도적으로 높은 상황이다. 이는 과거 논밭에서 관찰되던 새나 곤충 등이 사라지고 토양염류 집적 및 양분 유출로 하천 등의 수질오염 문제가 심각하게 대두되는 상황과 연관되어 있다. 국민이 친환경적으로 잘 보전되기를 기대하는 농업·농촌은 고투입적인 농업생산 방식에 의해 파괴되고 있다.

□ 농약 및 화학비료 사용량을 획기적으로 감소시키는 저투입농업장려
　금 지급이 필요하다

농약·화학비료 사용량을 줄이기 위해서는 먼저 저투입농업을 실천하는 농가에 장려금을 지급함으로써 농가들이 환경보전활동에 참여하도록 유도하는 것이 필요하다. 현재 우리나라에서 제시하고 있는 시비기준보다 30%를 줄여서 투입하는 농민에게 그에 따른 생산감소분과 인센티브를 포함하는 금액만큼을 장려금으로 지급하는 정책을 도입할 필요가 있다.

3. 농업의 다기능성을 강화하는 정책을 도입해야 한다

□ 고투입농업은 농촌지역 생태계의 먹이사슬을 파괴한다

고투입농업이 전개됨에 따라 농지와 농촌지역에 서식하는 동식물의

종다양성과 개체 수가 급격히 감소했다. 산업화과정에서 우리나라 농촌의 생물다양성이 어느 정도 파괴되었는지에 대한 구체적인 연구가 미흡한 상황이다. 한편, 환경부의 생태계보전사업도 농업생산과의 연계가 불명확하기 때문에 농지의 생물다양성을 증대시키는 조치로 한계가 있다.

□ 농촌 도랑오염은 지하수와 4대 강 오염의 원인이다

농업생산과정에서 발생하는 오염으로 인해 농촌지역 수질 저하 및 수자원 고갈 문제가 발생하고 있다. 농촌지역의 도랑유역은 전체 우리나라 유역면적의 75%를 차지하는 것으로 추계되고 있으며, 따라서 고투입적인 농업생산을 통한 농촌지역 도랑의 오염은 지하수 및 4대 강 오염을 증가시키는 원인이라고 할 수 있다. 아직 환경부가 농업생산을 직접적인 오염 규제 대상으로 적시하고 있지는 않지만 농업생산이 수자원에 미치는 부정적인 영향은 이미 인지된 상황이다. 농림축산식품부에서 선제적으로 농업의 비점오염 영향을 감소시키는 정책을 추진하는 것이 필요하다.

□ 농촌의 문화적·역사적 자원의 소실도 심각하다

농촌 인구 감소와 공동체 파괴로 인해 농촌의 다양한 역사적·문화적 자원이 소실되고 있다. 특히 농업생산과 관련된 문화적 활동이나 역사적 유적이 점차 사라지고 있는데, 이를 보전하기 위한 농업활동 지원이 필요한 상황이다.

□ 농업의 다기능성에 대한 공공재적 성격을 정부가 지원해야 한다

농업생산의 다원적 기능을 확대하기 위한 활동의 결과물들이 농민

들에게는 실제 소득으로 연결되지 않기 때문에 참여를 이끌어내지 못하는 문제가 있다. 따라서 농업의 다기능성을 강화하기 위한 농업생산 활동은 시장에서 거래되는 농산물이 아닌 공공재이므로 이에 대한 공적인 보상이 필요하다. 즉 다기능농업의 구체적인 활동 결과물을 토대로 한 보상금 지급이 필요하며, 이를 통한 농가소득 증대 효과를 제고할 필요가 있다.

□ 농업의 다기능성을 강화하는 목표 설정 필요

농업의 다기능성을 강화하기 위한 정책 목표는 1) 환경친화적인 농업생산을 통해 농촌경관 보전 및 생물다양성 증대에 기여, 2) 환경친화적인 농업을 통한 농촌지역의 수질오염 저감 및 수자원 보호에 기여, 3) 농업생산과 관련된 농촌지역의 문화적·역사적 자원 보전에 기여, 4) 다기능농업에 대한 지원을 통해 농가소득 증대에 기여하는 것으로 설정할 수 있다.

□ 농업의 다기능성을 수행하는 주민들에게 장려금을 지급하는 것이 필요하다

환경보전과 관련된 다기능농업을 시행하는 농가에게 장려금을 지급하는 정책이 필요하다. 이는 환경·경관·문화·역사 등과 관련된 다기능농업을 실천하고자 4년간 협약을 맺은 농민이나 단체를 지원하는 것이다. 장려금은 다기능농업활동에 따른 소득감소분과 인센티브를 포함하는 액수를 계산하여 결정한다.

세부적인 다기능농업 장려금 지급분야는 다음과 같다. 1) 농지와 농수로의 동식물 종다양성에 기여하여 구체적으로 동식물 종다양성의 증가를 확인할 수 있는 결과를 보여주는 농민(농촌생태계보전농업장려금),

2) 비점오염 저감을 위해 도랑유역에서 기존 농업 시비 기준 50% 이하의 투입재를 사용하는 농민(농촌유역관리농업장려금), 3) 농촌마을의 경관보전 대상을 사전에 협의하여 설정하고, 이를 보전하기 위한 구체적인 경작 방법을 제시하고 준수하는 농민(농촌경관관리농업장려금), 4) 마을 환경 정비활동(마을 숲·산림 관리, 쓰레기 관리, 하천 관리)에 대한 공동 장려금(농촌마을환경관리장려금), 5) 농업활동과 관련된 역사유적이나 문화활동을 적시하고 이를 보전하기 위한 구체적인 활동에 대해 사전에 협의하여 설정한 농민(농촌역사문화보전농업장려금)에게 지급하는 것 등이다.

4. 농촌환경 관리를 위한 인력 육성과 농촌 일자리 창출정책을 도입해야 한다

□ 농민은 현재 농촌의 환경자원을 관리하는 지식이 부족한 상황이다

농민들은 주로 농산물 재배에 국한된 영농지식을 갖고 있기 때문에 농업과 환경자원 보전을 병행하는 방식에 대한 지식이 전무한 상황이다. 따라서 농민들에게 환경자원을 보전하는 농업경영 방식을 보급하고 관리하는 전문인력이 필요하다.

□ 농촌의 생태계, 역사, 문화에 대한 지식을 갖춘 인력을 양성하는 것이 필요하다

생태계보전과 생물다양성뿐만 아니라 농촌경관 및 역사, 문화에 대한 부분적인 기초지식을 갖고 있는 인력을 교육하여 농촌환경 관리를 위한 전문인력으로 양성하는 것이 필요하다. 농촌지역에 청년층 전문인력을 투입함으로써 농촌지역 청년일자리 창출에 기여하는 동시에

농촌지역 인구 증가 및 연령구조 개선에도 기여하도록 하는 것이 필요하다. 이를 통해 농촌지역의 환경 관리, 일자리 창출, 인구 증대, 인구구조 개선을 비롯해 농촌지역에서 다양한 경제적·사회적 활동을 증가시킬 수 있는 잠재력을 확대하는 효과를 얻을 수 있다.

□ 환경친화적인 농지 관리를 지원할 수 있는 전문인력이 필요하다

농촌에서 농업생산과 환경 및 경관 관리를 병행할 수 있는 전문지식을 갖춘 인력을 양성할 필요가 있다. 이는 농업을 통한 생물다양성, 생태계, 수질, 경관, 농촌문화 보전 등 전반적인 관리 계획을 수립할 인력을 양성하는 교육과정을 도입하고 지원하는 것이다. 귀농·귀촌인들을 이러한 영역에 활용하는 것도 필요하다.

□ 농촌환경 관리자를 정책사업 관리자로 육성하는 것이 필요하다

농촌환경 관리자에 대한 교육과정을 지원하여 정책사업 관리자로 활용하는 것이 필요하다. 대학에 '농촌환경관리과정'(가칭)을 설치하여 운영하도록 지원하며, 교육과정 이수자를 농촌환경정책사업을 현장에서 자문하고 모니터링하는 인력으로 연결하는 것이 필요하다.

□ 농촌환경 관리자를 창업자로 육성하는 것이 필요하다

농촌환경 관리자의 농업·환경보전·역사문화에 관한 전문지식을 활용하여 농촌지역에서 농촌체험 및 교육관광 사업, 마을자원을 활용한 기념품 제작 및 각종 문화 관련 사업, 환경보전 이미지를 활용한 농산물 판매 및 식품가공업 등 다양한 창업활동을 추진하도록 지원하는 것이 필요하다. 이를 통해 농촌 주민들의 일자리 확충과 소득 증대 및 공동체 활성화에 기여하는 시너지 효과를 발휘할 수 있다.

V. 맺음말: 지역적 관리체계의 형성과 자율적 관리가 중요

□ 주민의 파트너십과 거버넌스 형성이 필요하다

농촌환경정책은 중앙부처가 정책을 수립하고 지역 농민들이 그 규정이며 절차에 따라 시행하는 방식으로는 목표를 효과적으로 달성하기 어렵다. 따라서 정책의 추진 및 관리가 지역 주민들의 파트너십에 의해 이루어져야 하고 이를 총괄적으로 운영하는 지역거버넌스가 형성되어야 한다.

농촌환경보전활동의 효과를 판정하는 지표도 사실상 중앙부처나 지자체가 효과적으로 관리하기 어렵다. 환경적 특성이 지역적으로 다르기 때문에 지역의 토양이며 수질, 생물다양성, 생태계, 경관, 문화적·역사적 요소를 평가하는 지표도 다르게 나타날 수밖에 없다. 따라서 이러한 농업환경지표를 중앙에서 체계적으로 관리하는 것은 불가능하다.

결국 농촌환경보전사업은 시작부터 관리, 평가에 이르기까지 전 과정이 지역 주민들의 협력 속에 진행되어야 한다. 따라서 어떤 형태로든 지역 주민의 다양한 역량을 제고하는 것이 매우 중요하다.

□ 농촌환경정책의 효과에 대한 지속적인 학제 간 협력 연구가 필요

농업활동을 통해 농촌지역 환경자원을 복원하고 보전하는 것은 최근까지 특정 학문분야에서 전담하던 연구 영역이 아니다. 따라서 농촌환경을 효과적으로 보전하는 방법을 모색하는 데에는 다양한 연구분야의 협력과, 이를 토대로 농업환경정책을 지속적으로 개선하는 것이 필요하다.

E. F. 슈마허, 《작은 것이 아름답다》, 김진욱 옮김, 범우사, 1995.

김태연, 〈EU 농업환경정책의 변화과정 분석〉, 《한국유기농업학회지》 제23권 3호, 한국유기
　　　농업학회, 2015, pp. 401~421.

_____, 〈영국 농업환경정책의 도입 및 정착과정 분석〉, 《한국유기농업학회지》 제24권 3호,
　　　한국유기농업학회, 2016, pp. 315~336.

김태연 외, 《농업환경프로그램 도입방안 연구》, 단국대학교·농림축산식품부, 2013.

농림축산식품부, 《2016~2020 제4차 친환경농업 육성 5개년 계획》, 2016.

세계환경발전위원회, 《우리 공동의 미래》, 조형준·홍성태 옮김, 새물결, 2005.

이상만, 〈EU 공동농업정책 개혁동향〉, 《세계농업》 제143호, 한국농촌경제연구원, 2012. 7,
　　　pp. 166~185.

CEC, Council Regulation (EEC) No. 797/85 of 12 March 1985 on improving the
　　　efficiency of agricultural structures, Official Journal of the European
　　　Communities, L93: 1-18, Brussels, Commission of the European Communities,
　　　1985.

CEC, Council Regulation (EEC) No. 1760/87 of 15 June 1987 amending Regulation
　　　(EEC) No. 797/85, (EEC) No. 270/79, (EEC) No. 1360/78 and (EEC) No. 355/77
　　　as regards agricultural structures, the adjustment of agriculture to the new
　　　market situation and the preservation of the countryside, Official Journal of
　　　the European Communities, L167: 1-8, Brussels, Commission of the European
　　　Communities, 1987.

CEC, The Development and Future of the CAP: Reflection Paper of the Commission,
　　　COM(1991) 100 Final, Brussels, February 1991, Commission of the European
　　　Communities, 1991.

CEC, Council Regulation (EC) No. 2078/92 of 30 June 1992 on agricultural
　　　production methods compatible with the requirements of the protection of the
　　　environment and the maintenance of the countryside, Official Journal of the
　　　European Communities, L215: 85-90, Brussels, Commission of the European
　　　Communities, 1992.

CEC, Council Regulation (EC) No. 1257/1999 of 17 May 1999 on support for
　　　rural development from the EAGGF and amending and repealing certain
　　　Regulations, Official Journal of the European Communities, L160: 80-101,
　　　Brussels, Commission of the European Communities, 1999a.

CEC, Commission Regulation (EC) No. 1750/1999 of 23 July 1999 laying down detailed rules for the application of Council Regulation (EC) No. 1257/1999 on support for rural development from the EAGGF, Official Journal of the European Communities, L214: 31-52, Brussels, Commission of the European Communities, 1999b.

CEC, Council Regulation (EC) No. 1782/2003 of 29 September 2003 establishing common rules for direct support schemes under the common agricultural policy and establishing certain support schemes for farmers, Official Journal of the European Communities, L270: 1-69, Brussels, Commission of the European Communities, 2003a.

CEC, Council Regulation (EC) No. 1783/2003 amending Regulation (EC) 1257/1999 on support for rural development from the EAGGF, Official Journal of the European Communities, L270: 70-77. Brussels, Commission of the European Communities, 2003b.

CEC, Council Regulation (EC) No. 1698/2005 of 20 September 2005 on support for rural development by the European Agricultural Fund for Rural Development(EAFRD), Official Journal of the European Communities, L277: 1-40, Brussels, Commission of the European Communities, 2005.

CEC, Overview of CAP Reform 2014-2020, Agricultural Policy Perspectives Brief No. 5/December 2013, Commission of the European Communities, 2013a.

CEC, Regulation (EU) No. 1305/2013 of the European Parliament and of the Council of 17 december 2013 on support for rural development by the European Agricultural Fund for Rural Development (EAFRD) and repealing Council Regulation (EC) No 1698/2005, Official Journal of the European Communities, L347: 487-548, Brussels, Commission of the European Communities, 2013b.

DEFRA, *Environmental Stewardship: Look after your land and be rewarded*, Rural Development Service, Department for Environment, Food and Rural Affairs, London, 2005.

DEFRA, *The Guide to Cross Compliance in England* 2013 edition, Department for Environment, Food and Rural Affairs·Rural Payment Agency, London, 2013.

Hanley, N. and Oglethorpe, D., "Emerging policies on externalities from agriculture: An analysis of the European Union", *American Journal of Agricultural Economics*, 81 (5), 1222-1227, 1999.

Natural England, *Agri-environment schemes in England 2009: A review of results and effectiveness*, Natural England, 2009.

Natural England, *Entry Level Stewardship - Environmental Stewardship handbook*, Natural England, 2013.

NCC, *Nature Conservation and Agriculture*, Nature Conservancy Council, London, 1977.

7장

농촌지역 개발의 한계와 새로운 방향

서정민
현 (재)지역재단 지역순환경제센터장
학부에서는 경제학을, 석·박사 과정에서는 협동조합을 공부
했다. 지역 주민의 참여와 자치에 의한 지역혁신모델에 관심
을 갖고 현장에서 교육·연구·컨설팅을 주로 하고 있다. 공저로
《농촌개발정책의 재구성》(2005), 저서로 《충남 지역농협과
함께 하는 지역혁신모델사업 통합보고서》(2015)가 있다.

- **농촌지역 개발의 성과를 높이기 위한 정책전달체계 혁신이 시급**
  농촌지역 개발 패러다임을 전환하고 주민 주도의 상향식 지역개발을 주창해 왔지만, 기존 추진체계로는 사업 성과를 도출하는 데 한계에 봉착했다.

- **지역 단위 농촌지역 개발에 대한 통합적 접근 부족**
  제3차 농업인 삶의 질 향상 및 지역개발 기본계획(2015~2019)에 따라 범정부 차원에서 2015년 기준 185개 지역개발사업에 9조 6,000억 원의 예산을 투자 한다. 또한 농촌지역 개발에서 지역의 자율성을 확대하기 위해 포괄보조금제 도가 도입됐지만, 여전히 중앙부처에 대응하는 지자체 부서별로 나눠먹기식 예산 편성과 사업 추진으로 성과는 미흡하다. 지역 단위에서 지역개발사업을 통합·조정하는 안목이 필요하다.

- **농촌지역개발사업을 총괄 위탁·관리하고 있는 한국농어촌공사의 역할과 기능의 한계**
  각 시군에서 농촌지역개발사업을 한국농어촌공사에 위탁하면, 한국농어촌 공사에서는 한 사업을 하드웨어, 소프트웨어, 기본계획 등으로 분리해 컨설 팅기관에 재위탁하여 추진해왔다. 이 과정에서 사업을 재위탁받은 기관들이 서로 달라 기본계획과 소프트웨어, 하드웨어 간 연결성 부족 또는 잦은 계획 변경을 초래하고 있다. 또한 시군과 한국농어촌공사 담당자의 잦은 인사 교 체로 체계적이고 지속적인 관리가 부재해 사업 부실 논란이 끊이지 않는다.

- **현장 맞춤형 지원을 명목으로 중간지원조직이 확대되고 있지만, 실효성은 의문**
  부처별·사업별 중간지원조직이 난립하면서 혼선을 초래하고 있다. 지역 단위 중간지원조직 간 협력 네트워크가 시급하고, 나아가 통합중간지원조직 구성 을 검토해야 한다.

- **현장 활동가 양성 및 역량 부족**
  지역 단위 중간지원조직이 확대되고 있지만, 현장 활동가 부족 및 기존 활동 가들의 역량 부족으로 인해 기대에 부응하지 못하고 있다.

- **지자체 단위 지역개발정책 총괄기획조성부서 설치 의무화**

농촌지역은 주민들의 생활공간, 경제활동공간, 환경 및 경관공간으로서 상호 연계되어야만 비로소 완전한 하나의 공간이 완성될 수 있다. 농촌을 대상으로 하는 다양한 정책이 현장에서 상호 충돌을 피하고 투자의 효율성을 높이기 위해 시군 단위 지역개발 총괄기획조정부서 설치를 의무화한다. 총괄부서에서는 지역개발사업 추진 전 해당 지역에 대한 사전 검토를 통해 지역개발사업 간 시너지를 창출하기 위한 지자체 단위 대책을 수립하도록 한다.

- **민관협력을 통한 지역개발사업 추진: 지역개발정책협의회 활성화**

지역 단위에서 통합적 개발이 이뤄질 수 있도록 지역개발사업 추진 시 민간단체, 중간지원조직, 전문가, 행정이 함께 참여하는 지역개발정책협의회를 통해 사업 타당성을 검토하고, 각 주체의 역할을 명확하게 정한 뒤 사업을 추진하도록 한다.

- **지역 단위 통합중간지원조직 구성**

지역개발, 사회적경제 등 분야별로 분산되어 있는 중간지원조직 간 협력 네트워크를 통해 사업 간 시너지 창출 방안을 마련해야 한다. 장기적으로는 행정과 독립적·수평적 관계를 유지할 수 있는 자생적 통합중간지원조직 구성을 지원한다.

- **현장 활동가의 역량 강화 및 현실적 지원 방안 마련**

지역개발사업 추진 시 지역 주민들에게 부족한 역량을 보완하는 동시에 현장 밀착형 지원이 가능하도록 현장 활동가 역량 강화 프로그램을 개발·운영한다. 중간지원조직 활동가들에게 사전 역량 강화를 의무화하는 한편, 활동가들에 대한 현실적인 지원 방안을 마련함으로써 지역 일자리 창출에도 기여할 수 있다.

1. 농촌지역 개발, 이대로는 안 된다

□ 주민 주도 상향식 농촌지역개발정책 10년, 무엇이 달라졌는가?

농촌지역 개발은 기존 농업 중심의 부문정책에서 농촌이라는 공간을 대상으로 하는 통합정책이 확대되면서 농정의 핵심 분야로 대두됐다.

농촌지역 개발은 기존 개별 농가를 대상으로 보조에 초점을 둔 농산물가격 및 소득정책, 농업생산 및 유통 기반 조성 등 중앙정부 주도의 획일적 정책에서 탈피해 지속 가능한 농촌과 주민 삶의 질 향상을 목표로 하고 있다.

농촌지역개발정책은 기존 중앙 주도의 하향식 정책추진체계에서 지역 주민 주도의 상향식 추진체계로 전환하는 계기가 됐다. 하지만 사업 주체인 지역 주민은 정작 사업을 계획하고 추진해본 경험이 부족했고, 이는 역량 강화며 지원을 내세운 수많은 컨설팅회사가 전국에 난립하는 결과를 초래했다.

지방자치단체는 어떠한가? 지역 여건과 다양성, 주민 역량 등을 고려해 사업 대상 지역을 선정하고 적절한 사업계획이 수립·시행될 수 있도록 지원하고 관리해야 할 행정에서는 그 책임을 한국농어촌공사와 컨설팅회사에 넘겨버렸다.

□ 2005~2016년까지 총 2,561개소에서 농촌지역개발사업이 추진됐지만, 지역 주민들에게 시설물 유지관리비 부담만 남았다

2005년부터 2016년까지 전국에서 추진된 농촌지역개발사업을 살펴보면 창조적마을만들기, 신규마을조성, 전원마을조성 등 마을사업 836개, 권역단위종합정비, 농촌마을종합개발, 생태산촌마을, 어촌종

합개발 등 권역사업 712개, 중심지활성화, 읍면종합정비, 소도읍육성 등 읍면단위사업 714개, 창의아이디어, 창조지역사업 등 시군단위사업 160개, 행복생활권사업과 같은 시군연계사업 139개 등 총 2,561개 사업이 추진됐다.

지난 10여 년간 전국에서 많은 농촌지역개발사업이 추진됐지만, 농촌 주민들의 삶의 질은 나아지지 않았다. 주민 문화복지 증진을 위해 사용한다던 각종 센터는 주민들에게 관리비 부담만 안겨주고 있다.

□ 지역의 특성과 다양성을 고려한 지역 단위 통합적 접근이 이뤄지지 않고 있다

농촌지역 개발은 지역에 대한 장기적인 안목에서 바라본 중장기 계획을 필요로 하지만, 임시방편적인 대응으로 오히려 정책의 일관성을 상실했다.

농촌지역 개발 범위는 농촌주택에서부터 주민생활 인프라, 주민 문화복지, 소득원 개발, 농촌 어메니티 관리·보전, 주민 역량 강화까지 매우 포괄적이다. 지역에서는 다양한 농촌지역개발사업이 한 권역 혹은 읍면 단위에서 추진될 수 있지만, 개별 사업을 담당하는 행정부서가 다르고 행정 내부에서 정보가 제대로 공유되지 못하다 보니, 현장에서는 상호 연계됐어야 할 사업들이 개별적으로 추진되어 난개발이 이뤄지기도 한다.

최근 전라북도에서 (전체 사업을 대상으로 하는 것은 아니지만) 농촌지역개발사업을 총괄하는 부서를 별도로 설치하는 등 지역 단위에서 통합적 접근을 시도하는 사례가 나타나고 있는 것은 매우 고무적인 현상이다. 지역 단위 통합적 접근을 촉진하기 위해서는 일반농산어촌개발사업의 주무기관인 농림축산식품부의 인식과 정책 패러다임의 전환이

함께 이뤄져야 할 것이다.

□ 농촌만을 위한 농촌지역 개발은 더 이상 존재의미가 없다. 농촌 주민
  과 도시민이 상생하기 위한 농촌정책이 마련되어야 한다

우리나라 농가 인구는 전체 인구의 5%, 농촌 인구의 18.4%로, 고령
화율은 38.4%다. 농촌문제는 농업인과 농촌 주민들만이 아니라 도시
와 도시 소비자 모두가 당면한 과제이기도 하다. 안전한 먹거리의 안정
적인 공급, 환경생태계의 보전, 농촌경관의 유지·관리 등 농촌과 도시
가 상생하기 위한 새로운 농촌지역 개발전략이 필요하다.

늘어나는 귀농·귀촌인과 청년 창농을 농촌지역사회에 활기를 불어
넣는 데 이어 지역 발전으로 연결시킬 방안이 시급하다.

□ 농촌지역개발사업에서 한국농어촌공사의 역할과 기능에 대한 전면
  적인 평가 및 개편이 필요하다

그동안 추진되어온 농촌지역개발사업을 실질적으로 총괄·관리하고
있는 곳은 한국농어촌공사다. 그러나 농촌현장에서 최종 사업 관리 주
체는 시군이며, 이를 한국농어촌공사에서 위탁받아 다시 하드웨어와
소프트웨어 기관을 선정하여 재위탁하고 관리하는 방식으로 진행되고
있다. 최근 지역 단위에서는 현장 밀착형 지원의 필요성을 강조하며 마
을만들기지원센터, 6차산업화지원센터, 마을기업지원센터, 사회적기업
지원센터, 협동조합지원센터 등 다양한 중간지원조직을 설립해 운영하
고 있다.

한국농어촌공사와 중간지원조직 등 농촌지역 개발과 관련된 기관들
에 대한 전면적인 재검토를 통해 지역 단위의 통합적 접근이 이뤄지도
록 해야 한다.

2. 농촌지역 개발은 어떻게 변화해왔는가?

□ 초기 농촌지역 개발은 기초생활환경 개선에 집중했다

제2차 세계대전 이후 개발도상국의 농촌개발을 위해 UN과 국제협동조합연맹International Cooperative Administration: ICA이 개발한 '지역사회개발사업Community Development Program'이 1958년 우리나라에 처음 도입됐다.

1962년에는 지역사회개발사업과 농촌지도사업을 통합하여 '시범농촌건설사업'으로 개편했고, 영농기술 혁신과 개발계획 수립·집행을 위해 지도사의 역할이 강조됐다.

1970년대에는 새마을운동이 전국에 확산되어 '잘살기 운동'이 추진됐다. 1980년대는 국토종합개발전략의 변화와 '정주생활권'의 개념이 도입되면서 새로운 농촌개발 방식을 모색하는 계기가 됐다. 특히 1980년대에는 정주생활권(군 단위)을 중심으로 하는 농촌지역종합개발계획을 추진하기 위해 중앙부처 간 협의기구인 '농어촌지역 종합개발 중앙지원단'이 설치되기도 했다.

□ 우루과이라운드 이후 농촌지역개발정책이 본격화됐다

1990년대는 우루과이라운드 협상 이후 농업·농촌 개발을 위한 종합대책으로서 「농어촌발전특별조치법」(1990)이 제정되고, 기존 군 단위를 중심으로 한 농촌지역종합개발정책이 면 단위를 중심으로 하는 '농촌정주생활권 개발정책'으로 변화한 시기다.

2000년대 들어 농촌지역개발정책은 지난 반세기보다 더 큰 변화를 보였다. 현재도 전환되고 있는 중이다. 2000년대 이후 농촌지역개발정책이 변화한 데에는 선진국, 특히 EU의 농정 개혁이 커다란 영향을 끼쳤다.

<그림 7-1> 우리나라 농촌지역개발정책의 변화와 특징

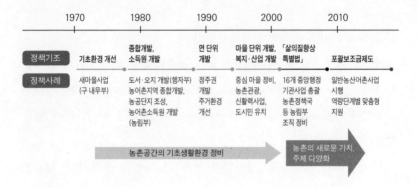

자료: 송미령, 《농어촌 통합형 지역개발 모델 정립 및 실행계획 수립》(2010)을 수정·보완해 작성.

□ 2005년 권역 단위 농촌마을종합개발사업이 시작됐고, 2010년 포괄
보조금제도의 본격화로 농촌지역 개발의 새로운 전환점을 맞이했다

2001년 우리나라 농촌지역 개발에 '그린투어리즘' 개념이 본격 도입
되면서 2002년 녹색농촌체험마을, 농촌전통테마마을 등 마을 단위 사
업이 추진됐다. 2004년에는 「삶의질향상특별법」과 「국가균형발전특별
법」이 제정되고 농촌지역개발정책의 새로운 모델로 권역 단위 농촌마
을종합개발사업이 마련되어 2005년부터 본격 시행됐다.

우리나라 농촌지역개발정책은 2009년 기초생활권정책 도입으로 포
괄보조금제도가 도입되고 2010년 기초생활권 포괄보조금제도가 시행
되면서 다시 한 번 변화하는 계기가 됐다. 포괄보조금제도는 지역의 자
율성과 창의성을 강화하기 위해 기존 농촌마을종합개발사업 등 농림
축산식품부 소관 15개 사업을 일반농산어촌개발사업으로 통합해 기초
생활기반, 지역소득, 경관 개선, 역량 강화 등 4개 분야를 지원하며, 주

218 국민총행복과 농정 패러다임의 전환

민 참여형 상향식 추진 방식을 강화했다. 또한 2014년에는 일반농산 어촌개발사업 체계 개편을 통해 주민 역량 단계별 맞춤형 지원을 추진 한다는 계획이다.

□ 박근혜 정부의 농촌지역 개발은 기초생활권 연계를 강조했지만, 기 존 농촌지역 개발과 큰 차이가 없었다

앞서 언급한 바와 같이 농촌지역개발정책의 부처별 진행으로 사업이 중복된다는 문제가 제기되고, 지역의 자율성을 높여야 한다는 지적에 따라 2010년부터 포괄보조금제도가 도입됐다. 박근혜 정부에서는 지역 행복생활권사업과의 연계를 강조하며 일반농산어촌지역 122개 지역 에 연간 약 1조 원 규모의 재정을 투입하여 지역개발사업을 추진했다.

일반농산어촌개발사업은 기초생활기반 확충, 지역소득 증대, 지역경 관 개선, 역량 강화사업 등을 주요 내용으로 하며, 2013년 9,182억 원이 었던 지원금이 2015년에는 8,733억 원으로 축소됐다.

지역행복생활권 연계 협력사업은 지역이기주의 해소, 일자리 창출, 문 화복지시설 확충 등 기초 인프라 지원을 주요 내용으로 하며, 2013년 300억 원이었던 지원금이 2015년에는 650억 원으로 늘었다.

이 밖에 농촌마을 기반 정비를 비롯해 노후주택 개량, 슬레이트 처 리, 공동생활형 주택 구축, 영유아 보육시설 설치, 에너지 효율화 등을 통합한 농촌마을 리모델링사업은 2013~2014년 80억 원 규모였던 지원 금이 2015년 550억 원 규모로 확대됐다.

3. 현 농촌지역 개발을 통해 지역의 개성과 주민 수요를 반영할 수 있는가?

□ 포괄보조금제도와 일반농산어촌개발로 개편했지만 여전히 지역의 자율적인 예산 편성이 어렵다

일반농산어촌개발사업은 농산어촌지역 주민의 소득과 기초생활 수준을 높이고, 농촌의 어메니티 증진 및 계획적인 개발을 통해 농산어촌의 인구 유지 및 지역별 특화 발전 도모를 목적으로 한다.

앞서 언급한 바와 같이, 일반농산어촌개발사업은 2010년 시행된 포괄보조금제도의 취지에 따라 지역의 자율성과 창의성을 강화하는 방향으로 개편되어왔다. 즉 중앙에서 전체적인 지침 및 가이드라인을 마련하되, 주민과 지자체의 자율적 판단과 참여를 존중하는 상향식 추진방식을 지향한다. 하지만 지자체에서는 가이드라인과 지침에 따른 운영에 어려움을 호소하고 있다. 지자체에서 지역 여건과 현장 요구를 반영하여 사업을 추진하고자 해도 중앙의 지침과 상충하는 사례가 종종 발생해 현장 맞춤형 실행에 한계가 있다는 지적이다.

□ 지자체 단위 지역개발사업의 통합적 접근에 대한 인식 부족으로 지역 난개발과 사업의 집중력을 높이지 못하고 있다

일반농산어촌개발사업의 가장 큰 문제는 지자체 단위에서 통합적 접근이 이뤄지지 않고 있으며, 심지어 이에 대한 논의조차 없다는 점이다.

지역개발정책은 그동안 부처 간 중복 지원과 중앙 주도의 사업 추진방식으로 지역의 자율성과 창의성을 저해한다는 비판이 끊이지 않았고, 이에 따라 2010년 포괄보조금제도를 도입하고 지역의 자율성을 강화하고자 기존 지역개발사업을 재편했다. 하지만 중앙 단위에서 이러한

논의가 이뤄지고 있는 한편, 정작 시군 단위에서는 지역 여건별 특성을 고려한 통합적 접근을 위한 전담기구가 마련되지 않고 있다.

일반농산어촌개발사업 시행지침에 따르면 시도 단위에서는 농촌 중심지 TF팀, 시군 단위에서는 마을발전협의회를 구성하여 운영해야 한다. 그렇지만 여전히 대부분의 시군에서는 지역개발사업을 위한 전담팀을 구성하지 못했거나 전담인력이 부족해 개별 사업을 관리하는 데 그치고 있다.

또한 포괄보조금제도가 도입되었다고는 하지만, 여전히 부서별로 나눠먹기식 예산 편성이 이뤄지고 있는 것이 지역의 현실이다. 지자체에 따라서는 지역 전체에서 농업·농촌이 차지하는 비중이 약화되면서 농촌지역 개발 관련 업무에 소홀해지는 경향 또한 존재한다.

포괄보조금제도 도입 취지에 맞는 일반농산어촌개발사업의 올바른 추진을 위해 시군 단위에서는 지역발전 총괄기획부서를 통한 지역개발 관련 부서 간 통합 및 조정이 필요하지만, 이런 기능을 수행하는 기획

〈그림 7-2〉 창조적마을만들기 역량 단계별 지원체계(예시)

예비단계	진입단계	발전단계	자립단계
역량 강화	중규모 사업	종합개발	활성화

• 사전 역량 강화 의무화
• 현장포럼 확대
• 시군 역량 강화 사업비 증액
• 마을발전계획 수립
	• 창조적마을만들기(소액)
	  – 문화·복지·경관·경제
	  분야의 중규모 사업
		• 창조적마을만들기(종합)
		  – 권역 단위 종합개발 등
		  대규모 사업
			• 완료지구 활성화 지원
			• 인성학교 등 활성화
			  S/W 추진

• 필수사항	• 예비단계 완료지구 대상	• 진입단계 완료지구 대상	• 사업 완료지구 대상
········ 지자체 ········	·································· 중앙정부·지자체 ··································		

자료: 농림축산식품부, 《일반농산어촌개발사업 핸드북》, 2014.

부서가 없거나, 있다 해도 부서 간 이견 또는 사업을 통합·조정하는 실질적인 기능을 수행하는 데에는 한계를 보이고 있다.

□ 행정의 농촌지역 개발에 대한 통합적 인식 부족으로 인해 지역 주민들만 피해를 입고 있다

침체된 읍 소재지를 활성화하기 위해 A읍에서는 재래시장 현대화사업과 지역창의아이디어사업, 농산물 로컬푸드 직매장 건립 등의 다양한 사업을 읍 소재지 중심으로 추진하고 있다.

그런데 사업별 담당부서가 다르고, 각 사업을 지원하는 컨설팅기관과 하드웨어 시공업체가 다르다 보니, 읍 소재지 주변 마을 주민들은 각각의 사업을 위해 매달 몇 차례씩 서로 다른 기관에서 운영하는 유사한 내용의 회의와 교육에 참여하는 곤욕을 치르고 있다.

하드웨어 시공 또한 난항이 예상된다. 읍 소재지 주변에 서로 다른 이미지의 건축물이 시공업체의 취향에 따라 건립되고, 건물마다 별도의 주차공간과 조경이 예정되어 있다. 읍 단위의 통합적인 의사결정기구를 마련하고, 사업 간 연계성을 고려하여 시에 계획 일부를 수정한 후 건축물을 설계하고 추진할 것을 요청했지만, 행정은 사업 추진절차와 지침 등의 문제로 어려움을 호소할 뿐이다.

□ 한국농어촌공사가 총괄 관리해온 농촌지역개발사업을 제대로 평가하여 농촌지역개발사업에서 한국농어촌공사의 역할을 재정립해야 한다

일반농산어촌개발사업 추진체계를 살펴보면 행정상으로는 시군, 시도, 농림축산식품부를 거쳐 추진된다. 이 추진체계에서 시군이 담당해야 할 역할을 위탁받아 추진하고 있는 곳이 바로 한국농어촌공사 시군

지사들이다.

시군별로 차이는 있지만 지자체의 농촌지역 개발에 대한 이해가 부족한 탓에, 대부분의 농촌지역개발사업은 한국농어촌공사에 위탁하여 운영·관리되고 있다.

이처럼 농촌지역개발사업의 대부분을 위탁 관리하고 있는 한국농어촌공사의 역할과 그동안 운영·관리 성과에 대한 평가가 한 번도 제대로 이뤄지지 않았다. 매년 한국농어촌공사 각 지사의 부정부패에 대한 고소·고발로 직원은 물론이고 심지어 지사장까지 해임되는 상황이 반복되고 있지만, 개별 사건으로 처리되고 있을 뿐이다. 사업을 위탁 운영할수 있는 역량과 조건을 갖추고 있는지, 실제로 사업 관리를 제대로 수행하고 있는지에 대한 평가는 부족한 것이다. 이러한 상황에서 한국농어촌공사에서는 포괄보조금제도 도입 후 2014년부터 독립부서로 지역개발지원단을 운영하고 있다.

한국농어촌공사의 일반농산어촌개발사업(일반농산어촌개발사업 이전 지역개발사업 포함) 연도별 추진 현황을 살펴보면, 2014년까지 전국에 실시된 922개 일반농산어촌개발사업 가운데 농어촌공사에서 기본계획을 수립한 권역이 673개로 전체의 73%, 하드웨어를 위탁받아 시행한 곳은 620개로 전체의 67%, 소프트웨어(지역 역량 강화)는 전체의 71%인 651개로 나타났다.

이 밖에도 시군 또는 시도 단위에서 시행하는 다양한 지역개발사업이 한국농어촌공사를 통해 추진되고 있지만, 운영·관리 실태에 대한 정확한 평가는 이뤄지지 않았다.

〈표 7-1〉 한국농어촌공사의 일반농산어촌개발사업 연도별 추진 현황

| 구분 | 착수 년도 | 총계 | 수탁권역 | | | | | |
| | | | 기본 계획 | 세부 설계 | 하드웨어 | | 소프트웨어 | |
					시행	감리	시행	감리
계		922	673	650	620	35	651	6
농촌마을 (거점 면 포함)	소계	300	286	258	224	30	242	5
	2005년	36	36	33	18	11	22	1
	2006년	20	19	15	12	3	13	2
	2007년	40	38	46	27	6	34	1
	2008년	40	39	33	31	2	34	0
	2009년	40	40	34	31	4	32	0
	2010년	45	45	41	39	3	41	1
	2011년	79	69	66	66	1	66	0
읍면 정비	소계	285	144	142	146	3	156	1
	2011년	40	9	9	8	1	10	1
	2012년	72	37	36	38	1	41	0
	2013년	80	44	44	45	1	49	0
	2014년	93	54	53	55	0	56	0
권역 단위	소계	337	243	250	250	2	253	0
	2011년	91	46	50	50	1	48	0
	2012년	86	67	71	70	1	74	0
	2013년	85	70	70	71	0	72	0
	2014년	75	60	59	59	0	59	0

주: 2014년 이후 한국농어촌공사에서 직접 수탁하여 추진하고 있는 사업에 대한 내용은 업데이트되지 않았다.
자료: 한국농어촌공사 일반농산어촌개발사업 홈페이지
　　　(http://www.ekr.or.kr/homepage/cms/index.krc?MENUMST_ID=20483).

□ 현 농촌지역개발사업 추진체계하에서, 시군 및 한국농어촌공사 담당자의 잦은 교체로 사업의 연속성이 보장되지 않아 사업 부실이 예견됐다

한국농어촌공사는 시군으로부터 위탁받은 사업을 하드웨어와 소프트웨어, 기본계획 등으로 분리한 다음 다시 수행기관을 선정하여 위탁·관리하고 있다. 선정된 하드웨어 또는 소프트웨어 수행기관이 사업과정에 대한 경과 보고 및 협의사항을 한국농어촌공사에 전달하면, 한국농어촌공사에서는 시군에 다시 경과 보고 및 협의사항을 전달하여 피드백 받는 구조다.

그런데 이 과정에서 많은 문제가 발생한다. 1년 이상 연속사업의 경우 사업을 추진하는 동안 한국농어촌공사 담당자 또는 시군 담당자가 바뀌거나 둘 모두가 바뀌는 경우가 비일비재하다. 그러다 보니 사업이 추진된 전 과정을 정확하게 이해하고 있는 기관은 결국 연속사업을 위탁받아 수행하는 컨설팅 수행기관뿐이다.

또한 한국농어촌공사 담당자가 바뀔 때 업무 인수인계가 제대로 이뤄지지 않아 사업 추진 방식이나 내용이 변경되는 경우도 발생한다. 컨설팅 수행기관에서 추진경과를 보고하면 한국농어촌공사가 이를 시군

〈그림 7-3〉 시군 단위 일반농산어촌사업 일반적 추진체계

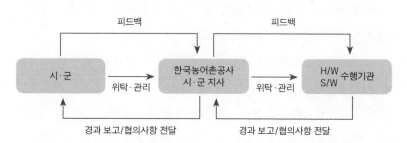

에 보고해야 하지만, 새로운 담당자가 추진경과를 정확히 알지 못하다 보니 컨설팅 수행기관에서 시군에 직접 보고해야 하는 상황도 자주 발생한다. 사업 대상 지역과 주민은 물론이고 사업추진과정에 대한 이해조차 부족한 한국농어촌공사의 간섭은 컨설팅 수행기관에게는 결국 불필요한 옥상옥에 불과할 뿐이다.

한국농어촌공사와 시군의 상호 책임전가, 위탁과 재위탁이라는 복잡한 의사결정과정으로 인해 오히려 사업 대상 지역 주민 간 갈등을 유발하는 경우도 발생한다.

□ 한국농어촌공사와 농촌지역 개발 컨설턴트에 대한 자격증제도는 임시방편일 뿐, 주민 주도의 농촌지역 개발이 되기 위해서는 지원체계의 근본적인 전환이 필요하다

한국농어촌공사의 또 다른 문제는 일반농산어촌개발사업 담당자들의 역량 및 경험 부족이다. 한국농어촌공사의 조직이 비대해지면서 기존에 토목, 수리, 조경 등 하드웨어분야로 채용됐던 직원들도 일반농산어촌개발사업을 담당하게 됐다. 이 과정에서 소프트웨어사업에 대한 이해와 역량의 부족으로 인해 발생하는 문제가 적지 않다.

한국농어촌공사에서는 직원들의 전문성과 역량 부족이 지적되자 농어촌개발컨설턴트와 농어촌퍼실리테이터 등 자격증제도를 도입해 우선 직원들이 자격을 획득하도록 한 다음, 농촌지역개발사업에 참여하는 컨설팅기관에까지 자격제도를 확대했다.

이 자격증은 농촌지역 개발과 관련된 11개 과목을 32시간 이수한 뒤 필기시험과 직무심사를 통과하면 받을 수 있다. 농촌지역 개발분야 전문인력을 양성할 필요성에 대해서는 모두가 공감하고 있지만, 이러한 형식적인 교육과 시험만으로는 전문성을 확보할 수 없고 실제 지역개발

사업 추진과정에서 성과를 낼 수도 없다.

□ 주민 주도 상향식 추진체계를 지향한다지만 주민들의 사전 역량 강
화는 여전히 형식적인 수준에 머물러 있고, 정해진 기간에 사업계획
을 도출하기에 급급하다

기존 소수의 리더와 외부 전문가 또는 컨설팅기관이 계획을 수립함
으로써 주민 수요와 괴리가 많아 사업추진과정에 주민 참여가 결여
됐다는 지적에 따라, 사업계획 수립에 주민이 함께 참여할 수 있도록
농촌현장포럼제도를 도입했다. 주민 참여를 확대해 주민들의 의견이 반
영된 사업계획 수립을 유도한다는 측면에서는 바람직한 제도지만, 두
가지 결정적인 결함을 지적하지 않을 수 없다.

첫째, 주민 주도 상향식 추진체계로의 전환을 위해 도입됐지만, 농
촌현장포럼 역시 공급자 중심으로 사업이 구상됐고, 그 내용 또한 주
민 역량 강화보다는 사업계획을 정리하는 데 초점이 맞춰져 있다는 점
이다. 주민들이 충분한 시간을 두고 사업 취지 및 내용을 이해하고, 자
신들에게 시급한 과제가 무엇인지 자각하고, 그 해결 방안을 찾을 여
유도 주지 않는다. 농촌활성화지원센터와 퍼실리테이터의 일정에 맞춰
회의를 잡고 퍼실리테이션 기법에 따라 주민들이 원하는 사업을 소득,
문화, 복지, 환경 등 주제에 따라 모두 쏟아내야 한다. 주민들은 자신이
제시한 사업이 받아들여지리라는 기대를 갖고 열심히 의견을 제시하
지만, 현장포럼을 진행한 모든 마을이 사업 대상지로 선정되는 것은 아
니다. 이 과정에서 마을은 다시 한 번 좌절을 겪고 주민들은 참여가 의
미 없음을 깨닫는다. 이후 이들의 참여를 다시 이끌어내는 것은 녹록
지 않은 일이다.

둘째, 현재와 같이 형식적인 현장포럼으로는 주민 역량을 강화하기

〈그림 7-4〉 농촌중심지활성화사업 예비계획단계 현장포럼(안)

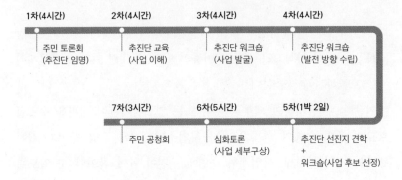

1차(4시간)　　2차(4시간)　　3차(4시간)　　4차(4시간)

주민 토론회　　추진단 교육　　추진단 워크숍　　추진단 워크숍
(추진단 임명)　　(사업 이해)　　(사업 발굴)　　(발전 방향 수립)

7차(3시간)　　6차(5시간)　　5차(1박 2일)

주민 공청회　　심화토론　　추진단 선진지 견학
　　　　(사업 세부구상)　　+
　　　　　　　　워크숍(사업 후보 선정)

자료: 농림축산식품부, 《일반농산어촌개발사업 핸드북》, 2014.

어렵다는 점이다. 일반농산어촌개발사업 지침에 따르면, 농촌중심지
활성화사업은 예비계획 수립을 위한 현장포럼을 총 7차에 걸쳐 교육,
회의, 견학, 워크숍 등을 40시간 내외로 진행한다. 불과 몇 달간 40여
시간의 역량 강화를 통해 주민들이 사업 주체로서 역량을 확보할 수
있다면 좋은 일이지만, 현실은 사업계획을 도출하기 위한 형식적인 절
차를 수행하는 데 그친다. 현실이 이렇다 보니 우리 마을 또는 지역에
사업을 유치하기 위해 억지로 이끌려 나왔던 주민들도 사업이 확정되
고 나면 추진위원 등 리더나 행정이 알아서 사업을 진행하면 된다고 생
각하고 참여가 저조해진다. 결국 퍼실리테이션은 사업계획 수립을 위한
것일 뿐, 진정한 의미의 주민 참여를 이끌어내지는 못하고 있다.

□ 현장 맞춤형 지원을 위해 부처별·사업별 중간지원조직들이 전국에 설립됐지만, 이들의 중복 지원으로 인해 현장에서는 오히려 혼선이 초래되고 있다

2000년대 들어 본격적인 농촌지역개발사업이 추진되면서 지역개발과 관련된 다양한 분야의 컨설팅기관들이 전국에 설립됐다. 이 과정에서 지역개발에 대한 전문성이나 컨설팅 경험이 부족한 기관들이 사업 부실을 초래한다는 지적이 끊이지 않았다.

농촌지역개발사업이 개별적으로 추진되면서 한 마을 또는 지역에 다양한 컨설팅기관이 역량 강화를 위해 참여하고 있는 것이 현실이다. 또는, 한 가지 지역개발사업이 완료되고 다른 유사한 지역개발사업에 참여하면 또 다른 컨설팅기관이 역량 강화를 시행한다. 요컨대 기존에 받았던 것과 유사한 내용의 교육 및 컨설팅이 지원되면서 주민과 행정으로부터 불만이 제기되어왔다.

지역과 멀리 떨어진 서울 및 수도권에 위치한 컨설팅기관들이 전국을 지원하면서 현장 밀착형 지원이 이뤄지지 않는다는 비판을 받자, 정부는 2013년부터 광역 단위에 농촌활성화지원센터를 설치하기 시작했다.

농촌활성화지원센터는 주민 주도형 지역발전 및 지자체 역량 강화를 위해 지역정보 교류, 인적자원 육성, 마을 진단 및 현장포럼 운영·지원을 하며, 마을·권역사업의 효과성을 제고하기 위해 각 도에 설치된 중간지원조직이다. 또한 지자체, 현장 활동가, 주민을 현장에서 밀착 지원할 수 있도록 도별로 지역대학·전문기관을 컨소시엄 형태로 연계하여 구축하도록 했다.

농촌활성화지원센터 참여자들을 통해 알려진 바에 따르면, 대학 내에 설치되는 데다 관련 분야 교수를 센터장으로 하여 운영되다 보니

<표 7-2> 농촌활성화지원센터 현황

개소	지역·대학								
계	경기	강원	충북	충남	전북	전남	경북	경남	제주
9개소	협성대	강원대	충북대	공주대	전북대	목포대	경북대	경상대	제주대

자료: 농림축산식품부, 《일반농산어촌개발사업 핸드북》, 2014.

참여인력은 관련 학과 석사나 박사과정 대학원생들로 채워지는 경우가 많다. 대학원생들은 농촌지역 개발현장에서 주민들을 상대로 교육·컨설팅을 진행한 경험이 부족해 단독으로 사업을 진행하기 어렵다 보니, 현장포럼 진행과정에서 외부 전문기관이나 전문가와 연계해 진행할 수밖에 없는 실정이다.

농림축산식품부에서는 농촌활성화지원센터 참여인력의 역량 강화를 위해 정기적으로 교육을 하고 있지만 이는 단지 임시적인 처방일 뿐, 기존 컨설팅 수행기관이 사업 초기 역량 및 경험 부족으로 많은 질타를 받았듯이 농촌활성화지원센터 또한 역할이 불분명하다거나 기존 컨설팅 수행기관보다도 못하다는 불평이 현장에서 터져나오고 있다.

이 밖에 광역 및 기초 지자체 단위에서 마을만들기지원센터의 설립이 활발하게 진행되고 있다. 농촌활성화지원센터 이외의 농촌지역개발사업 특히 마을만들기를 지원하는 데 초점을 두고 운영되는 곳도 있고, 일부 통합 또는 연계를 시도하는 곳도 있다.

박근혜 정부에서 농림축산식품부의 중점 사업으로 추진했던 6차 산업화 역시 별도의 지원기관을 운영한 곳이 있다. 또한 마을기업과 사회적기업, 협동조합 등 사회적경제 영역의 지원기관이 별도로 운영됐다.

권역 단위 정비사업을 추진하는 한 마을은 소득사업으로 한과공장을 건립해 마을기업에 선정됐는데, 이 마을은 해당 시군의 마을만들기 지원센터와 6차산업지원센터, 마을기업지원기관 등으로부터 유사한 내용 혹은 동일한 내용을 각각 관리받는 웃지 못할 일을 겪었다.

4. 농촌지역 개발의 새로운 방향을 찾아서

□ 농촌지역 개발은 지역 주민들의 내발성과 지역력을 강화하는 데 초점을 두어야 한다

주민 주도의 상향식 농촌지역 개발을 이야기해왔지만, 정작 주민들은 사업 주체라기보다는 형식적 절차를 완성하기 위한 동원 대상이었다. 또한 농촌지역 개발이 10여 년을 넘어가면서 농촌 주민들은 더욱 고령화되어 사업 주체로 나서기 쉽지 않은 상황이다.

농촌지역 주민들의 주인의식을 제고하고 자존감을 회복할 수 있도록 돕는 것이 시급하다. 사업의 내용 및 규모는 주민 스스로 할 수 있는 역량에 맞춰 진행할 수 있도록 다양한 소규모 사업을 확대할 필요가 있다. 지원 방식 또한 획일적인 지침에 맞추기보다 소액 소규모 사업을 주민들이 자율적으로 추진할 수 있도록 기존 행정 지원절차의 혁신이 필요하다.

□ 농촌지역 개발 사업 주체의 다양화가 필요하다

농촌지역은 농가와 비농가가 혼재되어 있을뿐더러 비농가 비중이 계속 확대되고 있지만, 여전히 농촌지역 개발은 농가를 중심으로 추진되고 있다. 또한 사업의 핵심 주체로 마을 이장이나 추진위원장을 선출하여 추진하는 방식이다. 이 과정에서 이장이나 추진위원장 등 전통적인 리더들이 일방적으로 주도하면서 사업이 왜곡되는 사례가 빈번하게 발

생하고 있다. 부녀회, 노인회, 청년회, 귀농·귀촌모임 등 농촌지역 내 다양한 이들이 사업 내용에 따라 주체로 나설 수 있도록 추진 주체를 다양화해야 한다.

전통적 리더들이 독점했던 지역정보를 지역 내 다양한 주체가 공유하고, 지역에서 추진하고자 하는 사업 내용에 적합한 구성원이 주체로 나설 수 있도록 농촌지역 주민 간의 관계를 수평적으로 전환하는 과정이 필요하다.

□ 시군 단위 농촌지역개발사업 총괄 기획 기능의 강화: 삶터·일터·쉼터로서의 농촌발전을 위한 통합적 접근

농촌지역 개발은 장기적으로 지속 가능한 농촌을 실현하는 데 목적이 있기 때문에, 농촌지역 공간을 대상으로 하는 제반 정책들이 통합적으로 운영되어야 할 필요가 있다. 농촌지역은 주민들(농가와 비농가 모두를 포함)의 생활공간, 경제활동공간, 환경·경관공간으로서 상호 연계되어야만 비로소 완전한 하나의 공간이 완성될 수 있다. 따라서 한 공간을 대상으로 다양한 정책 수단 간 충돌을 피하고 투자 효율성을 높이기 위해서는 시군 단위의 농촌지역개발사업 총괄 기획 기능을 강화해야 한다.

□ 농촌의 공동체 복원활동을 지원하고 사회적경제를 활성화하는 방안으로 정책 패러다임을 전환해야 한다

농촌지역의 협동조합, 사회적기업, 비영리 결사체 등 사회적경제조직의 건강한 발전을 위한 사업화를 지원해야 한다. 고령화 및 과소화, 조손가정이 늘어나고 있는 농촌 현실을 고려하여 지역·마을 내 주민 스스로 복지서비스를 주고받는 노老-노老 케어시스템을 구축한다.

농촌 주민, 특히 고령인구의 자유로운 이동권 보장을 위해 '지역교통 네트워크센터'를 설립하여 주민 요구와 지역적 특성을 반영한 주민 참여형 지역교통시스템에 대한 지원 역시 필요하다.

□ 지역 단위 농촌지역 개발을 위한 통합부서 설치·운영: 전라북도, 농산어촌공동체사업 심의조정위원회와 행정협의회 구성 사례

최근 전라북도에서 추진하는 바를 눈여겨볼 필요가 있다. 전라북도에서는 2015년부터 전라북도 내 6개 과에서 담당하고 있는 23개 정책사업을 조정·관리하기 위해 전라북도 농산어촌공동체사업 심의조정위원회와 행정협의회(이하 행정협의회)를 구성했다. 행정부지사를 위원장으로 하여 공신력을 높였다. 행정협의회는 농촌마을사업을 시행하는 전라북도 5개 실·국·원의 6개 과(담당)가 참여하며, 농촌활력과가 중심이 되어 공동체사업의 기획·조정·중간지원조직의 공동운영, 공동체사업의 평가·관리 등의 기능을 담당하고 있다.

□ 파트너십과 거버넌스에 의한 농촌지역개발사업 추진체계 구축

농촌지역개발사업이 통합적으로 추진되기 위해서는 무엇보다도 다양한 주체 간 파트너십 형성, 즉 중앙·광역·기초정부 간 파트너십 형성, 지역 단위에서는 공공부문과 민간부문 간 파트너십 형성이 매우 중요하다.

이러한 파트너십이 형성되려면 다양한 지역 주체에게 지역발전과정에 참여할 기회가 제공되어야 하며, 사업 발굴 및 계획 수립 시 선택권이 주어져야 하고, 의사결정과정은 투명하고 민주적이어야 한다.

파트너십에서는 소수의 권력자가 아니라 모든 참여자가 동등한 파트너로서 책임과 권한을 갖는다는 사실을 인식하는 것이 매우 중요하다.

행정도 예외일 수 없다. 이러한 새로운 접근 방식에 익숙해지기 위해서는 새로운 형태의 역량 강화가 필요하다. 주체별 특성에 맞는 접근과 교육이 전제되어야 한다. 이는 중장기적 관점에서의 접근이 필요한 부분이기도 하다.

다른 한편으로는 지역 단위에서 지역에 기반한 공공정책 의사결정을 위한 거버넌스를 구축하는 것이 필요하다. 각 분야의 대표성을 갖는 다양한 주체가 참여하는 거버넌스를 구성하기 위해서는 지역 단위(읍면, 시군, 시도 등 범위에 따라)에서 대규모 주민 참여를 이끌어내고 그 안에서 대표자들을 선출하게 된다.

통합적 농촌지역개발사업의 새로운 추진 주체로서 구성된 거버넌스가 기존 행정에서 운영하고 있는 각종 위원회나 협의기구와 다른 점은, 1년에 1~2번 혹은 분기별 1번씩 형식적인 회의를 운영하는 거버넌스가 아니라 지역발전을 위해 실질적인 사업계획 수립과 실행 방안을 찾기 위해 지속적인 모임과 역량 강화를 병행한다는 데 있다. 따라서 이 거버넌스는 책임과 권한은 없고 명예만 있는 기존 대표자가 아니라, 책임과 권한을 행사할 실질적인 참여자와 대표자가 필요하다.

□ 지역 단위 거버넌스를 통한 농촌지역개발사업 간 연계 촉진: 충청남도 지역혁신추진단 시도

파트너십과 거버넌스에 의한 통합적 농촌지역 개발모델로는 충남 지역혁신모델사업을 주목할 만하다. 2015년부터 본격 추진된 충남 지역혁신모델사업은 지역 농협을 지역개발의 새로운 주체로 받아들이는 한편, 지역의 다양한 주체가 모두 참여하는 거버넌스로서 지역혁신추진단을 구성하도록 했다. 지역혁신추진단은 지역의 농업과 농촌, 그리고 주민생활에 관련된 모든 의제를 발굴한 뒤, 이를 해결할 수 있는 지역

혁신계획을 수립하도록 했다.

지역 단위 거버넌스로서 지역혁신추진단은 농업인단체, 농협, 행정 등 농업관계자들만 모여 논의하던 기존 농촌지역개발사업의 틀을 벗어나 지역 내 상공인, 시민사회 등 다양한 주체가 함께 참여하여 지역농업 활성화를 통한 지역발전모델을 발굴하고, 각 주체 간 역할 분담과 협력 방안을 모색하는 자리를 제공했다.

이는 농업생산·유통·가공 관련 사업 따로, 농촌지역 개발 관련 사업 따로, 재래시장과 향토산업 개발 관련 사업 따로, 한 지역 내에서 개별적으로 추진되던 사업을 각 분야의 주체가 한자리에 모여 상호 연계 및 협력을 통한 시너지 창출 방안을 논의하는 계기가 됐다.

지역혁신모델사업 추진과정에서 많은 모범사례가 창출됐다. 예를 들면 형식적인 기존 거버넌스에서 읍면장이나 지역 농협 조합장 등이 의례적으로 맡아왔던 위원장을 농업과는 전혀 무관한 상공인 또는 주민이 맡아 일반 주민의 입장에서 농업과 지역이 상생하는 방안을 고민하는 계기가 됐다. 또한 지역 농협에서 건립하는 로컬푸드 직매장이 향후 재래시장 상인들에게 어떤 영향을 끼칠지 재래시장 상인들과 함께 검토하고, 서로 윈-윈할 수 있는 방안은 무엇인지 타협점을 찾기도 했다.

충남 지역혁신모델사업의 가장 큰 장점은 1년(충분한 시간이라고 할 수는 없지만) 동안 지역거버넌스를 구축하고, 이를 통해 주민 스스로 사업계획을 수립하고, 사업계획을 수립하는 과정에서 필요한 학습을 지원하는 등 충분한 역량 강화 기회를 제공했다는 점이다. 아직 지역혁신모델사업의 성패를 이야기하기는 이르지만, 이러한 새로운 접근법은 향후 농촌지역개발사업을 추진하는 데 적극적인 도입이 검토되어야 할 부분이다.

□ 다양한 중간지원조직 정비를 통해 지역 단위 통합지원체계 마련

주민 주도의 '상향식' 농촌지역개발사업이 되기 위해서는 무엇보다도 주체적이고 자발적인 주민 참여가 전제되어야 한다. 하지만 농촌지역에서 주민 참여는 현실적으로 매우 어려운 과제다. 농촌지역 주민의 자발성을 촉진하기 위해서는 지역별 특성과 주민들의 역량 단계를 고려해 다양한 프로그램과 전문가의 협조가 필요하다.

이를 위해서는 현장에 기반을 둔 중간지원조직이 일상적으로 지역 주민과 소통하며 함께 지역의 문제를 고민하고 지역자원을 발굴해 주민들이 직접 사업계획을 수립할 수 있도록 지원하고 관리해야 한다.

그러나 기존 중간지원조직은 대부분 정책사업과 연계된 채 운영되다 보니 특정 사업만을 위한 지원 및 관리 업무에 치우쳐 있고, 사업이 끝나면 또 다른 지역을 지원하느라 기존 사업 대상지의 사후관리에 소홀해지는 경우가 자주 발생한다. 마을과 지역을 개별 사업별로 접근할 것이 아니라 중장기적인 관점에서 통합적으로 접근하기 위해 기존 중간지원조직을 재정비할 필요가 있다.

지역 단위 통합중간지원조직을 통해 지속적인 지역조사로 지역 내 마을의 인적·물적자원 등 각종 자료를 수집하여 데이터베이스를 구축하고, 각 마을 및 지역에 적합한 사업이 지원될 수 있도록 연계하는 역할을 담당할 수 있어야 한다. 행정과 민간의 매개자로서 양측을 조율하고 통합하는 이른바 '깔때기' 역할이 중간지원조직을 통해 이뤄져야 할 것이다.

□ 중간지원조직의 지역 활동가 발굴 및 역량 강화

중간지원조직의 또 다른 문제는 지역에서 활동할 인력 자체를 확보하기 어렵다는 점과 참여인력의 역량 및 경험이 부족하다는 점이다.

농촌지역 주민들의 부족한 역량을 보완하기 위해 현장 밀착형 지원을 이야기하고 있지만, 정작 지역에서 활동가들을 확보하기는 어렵다. 설사 확보하더라도 제대로 된 근무환경과 지원이 뒷받침되지 않기 때문에 지속성을 담보하기 어렵다.

또 다른 문제는 참여인력에 대한 일회성 교육을 몇 차례 했다고 해서 단기간에 역량이나 경험이 쌓이지 않는다는 점이다. 활동가들이 경험과 역량을 쌓는 동안 마을과 지역도 함께 시행착오를 반복할 수밖에 없다. 사전 역량 강화를 통해 준비된 활동가를 양성하는 것이 우선시되어야 한다.

하지만 지역 활동가들에 대한 체계적인 역량 강화 계획이나 프로그램이 부재한 상태에서, 전적으로 개인의 노력에 의존해 전문인력을 양성하는 데에는 한계가 있다.

□ 기존 역량 강화에 대한 반성을 토대로 충분한 역량 강화기간을 보장한다

농촌지역 개발에서 중요한 것은 무엇보다 '사람', 즉 주민 역량이다. 농촌지역 개발에서 리더의 중요성은 여전히 유효하지만, 과연 지금의 리더가 주민들이 신뢰하고 존중하는 리더인가에는 의문이 남는다. 농촌지역 개발은 소수 리더의 문제가 아니라 결국 전체 주민의 과제이며, 따라서 전체 주민을 대상으로 하는 역량 강화가 필요하다.

그런데 어떤 역량 강화를 할 것인가가 과제다. 주민 스스로 선택하지 않은 사업 추진을 위해 주민들을 일방적으로 동원하여 교육하는 방식의 역량 강화는 더 이상 유효하지 않다. 농촌지역 주민들의 자존감을 회복하고 사업에 대한 이해를 통해 자발적인 참여로 이끌기 위한 역량 강화가 필요하다. 형식적인 기존 현장포럼을 통해 일방적으로 도출하는

사업계획이 아니라, 주민이 참여하고 싶어하는 사업을 선정하도록 충분한 시간을 부여해야 한다. 지역마다 여건이며 역량이 다르기 때문에 역량 강화기간에도 편차가 발생할 수밖에 없다. 행정의 사업 추진절차와 기간에 맞춰 일방적으로 진행하는 역량 강화는 지양되어야 한다.

□ 주민 주도 상향식 농촌지역 개발을 실현하기 위한 자치 역량 강화

농촌지역개발사업의 성패는 지역 주민의 주체적인 참여 여부에 따라 결정된다 해도 과언이 아닐 것이다. 농촌지역 개발에서 역량 강화는 지식과 기술, 인식과 태도의 변화를 의미하는 것으로 지역 주민들이 지역발전을 위해 필요한 정책과 수단을 형성하고 필요한 기구(또는 제도)를 구성할 수 있어야 한다. 무엇보다도 역량 강화는 농촌지역개발사업에 참여하는 주민 개개인을 비롯해 단체, 행정 모두를 위한 것이다. 지금까지는 사업 대상 주민, 그것도 일부 주민에게만 이뤄졌고 행정에 대한 역량 강화는 거의 이뤄지지 않았다.

농촌지역 개발을 위한 역량 강화에서는 와해된 주민과 주민 간, 주민과 행정 간 관계의 복원을 비롯해 의사결정과정의 투명성과 민주성, 상호 파트너로서의 역할을 인식하도록 하는 것이 매우 중요하다. 농촌지역 개발을 위한 새로운 태도와 새로운 인식을 형성하기 위한 역량 강화가 전제되어야 하며, 주민과 주민, 주민과 행정이 지역발전을 위해 시너지 효과를 낼 수 있는 보완관계가 되어야 한다는 점을 인식해야 한다.

더불어 행정은 농촌지역 개발 역량 강화과정에 참여하여 주민과의 거리를 좁히기 위한 노력이 필요하며, 긴 호흡으로 주민들의 자발적 노력을 지원하기 위한 '인내'가 필요하다.

| 참고문헌 |

구자인, 〈충남마을만들기지원센터 운영계획〉, 충청남도 내부자료, 2016.
농림축산식품부,《농촌지역개발사업 완료지구 활성화 방안 연구》, 2014.
_____,《일반농산어촌사업 핸드북》, 2014.
_____, 〈지역개발사업 성과제고를 위한 공간유형화 및 맞춤형 사업추진방안〉,《제16차 농어촌지역개발포럼 자료집》, 2016.
_____,《2016년도 농림축산식품사업시행지침서》, 2016.
박진도 외,《상향식 농촌발전전략 수립에 관한 연구》, 농정연구센터, 2002.
_____,《농촌개발정책의 재구성》, 한울아카데미, 2005.
송미령,《농어촌 통합형 지역개발 모델 정립 및 실행계획 수립》, 농림수산식품부, 2010.
이민수,《농촌개발평가체계 연구I》, 전북발전연구원, 2010.
지역재단(지역순환경제센터),《충남 지역농협과 함께 하는 지역혁신모델사업 통합보고서》, 충청남도, 2015.
이재준, 〈농촌마을 어메니티 향상을 위한 주민 참여 활성화 방안〉,《지속 가능한 농촌정비와 어메니티 세미나 자료집》, 농업기반공사 농어촌연구원, 2002.
조영재, 〈충남 농어촌지역개발사업, 사후관리 방안 마련이 필요하다〉,《충남리포트 제234호》, 충남연구원, 2016.
황영모·이현민, 〈전라북도 마을만들기, 현황과 활성화 전략〉,《이슈브리핑》제150호, 전북연구원, 2016. 5.
小田切 德美,《農山村における新しいコミュニティ》, 新しいコミュニティのあり方に関する研究会, 2008.
_____, 〈農山村における新たな経済―: 危機の下での新展開―〉,《JA 総研レポ―ト》2009-春-第9号, 2008.
_____,《農山村再生の実践》, 中山間地域フォ―ラム·小さな研究会, 2011.
石田正昭,《農村版コミュニテイ·ビジネスのすすめ》, 家の光協會, 2008.
細内信孝,《みんなが主役のコミュニティ·ビジネス》, ぎょうせい, 2006.
_____,《地域を元気にするコミュニティ·ビジネス》, ぎょうせい, 2001.
_____,《コミュニティ· ビジネス》1999, 中央大学出版部, 1999.

EMRA, *EUROPEAN MASTERS PROGRAMME FOR RURAL ANIMATORS ACADEMIC GUIDE*, 2012.
EU, *Ex-post evaluation of LEADER+*, 2010.
Kenneth J. Thomson and Dimitrios Psaltopoulos, *Integrated Rural Development Policy in the EU: Rhetoric and Reality*, University of Aberseen, 2004.
LEADER EUROPEAN OBSERVATORY, *Organising local partnerships*, 1997.

8장

국민의
삶터·일터·쉼터로서
농촌지역 발전

이창한
현 서울시 지역상생교류사업단 사무국장
학부에서 농공학, 석사로 농경제, 박사로 농식품경제를 공부
했다(박사 수료). 농촌활성화를 위한 사회적경제조직의 역할
에 관심을 가지고 있다. 주요 연구로 〈지역농업 활성화를 위한
조례 연구〉(2009), 〈6차산업에 대한 공무원과 농업인의 인식
비교〉(2013) 등이 있다.

• 국민의 삶터·일터·쉼터로서 농촌지역 발전이 이루어져야 한다

국민의 삶터·일터·쉼터로서 농촌지역 발전은 농업생산과 농촌지역 발전의 상호 연계성을 고려하여 농촌지역의 다양한 구성원이 참여하는 주거환경 개선, 사회서비스, 사회적경제, 공동체복원활동, 도시민들과 함께하는 도농교류 사업체계 등을 만들어내는 것이다.

• 국민의 '삶터'로서 농촌지역 발전은 농촌 주거환경 개선, 교통문제(이동권) 해결, 사회서비스를 보장하는 것이다

'농촌 주거환경 개선'은 열악한 주거환경을 개선함으로써 주거복지 및 주거안정을 실현하는 것이 정책 방향이다. 정책과제는 첫째, 농촌 노후주택에 대한 국가 주도 개량사업, 둘째, 귀농·귀촌인들의 주거 수요 해결, 셋째, 주거환경 개선을 위한 사회적경제 주체 형성이다. '교통문제 해결'은 주민 참여형 지역 교통시스템 구축으로 주민들의 이동권을 보장하는 것이 정책 방향이며, 정책과제는 '지역교통네트워크센터' 설립이다. '사회서비스 보장'은 농촌 노인층의 사회적 관계 유지와 삶의 질 향상이 정책 방향이며, 정책과제는 주민 스스로 서비스를 주고받는 노老-노老 케어시스템 구축이다.

• 국민의 '일터'로서 농촌지역 발전은 농촌의 사회적경제를 활성화하고 공동체경제를 실현하는 것이다

'농촌지역 사회적경제 활성화'는 지속 가능한 농촌지역사회 실현이 정책 방향이다. 정책과제는 첫째, 「농촌 사회적경제 활성화 지원 특별법」 제정, 둘째, 농촌사회적경제육성재단 설립, 셋째, 농촌사회적경제 활성화기금 조성 및 운용이다. 더불어 중소규모 가족농 중심의 공동체기업 육성을 통해 공동체 경제를 실현하기 위한 '커뮤니티비즈니스센터'를 설치·운영한다.

• 국민의 '쉼터'로서 농촌지역 발전은 도시·농촌이 함께하는 도농교류 활성화 및 농촌경관 개선이다

'도농교류 활성화'는 도시·농촌에 상호 이익이 되며, 책임 있고 지속 가능한 교류·방문 활성화가 정책 방향이다. 정책과제는 첫째, 도시민과 농촌 주민이

함께하는 '도농함께협동조합' 설립 및 운영 지원, 둘째, 도시 어린이의 농업·농촌체험교육프로그램 이수 의무화, 셋째, 도농교류 활성화를 위한 '도농연계 코디네이터' 육성이다. '농촌경관 개선'은 농촌 주민들의 일터인 동시에 일상 생활을 영위하는 삶터, 도시민들이 찾아가 여가를 즐기는 쉼터를 조성하는 것을 정책 방향으로 한다. 정책과제는 첫째, 중앙정부의 '농촌경관관리 교육 프로그램' 운영, 둘째, 주민 주도의 '경관 관리 기준' 마련 및 협정 체결, 셋째, 경관관리협정 이행에 대한 인센티브(경관관리직불 또는 공익형직불) 제공이다.

1. 국민의 삶터·일터·쉼터로서 농촌지역 발전

농촌은 경제적·사회문화적·환경적으로 다양한 기능이 발휘되는 공간이다. 이는 도시민의 관심과 기대를 충족시킬 뿐만 아니라 지속 가능한 농업·농촌을 실현하기 위한 핵심요소다. 따라서 이러한 기능을 조화롭게 구현하는 것이 농촌지역 발전의 궁극적인 목표이기도 하다. 그간 농촌개발사업들은 하드웨어 중심 사업에 편중된 한계가 있었다. 사정이 이렇다 보니 농촌개발사업에서 지역의 특성과 요구, 자원을 활용한 다양한 사업이 추진되지 못하거나 주민 참여 활동도 일부(체험, 식사 제공, 직거래 등)에 국한됐다.

국민의 삶터·일터·쉼터로서 농촌지역 발전은 농업생산과 농촌지역 발전의 상호 연계성을 고려하면서 농촌지역의 다양한 구성원이 사회서비스, 사회적경제, 공동체활동 등을 활성화하고 도시민들과 함께하는 도농교류 활성화에 중점을 두고 있다.

'삶터'를 위한 과제는 '주거환경 개선'과 '교통문제(이동권) 해결'이다. 주거환경 개선은 고령화된 농촌사회에서 삶의 질 향상뿐만 아니라 귀농·귀촌 인구의 진입장벽을 제거함으로써 농촌사회의 지속성을 유지하는 방안 중 하나다. 교통문제 해결은 농촌 노인층의 이동권을 보장하는 것과 더불어 농촌지역 주민들의 다양한 활동을 보장함으로써 농촌 활력을 증진한다는 데 중요한 의미가 있다.

'일터'를 위한 과제는 '농촌지역 사회적경제 활성화'다. 연대와 협력은 농촌사회의 고유한 유산이다. 이러한 유산을 다양한 분야의 사회적경제활동에 적용하여 농촌사회의 경제적 자립과 공생을 추구하는 농촌 공동체를 복원한다.

'쉼터'를 위한 과제는 '도농교류 활성화'와 '농촌경관 개선'이다. 도시민과 농촌 주민이 서로에게 이익이 되며, 책임 있고 지속 가능한 교류·방문을 위해 공동으로 참여하는 주체를 형성한다. 또한 도시 어린이와 가족들의 자연환경체험, 자립심 고취, 농업·농촌에 대한 이해 증진을 위한 프로그램을 운영하고 농촌경관을 개선한다.

국민의 삶터·일터·쉼터로서 농촌지역의 발전은 농촌경제 다각화라는 관점에서 접근하고자 한다. 즉, 농업생산 분야의 경제활동과 비농업 생산 분야의 다양한 활동을 통해 농촌발전의 물적 기초를 이룸과 동시에, 이들 활동의 지속 가능성을 담보할 필요가 있기 때문이다. 이러한 활동을 추진할 주체 단위는 사회적경제조직과 마을공동체, 도시와 농촌의 주민을 중심으로 설정한다.

2. 삶터로서 농촌 주거환경 개선과 교통문제 해결, 그리고 사회서비스 제공

1) 농촌 주거환경 개선

□ 농정 실패는 농촌에 빈집을 양산했고, 열악한 주거환경을 초래했다

2015년 기준 읍면지역의 주택은 3,597,000호(전국 주택의 21.9%)이며, 이 중 지어진 지 30년이 넘은 노후주택은 1,054,000호(읍면지역 주택의 29.3%)다. 읍지역은 297,000호(읍지역 주택의 18.4%), 면지역은 757,000호(면지역 주택의 38.2%)에 달한다. 이는 도시의 노후주택 비율(12.6%)에 비해 각각 6%, 26%가량 높을 정도로 심각하다.

뿐만 아니라 최저주거 기준* 미달가구 비율(국토연구원, 2009)은 농

---

* 최저주거 기준은 가구 구성별 최소 주거면적 및 방수, 상수도, 입식부엌 등 필수설비 기준, 난방설비 구비 등 구조·성능 및 환경 기준 등을 종합적으로 평가한 기준이다.

어촌 22.1%, 도시 7.7%다. 또한 전국 건축물 683만 동 중 농어촌지역의 슬레이트 건축물은 약 57만 동인데, 대부분이 주거용 건축물(42만 동)이다.* 그중 석면비산 가능성이 높은 30년 이상 노후주택이 약 34만 동 내외다.

읍면지역 빈집 현황은 2015년 기준 829,000호로 읍면지역 전체 주택 수의 23%를 차지하고 있다. 읍지역은 141,000호이며, 1990년~1999년 사이에 건축된 주택이 가장 많고(48,248호), 1979년 이전(25,828호), 2000~2004년(17,220호) 순으로 많다. 면지역은 273,000호이며, 1979년 이전에 건축된 주택이 가장 많고(152,701호), 1990~1999년(43,091호), 2000~2004년(17,828호) 순으로 많다.

농정 실패는 이농·탈농 등 농촌의 공동화를 초래하여 빈집을 양산했을 뿐만 아니라 농촌에 남아 있는 농민들로 하여금 열악한 주거환경에서 생활하도록 방치했다. 열악한 주거환경의 배경에는 도시 중심의 주택정책과 농촌 주거환경 개선에 대한 늦은 대응, 고령화로 인한 노후주택 개량 의지 약화, 개량 자금의 부담 등을 들 수 있다.

그간 정부는 농촌지역 주택 개량을 위한 법률들을 제정하고 관련 정책을 추진했지만 부분개량에 대한 지원이라는 한계가 있었고, 전면개량 정책이 도입된 이후에는 융자 중심의 지원 때문에 농가의 경제적 부담이 클 수밖에 없었다.

□ 국가가 주도하여 농촌 노후주택을 개량하고, 기존 주민의 주거복지 및 귀농·귀촌인 주거 수요를 해결한다

농촌의 고령화와 귀농·귀촌자의 증가, 도시에 비해 상대적으로 열악

---

* 농림축산식품부, 「농어촌마을리모델링법」 국회 본회의 통과 보도자료(2013. 4. 30) 참조.

〈표 8-1〉 주택 건축년수별 현황   (단위: 1,000호, %)

건축년수	전국(A+B)		동지역(A)		농어촌지역					
					소계(B)		읍 지역		면 지역	
		비중		비중		비중		비중		비중
계	16,367	100.0	12,770	100.0	3,596	100.0	1,614	100.0	1,982	100.0
5년 미만	2,073	12.7	1,623	12.7	449	12.5	211	13.1	238	12.0
5~15년 미만	4,569	27.9	3,721	29.1	848	23.6	486	30.1	362	18.3
15~30년 미만	7,056	43.1	5,811	45.5	1,245	34.6	620	38.4	625	31.5
30년 이상	2,669	16.3	1,615	12.7	1,054	29.3	297	18.4	757	38.2

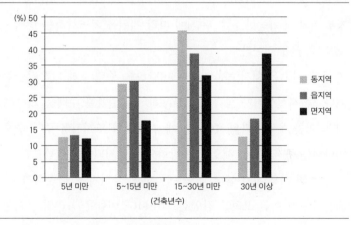

자료: 통계청, 〈주택인구총조사〉, 2015. 자료를 활용해 재구성했다.

한 경제 여건 등을 고려해 주거복지가 실현되는 농촌 주거환경 개선이
필요하다. 주거환경 개선 목표로는 ① 농촌 주민의 삶의 행복도 증진,
② 도시와 농촌의 차별이 없고, 농촌다움이 살아 있는 공간 조성, ③

농촌지역의 주거복지 실현과 안정화, ④ 농촌 인구의 유입을 보장하는 주거환경 개선정책으로 설정한다.

　구체적인 정책과제로는 첫째, 농촌 노후주택에 대한 국가 주도 개량 사업으로, 기존 주민들의 주거복지 실현이다. 이를 추진하기 위한 기준 으로는 ① 소득, ② 주택, ③ 농촌의 사회적 특성을 제시할 수 있다.

　'소득 기준'은 농촌의 열악한 소득 여건을 비롯해 주택정책에 있어 도 시와의 차별성을 감안한 기준이다. 농촌지역은 4분위 이하 저소득층이 70%에 육박하고 있다.* 국가가 주도하여 농촌 노후주택 개량사업을 추 진해나가되, 소득 1~2분위(취약계층, 고령자, 장애인), 3~4분위(국민주택 기금을 적용한 공공임대주택정책 사각지대에 있는 농촌 주민),** 5~6분위 (자력으로 주택을 마련하거나 적정 주거권을 확보하는 데 어려움이 있지만 정부 지원 시 가능한 농촌 주민)에 따라 지원을 차별화하는 방식도 검토 해볼 수 있을 것이다.

　'주택 기준'은 최저주거 기준에 미달하는 주택의 해소를 감안한 기준 이다. 즉 시설설비가 심각하게 노후하거나 열악한 주택을 개량하는 것 이다. 이는 우리나라의 주거정책에 기반하여 도시지역 주거 수준 대비 미달되는 주거환경을 해소하는 방향으로 추진되어야 한다.

　'농촌의 사회적 특성 기준'으로는 첫째, 출산가구, 다문화가구, 귀농·귀촌가구에 대한 고려를 감안한 기준이다. 이들은 농촌의 급속한 인구 감소를 완화하고 농촌을 유지할 수 있는 정책 대상으로서 주거복지와 주거안정에 대한 배려가 필요하다.

---

* 농가평균 소득은 4분위로, 도시가구 평균소득은 6분위, 도시근로자 평균소득은 7분위에 비해 낮다(《주택인구총조사》 결과).

** 도시 저소득층은 국민임대주택, 매입임대주택, 전제자금지원 등으로 국민주택기금의 혜택 을 받을 수 있으나, 농촌 주민은 다양한 주택이 공급되지 않아 혜택을 받기 어려운 현실이다.

둘째, 기존 주택의 개량사업을 통해 귀농·귀촌인들의 주거 수요를 해결하거나, 정부 기금으로 택지은행을 설립하여 마을 내 빈터를 매입해 귀농·귀촌인에게 원가에 공급한다. 귀농·귀촌 인구는 증가 추세를 보이고 있고, 농촌지역 자치단체는 귀농·귀촌인을 영입하기 위한 노력을 다각적으로 기울이고 있다. 하지만 주거문제(또는 주거환경) 등 정작 이들이 안정적으로 정착하기 위한 여건은 아직 부족한 점이 많다. 따라서 빈집개량사업이나 택지은행 설립을 통해 주거문제에 대한 어려움을 겪지 않도록 해줄 필요가 있다. 택지은행은 정부가 별도 기금을 조성하여 마을 내 빈터를 매입하고 귀농·귀촌인에게 원가에 공급하는 '공공사업' (지자체 관리) 방식으로 추진하거나 미국이나 영국에서 추진*하고 있는 '공동체토지신탁Community Land Trust: CLT'**제도처럼 중앙정부와 지방정부가 지원하고 비영리조직이 운영하는 방식을 우리나라 상황에 맞게 검토해볼 수 있다.

셋째, 지역 단위로 농촌주택 건설 및 경관 개선을 위한 사회적경제 주체를 형성하여 일자리 창출 및 지역사회 주도에 의한 소득원 창출에 기여한다. 최근 노후화된 주택과 공동시설을 개보수하고 커뮤니티를 복원하는 공동체 중심의 도시재생사업이 활발하게 이루어지고 있다.*** 농촌지역에 도시지역의 사례를 그대로 적용하는 것은 한계가 있지만 사회적경제조직이 나름대로 여건에 맞게 주거환경 개선을 위한 사업을

---

* 미국에서 250여 개, 영국에 80여 개가 설립·운영 중에 있으며, 벨기에·캐나다·인도·호주·케냐 등지에서도 사례가 보고되고 있다(전은호, 2012).
** 공동체토지신탁은 토지와 건물을 분리하여 토지는 장기임대, 건물은 판매 또는 임대를 하되 저렴한 가격을 유지하기 위해 환매 시 가격을 관리하고 있다. 환매가격은 CLT가 자체적으로 결정하고 있으며 판매하는 사람과 매입자, 그리고 CLT 모두가 만족하는 가격결정시스템을 갖추고 있다.
*** 은평구 '두꺼비 하우징'(사회적기업), 성북구 '동네목수'(마을기업), 전주시 '해피하우스센터' (전주시 도시재생과 산하에 설치, 2010년부터 사업 시작) 등이 있다.

추진하고 있는 사례들이 있다.

가령 하동군 (주)편안한집은 생산·협동·나눔의 이념을 바탕으로 인간의 가치가 우선하는 사회를 만들고, 주거복지 개념을 확산하고 주민 모두가 주거, 복지, 고용이 안정된 더불어 사는 사회 구현을 목적으로 2002년 하동자활후견기관의 '집수리 도우미 사업단'으로 시작했다. 그후 하동군 내에 거주 중인 기초생활수급자 중 건설 관련 유경험자들과 함께 (주)편안한집을 명칭으로 한 사회적기업을 설립했다. 이들은 지역 내 장애인, 기초생활수급자, 차상위계층 등이 주거하는 주택의 도배장판, 지붕 개량, 부엌·화장실 개선, 방수, 난방 등에 대한 수리사업을 하고 있다.

도시지역과 농촌지역의 이러한 사례들을 토대로 중앙정부와 지자체*가 농촌지역 사회적경제조직을 육성하여 주거환경 및 경관 개선을 추진할 경우 지역의 일자리 창출은 물론 농촌지역 특성에 맞는 주거환경 및 경관 개선에 기여할 수 있다.

2) 교통문제 해결

□ 농촌지역 주민들의 요구와 지역적 특성을 반영한 주민 참여형 지역 교통시스템 구축이 필요하다

농촌지역에서는 인구 감소와 자가용 보급으로 인해 버스 등 대중교통서비스의 공급이 지속적으로 감소하고 있다. 우리나라에 운행 가능한 버스는 2015년 12월 기준으로 45,345대이며, 이 가운데 농촌을

---

* 지자체는 다수의 정부부처에서 시행하고 있는 사업의 지원 대상 중복, 사업 중복 등을 해결하기 위한 통합 관리를 비롯해 사회적경제조직 지원 방안을 마련하는 역할을 맡을 필요가 있다.

운행하는 버스는 1,852대로 전체의 4.8%를 차지하고 있다(전정배 외, 2016). 농촌마을에서 이용되고 있는 교통수단은 대중교통(54.75%), 승용차(16.40%), 오토바이(7.19%), 승합차(1.73%), 택시(1.34%) 순으로, 대중교통 이용률이 가장 높다(김광선, 2015). 하지만 농촌지역에서 대중교통을 이용하기 위해서는 대중교통 정류장까지 도보로 이동해야 하는 불편함이 있다. 또한 대중교통 운행 빈도가 낮아 원하는 시간에 이용하기 어려우며, 목적지까지 환승을 해야 하는 경우 오랜 시간을 환승 정류장에서 대기해야 하는 실정이다.

농촌지역에서의 원활한 교통수단은 농촌지역 개발활동을 수행하거나 다양한 사회서비스를 제공받는 데 필수적이다. 즉, 농촌지역의 교통은 지역 주민들이 역량 강화를 위한 교육에 참여하거나 소득 증대를 위한 각종 경제활동에 참여하는 데 없어서는 안 될 중요한 수단이며, 읍면 단위에서 제공하는 사회서비스나 시·군청 소재지에서 제공하는 사회서비스를 이용하는 데에도 긴요하다. 따라서 농촌지역에 교통서비스를 원활하게 공급하기 위해서는 지역의 모든 수단과 자원을 총동원해야 한다. 농촌지역은 정책적 지원에 의한 공급이 원활하지 못하므로 지역 전체 주민이 참여하면서 각자 일정한 소득을 얻을 수 있는 방향으로 추진하는 것이 합리적이다.

□ '지역교통네트워크센터'를 설립하여 농촌 주민들의 이동권 보장을
   확대해야 한다*

주민 참여에 의한 농촌 교통서비스 공급지원사업은 농촌지역에서

---

* 이 내용은 유정규 외, 《신정부 농어업·농어촌 정책의 혁신과제》(충남발전연구원, 2012)를 참조하여 정리했다.

승용차 등 교통수단을 보유하고 있는 주민들 또는 각급 기관들이 여가 시간에 격오지 주민들에게 교통편의를 제공하고 이에 따른 비용과 소득(유류비 및 시간비용)을 얻을 수 있도록 하는 사업이다. 즉, 격오지 주민들에게 필요할 때 교통수단을 이용할 기회를 제공하는 것으로서 지역경제 활성화 및 일자리 창출, 주민들의 소득 증대에 기여할 수 있는 사업이다.

이 사업을 추진하기 위한 정책 목표는 첫째, 농촌지역 주민들이 유휴 교통수단을 이용할 기회를 제공해 주민소득 향상에 기여하는 것이다. 둘째, 농촌지역 교통문제를 해결함으로써 농촌 주민들, 특히 격오지 지역 주민들의 생활 및 정주 여건을 개선하는 것이다. 셋째, 원활한 교통서비스 공급을 통해 지역 주민들 간의 유대와 협력을 증대시키고 농촌지역개발사업의 효과를 제고하는 것이다.

주민 참여에 의한 농촌지역 교통서비스 공급지원사업을 추진하기 위해서는 다음과 같은 정책적 지원이 필요하다. 첫째, '지역교통네트워크센터'의 설립·운영이다. 이 센터는 면 단위를 지리적 범위로 하여 지역의 교통서비스 수요와 공급을 연결해주는 역할을 수행한다. 센터는 면 지역에서 교통서비스를 제공할 수 있는 수단을 보유한 공공기관의 다양한 운송수단(승용차, 승합차, 미니버스, 트럭)과 지역을 운행하는 각종 차량(택배차량, 기타 운송차량, 개별 주민 소유 차량)의 목록을 작성하고 '지역교통네트워크'에 참여하도록 한다. 만약 교통서비스가 필요한 사람의 연락을 받으면 이 목록을 토대로 활용할 수 있는 가장 근접한 차량을 찾아 연결해주는 역할을 수행한다.

둘째, '지역교통네트워크센터'는 차종별 유류비와 이용시간에 따른 비용을 설정하여 공급자에게 일정한 보상금을 지급한다. 즉, 교통서비스 이용자의 일부 부담금과 정책지원기금을 활용하여 보상금을 지급하는 것이다. 다만 농촌지역 특성을 고려하여 75세 이상의 고령자, 장애인 같은 경우는 특별지원금에서 전액 지급하는 것도 필요하다.

이 같은 사업 사례로는 영국의 '포괄적 농어촌 교통운송지원사업 Wheels to Work: W2W'이 있다. 이는 농촌지역의 교통서비스 공급 부족에 따른 농촌 사회문제 심화를 해결하기 위해 도입된 것으로, 농촌지역에서 안정적인 교통수단이 확보될 때까지 단기간 동안 주민들에게 개인이 소유한 교통수단을 제공하는 것을 골자로 한다. 이 사업은 지역 자원봉사단체나 농촌공동체 운영기관Rural Community Council, 각급 지방 행정기관, 청년 관련 기관 및 단체, 대학 및 직업훈련기관 등이 참여해 운영되고 있다. 사업 내용으로는 ① 개별 운송수단 제공(오토바이, 자전거 등의 임대), ② 민영 또는 공영 교통수단 제공, ③ 차량정비지원금 제공, ④ 교통요금 지원, ⑤ 운전교습비용 지원, ⑥ 일반적인 교통체계에 대한 자문, ⑦ 택시 바우처 제공, ⑧ 지역별로 특화된 교통정보 제공(근접 정류장 및 시간대별 버스 이용 방법), ⑨ 차량 공동이용제도 운영 등이다. W2W제도는 이러한 사업들이 일종의 패키지 형태로 운영되고 있고 예산은 다양한 기금(공동체지원기금, 농촌마을재활기금, 뉴딜혁신기금 등)이나 지역발전 예산을 활용하고 있다.

3) 노인층 사회서비스 제공과 지역공동체 복원

☐ 노인층 사회서비스 제공을 통한 지역공동체 복원에 지원을 강화해야 한다

농촌 인구의 고령화는 도시보다 빠르게 진행되고 있다. 2016년 〈농림어업총조사〉 결과에 의하면 2015년 기준 농가 인구는 256만 9,000명이며, 이 중 65세 이상 농가 인구 비중은 38.4%(98만 6,000명)로 2010년

31.8%보다 6.6% 증가했다. 농가경영주 연령이 65세 이상인 비율은 53%고, 전체 농가 중 30%가 노인부부로만 구성됐다. 독거노인 농가 비율도 13%에 달한다. 이러한 농촌 인구의 고령화 현상은 청·장년층의 감소, 평균 수명의 증가, 저출산 등에 기인한다. 농촌지역에서 사회적·경제적 변화에 대응능력이 취약한 대표적인 계층이 노인층이다. 농촌 노인층은 경제, 주거, 건강, 이동, 사회 참여, 여가 등 다양한 영역에서 어려움을 겪고 있다. 이를 해소하기 위한 농촌지역 사회서비스 확충은 관련 시설 접근성(교통 불편) 개선, 읍면 단위 유휴시설을 활용한 서비스 제공, 사회서비스에 대한 정보 제공 확대 및 수요 창출 등을 필요로 한다. 따라서 중앙정부 차원에서 농촌 노인층을 위한 각 분야 정책을 점검하고 적극적인 개선 의지를 갖춰야 한다. 특히 지역(면 단위, 마을) 내에서 사회서비스를 제공하고 지역공동체 복원을 위한 지원이 관련 정책들의 기반이 될 수 있도록 해야 한다.

□ 주민 스스로 복지서비스를 주고받는 '노-노 케어시스템' 구축이 필요하다*

지역 내 사회서비스 제공이 가능한 분야 중 또 하나가 사회활동 및 여가활동이다. 농촌 노인층의 사회활동이나 의미 있는 여가활동은 사회관계를 유지시킴으로써 사회적 접촉 기회를 갖게 하며, 일정한 역할을 통해 역할 상실을 보상해주고 삶의 질을 높여주기도 한다.

농촌 노인층은 대부분 자식들의 부양 없이 혼자서 모든 일을 해결한다. 평소에는 농사일을 제외하면 집안에서 소일거리를 하거나 마을경

---

* 이 글은 오미란이 한국농어민신문에 기고한 〈농촌마을, 동네돌봄형 '노-노 케어' 절실하다〉(2016. 11. 04.)를 참조하여 정리했다.

로당에 모여 화투를 치기도 하고 잡담을 나누기도 한다. 때로 돌봄이 필요한 노인들은 요양보험을 통해 멀리서 찾아온 요양보호사들로부터 돌봄을 받기도 한다. 농촌 노인들에게 이들은 돌봄의 질을 떠나 반가운 존재다. 마을을 떠나지 않고는 돌봄을 받을 수 없는 현실이기 때문이다. 이런 현실을 감안하면 농촌의 노인요양시설과 사회서비스 프로그램은 면 단위에서 필요성이 높다고 할 수 있다.

'노-노 케어시스템' 구축은 중앙정부와 지자체, 농협 등의 지원을 통해 당장이라도 가능한 사업이다. 면 단위에서 농협 건물(회의실, 강당), 학교 시설, 면사무소 시설 등을 활용해 상대적으로 젊은(거동이 자유로운 60~70대) 노인들에게 '건강리더교육', '레크리에이션', '노인 케어' 등에 대해 일정 기간 교육을 실시해 수료증을 발급하고 마을 단위 강사 자격을 부여한다. 수료한 이들은 마을 단위에서 노인들을 대상으로 수료한 내용을 가르치고 사회서비스 활동에 대한 지원금을 통해 강사료를 지급받는 방안이다. 최근 농촌마을에 찾아가는 문화서비스사업의

〈그림 8-1〉 노-노 케어시스템 이해도

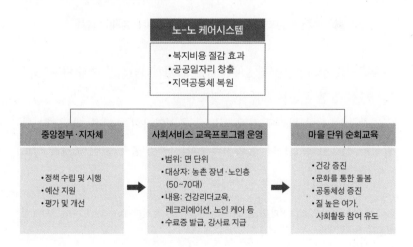

일환으로 지역 여성문화소모임이 열리는 곳들이 있다. 이 소모임에서는 농사일 중에 시간을 내어 마을경로당 등에 난타나 댄스 등의 프로그램을 가르치고 있는데, 노인들의 반응도 좋고 가르치는 사람도 보람을 느낀다고 한다. 지역(마을) 내에서 서로를 돌보는 것은 돌봄대상자도 돌봄서비스 제공자도 만족도가 높기 마련이다.

'노-노 케어시스템'은 상호 복지를 강화한다. 사회서비스를 받는 사람도, 제공하는 사람도 모두 사회적 시각에서는 서비스 대상자다. 하지만 이들은 마을 주민이기도 하다. 오랫동안 서로를 돌봐온 관계다. 찾아오는 서비스 관리자보다는 서로 마음이 통하고 양질의 서비스를 제공할 수 있는 관계다. 지역 내 사회서비스를 통해 공동체 내에서 다양한 돌봄사업을 펼칠 수 있도록 면 단위, 마을 단위 '노-노 케어시스템'을 구축하는 것은 복지비용 절감을 비롯해 공공일자리 창출, 지역공동체 회복이라는 장점을 갖는다.

3. 일터로서 농촌의 사회적경제 활성화와 공동체경제

1) '농촌사회적경제 활성화기금'과 '농촌사회적경제육성재단' 설립[*]

□ 농촌지역 사회적경제 활성화를 통한 농정거버넌스 구축과 다양한 조직화를 통한 공동체성 복원이 필요하다

지속 가능성이 위기에 처해 있는 농촌지역사회는 다른 어느 때보다 활성화 전략이 절실하다. 농촌지역사회는 농업·농촌·농민 문제가 서로

---

[*] 이 내용은 유정규 외, 《신정부 농어업·농어촌 정책의 혁신과제》(충남발전연구원, 2012)를 참조하여 정리했다.

얽혀 있다. 따라서 문제 해결 접근법에서도 경제적 측면이 중심인 경제주의적 접근이 아니라 경제·사회·문화·환경 등의 여러 측면과 자원을 고려해 통합적으로 접근해야 한다. 지역 활성화 전략에서도 특히 협동 및 연대에 의한 지역공동체성 복원은 물론, 지역 주민이 지역사회문제를 공동으로 해결해나감으로써 발생 이익을 지역공동체에 환원하는 주민 주도형 (신)내발적 전략이 중시되고 있다(유정규, 2011).

농촌지역사회의 새로운 발전전략으로서 사회적경제 활성화 전략이 필요한 이유는 첫째, 새로운 민관협치 농정거버넌스 구축 차원에서, 둘째, 지역사회 내 여러 주체의 연대·협력에 의한 다양한 지역사회 조직화와 이에 기초한 지역공동체성 복원 차원에서다.

먼저 새로운 농정거버넌스 구축, 즉 농정추진시스템의 재정립을 살펴보자. 지금까지 역대 정부가 농정 실패를 자초한 데에는 농민과 지역 주민을 농정 대상으로 전락시키고 일방통행으로 정책을 추진한 탓이 가장 크다. 이제라도 농정 주체의 역할을 재정립해야 한다. 중앙정부 또는 지방자치단체가 거버넌스 정책을 추진하고 민간이 이에 적극적으로 참여함으로써, 중앙과 지역의 각 층위에서 민과 관이 함께 머리를 맞대어 농정의 비전과 전략 및 정책을 입안하고 집행하며 점검·평가하는 민관협치 농정거버넌스 체계를 구축해야 한다.

농촌지역사회는 아직 시민사회 영역이 취약하다. 따라서 주민 주도적이며 지역사회 주도적인 지역 활성화를 위해서는 사회적경제 영역의 환경을 개선하는 데 중점을 두어야 한다. 예컨대 공공서비스의 많은 부분을 맡고 있는 영국 사회적경제 영역의 경우, 대부분의 정부 예산이 여기에 지원금으로 투입될 정도로 민관의 탄탄한 파트너십이 확보되어 있다. 이처럼 정부와 공공부문의 혁신적인 역할이 사회적경제 활성화에 촉매제 역할을 해야 한다. 특히 보호된 공공조달시장에서 사회적경제 영역의 물적 토대를 구축함으로써 일반시장의 사회적경제 영역 활성화를 추동하는 전략이 시급한 과제가 되고 있다.

또한 농촌지역사회의 사회적경제 활성화에 따른 지역공동체 복원을 위해서는 민·관·산·학(시민사회 진영, 지자체, 기업, 대학)의 실효성 있는 협력체계 구축이 필요하다. 아래로부터의 사회적 연대, 공동선을 지향하는 지역문화 조성, (다중)이해관계자의 연대를 견인하기 위해서는 지자체가 지역공동체 발전전략으로서 사회적경제 영역 활성화의 물적 토대를 구축하는 데 적극 나서야 한다. 이를 위해 지방정부 단위에서 사회적경제위원회를 설치하고, 행정이 포함된 사회적경제네트워크를 구성하여 체계적인 사회적경제 발전전략을 추진해야 한다.*

□ 농촌지역에 자발적이고 호혜적인 공동체경제를 활성화하기 위한 '추진체계'와 '기금', '재단' 설립이 필요하다

지역사회의 자립·협동·공생을 추구하는 사회적경제조직은, 농업생산을 토대로 가공·서비스 등의 영역으로 농촌경제를 다각화할 수 있다. 아울러 지역사회가 돌봄, 보육 및 교육, 보건의료, 주거, 문화, 노인복지 등 사회공공서비스를 공동체적으로 해결하는 데에도 핵심 주체로서 역할을 확대할 수 있다.

따라서 농촌 사회적경제 활성화를 위한 국가 및 지자체의 체계적 육성계획 수립과 정책 추진이 시급한 상황이다. 이를 위해 사회적경제조직을 집중적으로 지원·육성하기 위한 전담기금 및 재단을 설립, 운영하여 지속적이고 전문적인 육성체계를 구축해야 한다.

---

* 사회적경제를 담당할 사회적경제 담당부서를 설치한 농촌지역 지자체(아산시: 사회적경제과, 완주군: 농촌활력과 내 사회적경제팀 등)가 있는 반면, 대다수 지자체는 지역경제과 등에서 사회적경제 관련 사업을 일부 담당하는 형태다.

육성체계의 주요 역할로는, ① 사회적경제에 관한 바른 이해 확산과 사회적 분위기 조성, ② 지역사회 중심의 지역 밀착형 정책 추진 방향 및 체계 정비, ③ 전문인력 육성과 지원기금 조성, ④ 중간지원조직 활성화와 민관산학 네트워크 형성이다.

농촌지역사회의 경우 타 지역 및 산업과의 여건 차이가 존재한다. 인구 과소화 및 고령화가 심화되어 있으며, 생산·가공·체험·관광 등의 산업이 복합적으로 존재한다. 또한 교육·복지 측면과도 연계되어 있다. 이에 따라 행정, 경제, 문화관광, 교육, 보건복지 등 여러 부처의 연계와 통합적인 추진체계가 중요하다. 연계 및 통합체계 실행은 농촌의 기간산업 주무부서인 농림축산식품부를 중심으로 하여 농촌지역 사회적경제의 전담 추진체계를 구축해야 한다.

이러한 내용을 추진하기 위한 정책 목표로는 첫째, 농촌부문의 사회적경제 활성화를 위한 전담기금 및 지원조직 설립, 둘째, 농촌지역사회의 다양한 사회적경제조직 육성을 통한 지역경제 활성화 및 일자리 창출이다.

정책 내용으로는 첫째, 「농촌 사회적경제 활성화 지원 특별법」 제정이다. 이는 농촌 사회적경제 활성화의 취지, 목적, 추진체계, 추진 방안, 추진 주체(중앙 및 지자체, 주민, 산업계, 학계 등)의 역할 등을 규정하는 특별법 체계의 성격을 지닌다. 농림축산식품부 차원에서 전국 단위의 기금(농촌사회적경제 활성화기금) 조성을 의무화하고 각 기초·광역 지자체 단위에서도 관련 기금을 지역 실정에 맞춰 조성하고 운영하도록 의무화한다. 전국 단위 기금은 특별법에서 설정하는 '농촌사회적경제육성재단'에서 전담하도록 한다. 그 외에 추진조직(민관협치기구로서 중앙위원회)에 관한 운영 규정과 최소 3년 단위의 '농촌 사회적경제 활성화 기본계획'에 관한 규정 등을 둔다.

〈그림 8-2〉 농촌 사회적경제 활성화를 위한 정책과제

사회적경제를 통한 지속 가능한 농촌지역사회 실현

정책 목표

• 사회적경제 활성화 전담기금 및 지원조직 설립
• 다양한 사회적경제조직 육성, 지역경제 활성화 및 일자리 창출

정책 내용

• 「농촌 사회적경제 활성화 지원 특별법」 제정
• '농촌사회적경제 활성화기금' 조성 및 운용
• '농촌사회적경제육성재단' 설립

둘째, '농촌사회적경제 활성화기금'을 운용한다. 농촌지역의 협동조합, 사회적기업, 비영리 결사체 등 사회적경제조직의 주체 형성 및 사업화 지원, 물적 기반 형성 등을 위한 사회연대기금이자 공익기금으로서 지역공동체기금 역할을 한다. 기금 재원으로는 중앙정부 출연, 농협 등 기존 협동조합 금융재원, 마사회 수익금(기존 희망재단 전환), 대기업과 민간금융의 사회공헌기금과 사회투자기금 등으로 조성한다. '농촌사회적경제 활성화기금'의 관리 및 운영을 통해 ① 사회적경제 리더 육성, ② 관련 서비스 제공, ③ 사회적경제조직 인큐베이팅, ④ 농촌 주민들의 사회적경제활동 지원을 담당하는 '농촌사회적경제육성재단' 설립을 지원하도록 한다. 아울러 전국 단위의 기금 조성과 연계해 기초·광역 지자체 단위로 지역 기금 조성을 의무화하여 사회적경제 활성화에 대한 지자체의 정책 추진을 확대·강화한다.

셋째, 농어촌지역사회의 협동과 공생을 촉진하기 위해 사회적경제 조직의 사업 지원을 전담하는 '농촌사회적경제육성재단'을 정부 출연 공익재단으로 설립한다. 이 재단은 정부와 민간이 공동으로 조성한 공익기금인 농촌사회적경제 활성화기금의 운영을 맡아, 농촌지역사회의 사회적경제 활성화사업을 전담한다. 주요 사업으로는 사회적경제조직을 조직·운영할 전문인력 양성, 사회적경제조직의 설립 및 운영을 지원하는 중간지원조직 육성, 역량 강화 및 맞춤형 전문 컨설팅 제공 등이다.

2) 농촌 소규모 공동체기업의 육성과 일자리 창출을 위한 '커뮤니티비즈니스센터' 설치 운영

□ 중소규모 가족농 중심의 공동체기업(커뮤니티 비즈니스) 육성이 필요하다

정부는 '농업인 삶의 질 향상 및 지역개발' 정책의 일환으로 소득 증대, 정주 여건 개선(하드웨어)과 복지(소프트웨어) 확충에 막대한 예산을 사용했다.* 특히 박근혜 정부에서는 '농업의 6차 산업화'가 대표적인 농정이 되기도 했다. 그러나 생산활동을 주로 하는 중소 가족농들은 정책에 접근하기가 어려웠으며, 마을 단위 사업은 역량의 한계가 발생하거나 재정적 부담으로 인해 사업을 포기하는 사례가 비일비재했다. 또한 정책사업을 받기 위해 급조된 사업체가 많아 부실 위험이 크다는 비판이 제기됐다. 이러한 점을 극복하기 위해서는 농촌지역 소규모 공

---

* 제3차 농업인 삶의 질 향상 및 지역개발 기본계획(2015~2019)에 따라 범정부 차원에서 2015년 기준 185개 지역개발사업에 9조 6,000억 원의 예산을 투자했다. 농림축산식품부에서는 16개 세부 지역개발사업에 1조 2,000억 원을 지원했다.

동체를 육성하고 지원하는 '커뮤니티 비즈니스' 방식의 정책 추진 및 지원체계가 필요하다.

커뮤니티 비즈니스는 ① 지역문제 해결을 위해, ② 지역자원을 활용하여, ③ 지역 주민들의 주도로, ④ 비즈니스모델과 결합시켜 경제적 지속성을 꾀함으로써 적정한 수익을 지향하고, ⑤ 수익의 지역 환원구조를 갖는 비즈니스다. 즉, 공동체에 비즈니스 관점을 도입하여 지역공동체 활성화를 추구하는 주민 주도 공동체사업이다. 따라서 농촌지역 마을 단위에서 커뮤니티 비즈니스 활동의 의의(지역, 마을에 대한 문제 해결 관점에서)와 가치, 중요성에 동의하는 주민들이 목적(활동을 통해 얻고자 하는 것, 활동이 지향하는 바, 활동이 의도하는 것)을 분명히 하고 창업을 하고자 한다면, 이를 지원하기 위한 정책과 지원체계를 만들어야 한다.

□ '커뮤니티비즈니스센터' 설치·운영을 통한 현장 밀착형 지원과 법적 근거를 마련한다

농촌지역 소규모 공동체기업은 예비창업공동체 단계, 창업공동체 단계, 안정화 단계로 구분해 교육훈련, 정보 제공, 운영자금 제공, 마케팅 및 판로 지원, 공공사업위탁 등의 지원을 하며 안정화 단계에 접근하면 사회적경제조직(사회적기업으로 등록 등)으로 발전할 수 있도록 지원한다.

첫째, '예비창업공동체 단계'에서는 예비 소규모 공동체기업 창업 희망자를 발굴하여 가공, 사회서비스, 유통 등 분야에 따른 창업지원스쿨을 통해 시장 및 기술정보 제공, 공동체회사 운영 방안 등에 대한 교육훈련을 실시한다. 또한 소규모 창업자금을 지원하여 계획한 사업을 시범적으로 실시할 수 있게 지원한다. 둘째, 창업공동체 단계는 창

업을 희망하는 공동체기업의 사업계획 및 시범사업 경험을 토대로 본격적인 사업을 추진할 수 있도록 자금 지원을 비롯한 지원체계를 가동한다. 자금 지원 규모는 사업계획을 반영해 처음에 너무 큰 금액을 지원하지 않되, 발전 단계에 따라 지원하도록 한다. 셋째, '안정화 단계'에서는 공동체기업 운영에 대한 면밀한 분석 지원을 통해 사회적경제조직으로 발전할 수 있도록 지원하는 단계다. 사회적경제조직으로 전환할 때에는 이에 해당하는 정책지원시스템을 지원받을 수 있도록 안내해야 한다.

소규모 공동체기업 지원체계로는 기존의 '6차산업지원센터'를 개편한 '커뮤니티비즈니스센터'를 설치하여 예비 공동체기업 창업 희망자의 발굴 및 교육훈련, 현장 지원 등을 추진하도록 한다. 예비 공동체기업 창업 희망자 발굴 지원은 커뮤니티 비즈니스 원리에 충실한 문제 해결 유형의 공동체를 발굴하는 것이 핵심이다. 현장 지원은 일상적인 현장 방문 및 컨설팅으로 공동체성과 지역사회 연계성을 강화하도록 한다. 또한 공동체기업의 활동 성과를 공유하고 홍보함으로써 공동체사업의 지속 가능성을 높여야 한다. 더불어 커뮤니티비즈니스센터가 수행해야 할 업무로는 교육이력 관리시스템 운영*과 지역 단위(시군) 공동체기업 협의회 운영**을 지원하는 것이다.

농촌 공동체기업에 대한 행정적·재정적 지원을 더욱 강화하기 위해서는 농촌 공동체기업에 대한 설립 요건 간편화와 5년간 법인세 및 소득세 감면이 필요하다. 이를 실현하기 위해서는 법적 근거가 있어야 하

---

* 공동체사업 주체들의 교육 이수 현황을 파악하고 상황과 단계에 맞는 교육개발 및 운영을 실시한다(교육 관리능력 제고).
** 시군 단위 공동체기업협의회 네트워크활동을 지원함으로써 공동체사업의 활력을 제고한다.

므로 「도농교류촉진법」의 개정을 통해 농촌 공동체기업의 설립 및 운영 지원을 위한 특례조항을 신설한다.

4. 쉼터로서 농촌경관 개선과 도농교류 활성화[*]

1) 도시민과 농촌 주민이 함께하는 '도농함께협동조합'의 설립 및 운영 지원

도시민의 전원 수요를 고려한 농촌개발전략으로서 도농교류에 대한 관심이 높아지고 있다. 물론 이러한 관심의 이면에는 첫째, 농업생산활동만으로는 더 이상 농촌지역 활성화를 기대하기 어려우며, 둘째, 농촌지역 내부 힘만으로는 지역의 공동화를 막을 수 없을 뿐만 아니라 지역발전이 불가능하다는 인식이 전제되어왔다.

한편에서는 농촌 인구의 지속적인 감소, 고령화로 인해 지역 공동화가 심화되고 있지만 다른 한편에서는 농업·농촌에 대한 도시민의 인식 변화와 안전한 먹거리에 대한 소비자의 관심 증대에 따라 농촌을 찾는 도시민이 늘고 있다.

이제까지 도농교류는 정책 변화에 따라 다양한 분야의 사례들이 발굴, 추진됐다. 하지만 우리의 도농교류정책은 여전히 지역 주민의 미약한 정책 수용능력, 도시민의 일방적인 방문, 정책적 유인에 의한 일회성 교류, 내실 부족 등 현실적인 문제점이 많다.

이러한 문제점을 극복하기 위해서는 주민 역량 강화를 비롯해 참여를 촉진시켜야 하며, 지역의 역사·문화·전통을 결합한 정책프로그램을

---

[*] 이 내용은 유정규 외, 《신정부 농어업·농어촌 정책의 혁신과제》(충남발전연구원, 2012)를 참조하여 정리했다.

개발해야 한다. 또한 지역자원 활용도를 제고하고 정책 효과를 극대화하기 위한 종합적 접근도 있어야 한다. 행정당국의 추진체계 정비와 역할 분담, 전문가의 참여 유도를 위한 합리적인 시스템도 구축해야 한다.

□ '도농함께협동조합' 설립으로 도농교류사업의 주체로 육성시켜야 한다

도시와 농촌에 상호 이익이 되고, 책임 있고 지속 가능한 도농교류를 활성화하기 위한 방안이 필요하다. 이를 위해서는 도시민과 농촌 주민이 함께 참여하는 주체를 만드는 것이 중요하다. 즉 공동으로 참여하는 주체를 만들어 이를 중심으로 도농교류사업을 추진해나가야 한다. 이 경우 도농교류 추진 주체는 '협동조합'이 될 것이고, 사업이 잘된다면 조합에 출자한 도시민과 농촌 주민 모두에게 도움이 될 것이다.

이를 실현하기 위한 정책 목표는 도시민과 농촌 주민이 공동으로 참여하는 '도농함께협동조합' 설립이다. 이를 통해 조직적이면서 지속적으로 도농교류사업을 추진해나갈 수 있는 기반을 형성해야 한다.

정책 내용으로는 첫째, 「협동조합기본법」상의 '다중이해관계자 협동조합'으로서 도농교류협동조직의 설립을 지원한다. 도농교류가 정례적으로 이루어지고 있는 곳부터 도시민과 농촌 주민을 대상으로 조합원을 모집하여 다중이해관계자 협동조합 성격의 도농교류협동조직을 설립하는 것을 정책적으로 지원한다. 도시민의 경우, 개인이 조합원으로 참여할 수도 있지만 기업이나 기관, 단체의 출자도 가능하기 때문에 기존의 1사 1촌 자매결연조직도 개별 조합원으로 참여를 유도할 수 있다.

둘째, 도농교류협동조직에 참여하는 기업이나 단체 등에 대한 지원을 강화한다. 도농교류사업에 참여하는 도시민(개인, 기업, 기관, 단체

등)과 농촌 주민이 생산·가공·유통사업을 공동으로 추진할 수 있도록 지원한다. 아울러 도시민의 참여를 촉진하기 위해 이들의 출자금, 도농 교류 참여 활동비, 공동 구매액, 생산 및 가공 출자액 등에 대한 법인세, 부가세, 소득세 등 각종 세금 감면 대책을 강구한다.

□ 도농연계 코디네이터 육성으로 도농교류사업을 체계화하고 활성화 해야 한다

농업·농촌이 지속 가능하기 위해서는 농업·농촌 내부의 노력만으로는 한계가 있다. 농업·농촌의 다기능성을 충분히 발휘하기 위해서는 그것을 소비하고자 하는 도시와의 적극적인 연계와 상생의 노력이 필요하다. 귀농·귀촌을 희망하는 도시민 중에서 '도농연계 코디네이터'를 발굴하여 육성할 필요가 있다. 이들은 도시에 거주하면서 도시민이 요구하는 바를 반영해 새로운 프로그램을 기획하고 이를 실행함으로써 도시민은 물론이거니와 지속 가능한 농촌사회의 유지 및 발전에 기여할 수 있다. 또한 이러한 활동 경험을 토대로 귀농·귀촌 후에도 관련 분야에서 활동하는 주체가 될 수 있다.

정책적으로 지원하고 육성해야 할 '도농연계 코디네이터'의 대상은 귀농·귀촌을 희망하는 도시민, 기존 마을 간사 경험자 등이다. 이들 도농연계 코디네이터는 기존의 도농교류 활성화 지역을 중심으로 '1마을 1코디네이터'로 활동하는 시스템을 구축한다. 더불어 이들을 육성할 법적 근거를 확보하려면 「도농교류촉진법」에 이를 명문화해야 한다. 이러한 정책은 지속 가능한 농업·농촌의 발전은 물론 도시민의 전원 요구를 충족시킴으로써 건강하고 행복한 도시 만들기를 위해서도 필요하다. 이러한 의미에서 본다면 농업·농촌과 도시의 상생을 위한 주체 육성사업이기도 하다.

〈그림 8-3〉 도농연계 코디네이터 개념도

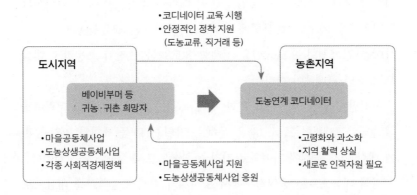

자료: 유정규, 〈한국 농업의 미래 주체 확보 방안〉, 《한국농업과 농촌 그리고 지역의 미래를 말한다》(농정대연구 공개심포지엄 자료집), 지역재단, 2016. 9.

2) 도시 어린이 농업·농촌체험 교육프로그램 이수 의무화

더불어 사는 도농공동체를 위해서는 농업·농촌에 대한 도시민의 이해와 지지 없이는 불가능하다. 특히 자라나는 어린이들의 농업·농촌 체험학습은 지지 기반으로서 다음 세대 확보를 위한 도농교류 활성화의 필수조건이며, 도시 어린이 스스로에게도 매우 유용한 학습과정이다.

서울시 초등학생 30명을 대상으로 농촌체험 전후를 비교·분석한 조록환의 〈농촌체험을 통한 아동의 정서지능 향상 효과〉(2009) 연구에 따르면, 지속적인 농촌체험은 초등학생들의 정서지능 향상에 긍정적인 영향을 미친다. 이는 도시 어린이의 농업·농촌 체험학습이 단순히 도농교류를 위한 '농촌 돕기' 차원이 아니라 도시 어린이 스스로의 필요에 토대를 둔 사업으로 추진되어야 한다는 것을 의미한다.

따라서 도시 어린이가 농업·농촌의 자연환경을 체험함으로써 먹거리의 소중함을 이해하고, 농업·농촌에 대한 이해가 넓어지고, 자립심과 규범의식을 키우고, 튼튼하게 자라도록 지원하는 교육활동으로서 농산어촌 장기체험 프로그램을 정례화·제도화하여 전체 초등학교 대상으로 전면 확대해야 한다.

  이러한 사업을 추진하기 위한 정책 목표는 도시 초등학교 어린이들의 농촌 장기체험 프로그램을 통해 자라나는 다음 세대의 농업·농촌에 대한 이해 증진에 기여하고 지지·응원군으로 육성해나가는 것이다.

  정책 내용으로는 중앙정부에서 도시지역 전체 초등학교를 대상으로 '어린이 농어촌 장기체험 교육프로그램'을 전면 도입하고 이를 위한 별도 예산을 편성하도록 한다. 농림축산식품부, 교육부, 안전행정부는 장기체험학습을 전체 초등학교로 확대 실시할 수 있도록 합동·실무추진단을 구성하고, 연간 최소 5일 규모의 정규 교육일수를 확보하여 농촌체험마을이나 농촌학교 등과 연계, 다양한 농촌체험학습 기회를 제공한다.

  이를 위해 농림축산식품부에서는 농촌 장기체험활동 지원 등을 목표로 다양한 지원사업을 전개하고, 학생 수용 체제 및 시설 정비, 체험마을과 초등학교 간의 연대·협력활동을 강화하도록 한다.

3) 농촌경관 개선

  농촌은 주민들이 소득을 올리는 일터인 동시에 일상생활을 영위하는 삶터이며, 도시민들이 여가를 즐기는 쉼터이기도 하다. 산·하천·숲 등 자연적 요소, 농경지로 이루어진 농업적 요소, 주택들로 구성된 마을 등이 한데 어우러진 농촌경관은 도농교류 및 축제를 통해 단기적인 소득 증대와 공동체 활성화를 도모하는 데 중요한 역할을 하며, 장래의 농촌 발전을 위한 잠재적인 자산으로서도 의의를 지닌다(성주인, 2009).

농촌경관은 지역적 특성을 나타내는 동시에 농촌 주민들이 살아가는 생활 터전을 가꾸는 일이므로 주민들이 얼마나 참여하는가가 경관 개선에 관건이다. 효과적인 농촌경관 개선을 위해서는 중앙정부의 지원과 지자체의 역할이 중요하다.

중앙정부는 농촌경관관리 교육프로그램을 마련하며, 그 목표는 농촌 주민 스스로가 경관 관리 필요성에 대한 공감대를 형성하고 이를 토대로 지자체와 '경관 관리 기준'을 만들어 협정을 체결할 역량을 배양하는 것으로 한다. 경관 관리 기준은 본 책자에서 제안하고 있는 '지속 가능한 농촌환경정책'*을 기본으로 지역의 자연적 요소, 인위적 요소, 마을 등 종합적 측면을 고려하여 마련하도록 한다. 경관관리협정 이행에 대한 인센티브는 경관관리 직불 또는 공익형 직불을 통해서 실시한다.

지자체는 소규모 사업을 통해 주민들의 경관 개선을 유도하는 시책을 추진하여 농촌경관개선협정을 추진하기 위한 발판을 마련한다. 또한 도시계획, 지역개발, 경관 관리, 농정 등 여러 부서의 통합적인 업무 추진체계를 마련한다.

---

* 세부 내용은 이 책 6장 〈파괴된 농촌환경의 보전을 통한 국가의 지속 가능한 발전〉(김태연) 참조.

| 참고문헌 |

김재현·태유리·황수철, 〈농촌분야 커뮤니티 비즈니스 활성화를 위한 한·일 정책비교 연구〉, 《한국농어촌관광학회 농촌관광연구》 제19권 제1호, 2012.

김재현·황수철, 〈커뮤니티 비즈니스 활성화 방안〉, 《농업·농촌의 길 2010 자료집》, 농업·농촌 2010 조직위원회, 2010.

마이클 우즈, 《농촌》, 박경철 외 옮김, 따비, 2016.

변해선, 《농촌 노후주택 열성능 개선을 위한 공동지원 방안》, 충북발전연구원, 2014.

안종철·임왕규, 〈농촌 노인의 사회활동 및 여가활동이 주관적 삶의 질에 미치는 영향〉, 《한국콘텐츠학회 논문지》 제14권 4호, 2014, pp. 181~210.

오현석, 〈6차산업화의 현실과 쟁점〉, 《농업·농촌의 길 2016 자료집》, 농업·농촌 2016 조직위원회, 2016.

유정규, 〈한국 농업의 미래 주체 확보 방안〉, 《한국농업과 농촌 그리고 지역의 미래를 말한다: 농정대연구 공개심포지엄 자료집》, 지역재단, 2016. 9.

유정규 외, 《신정부 농어업·농어촌 정책의 혁신과 과제》, 충남발전연구원, 2012.

이창호, 〈농어촌 주택개량정책의 현황과 개선 과제〉, 《이슈와 논점》 460호, 국회입법조사처, 2012.

전정배·김솔희·서교·박미정·최진아·윤정수, 《농촌지역의 대중교통을 이용한 공공서비스시설 접근성 분석》, 2016.

지역재단, 《한국농정 패러다임의 전환과 농정 개혁 연구: 한국 농업과 농촌 그리고 지역의 미래를 말한다》, 《지역재단 농정연구 공개 심포지엄 자료집》, 2016.

최민정·권정호, 《농촌노인의 사회적 배제와 경제적 불평등 실증분석》, 경북대학교 사회과학원, 2014.

최병숙 외, 《농촌 주택정책 전략 및 실천과제 도출 연구》, 전북대학교 산학협력단, 2013.

농림축산식품부 보도자료, 〈농어촌마을리모델링법 국회 본회의 통과〉, 2013. 4. 30.

한국농어민신문, 〈농촌마을, 동네돌봄형 '노-노 케어' 절실하다〉, 2016. 11. 04.

통계청, 〈주택인구총조사〉, 2015.

9장

농촌 주민의 인간다운 삶을 위한 복지·교육 기반 확충

이용교
현 광주대학교 사회복지학부 교수, 복지평론가
중앙대학교와 동대학원에서 사회복지학을 전공하여 문학박
사학위를 취득하고, 한국복지정책연구소, 한국청소년개발원
연구위원 등으로 일하면서 사회복지연구와 시민복지교육에
역점을 두었다. 저서로 《디지털 사회복지개론》(2017), 《디지
털 청소년복지》(2012), 《디지털 복지시대》(2004) 등이 있다.
한국청소년복지학회 회장, 국제사회복지학회 회장, 한국지역
사회학회 회장 등을 역임했다.

- **대한민국 농촌은 30년 후 '소멸 위기'에 놓인다**

'20~39세 여성인구'를 '65세 이상 고령인구'로 나누어서 0.5 이하일 때 소멸 위험지역으로 분류되는데, 대한민국 226개 기초 지자체 중 77개가 여기에 속한다. 소멸 위험에 빠진 지역은 주로 농촌이다. 노인은 많지만 아동이 적기에 인구가 급감할 것이다.

- **기초생활보장과 기초연금에서 농촌 주민에 대한 차별을 철폐한다**

농촌 주민은 기초생활보장제도와 기초연금 등에서 차별을 받아 인간다운 생활을 보장받기 어렵다. 기초생활보장제도에서 소득인정액을 산정할 때, 일반재산의 기본공제액에서 농촌 주민은 도시민에 비해 낮아 수급자로 선정되지 못하고, 농지는 '재산의 소득환산액'으로 계산된다. 농업소득을 위한 생산수단인 농지는 주거용 재산처럼 특례로 규정해야 한다. 농지에 대한 소득환산액은 기초연금에서도 반복되는데, 일반재산에서 공제하는 기본재산액이 대도시는 1억 3,500만 원이고 군 단위는 7,250만 원으로 차이가 큰데, 합리적 근거가 약한 농촌과 도시 간 차별을 철폐해야 한다.

- **농어민 대상 사회보험의 보장성을 강화해야 한다**

5대 사회보험 중 농어민은 국민연금, 건강보험, 노인장기요양보험에서 급여를 받는다. 농어민에 대한 국민연금 보험료 지원은 최대 40,950원으로, 그만큼의 보험료를 내면 노후생활에 필요한 소득보장을 받기 어렵다. 지원 기준을 국민연금 기준소득월액의 중위수인 103,950원으로 조정하여 농촌 주민이 노후대책을 제대로 세울 수 있도록 지원해야 한다.

농촌 주민이 건강보험을 잘 활용하도록 군 단위 요양취급기관을 이용할 때 본인부담률을 5% 경감에서 10% 경감으로 높이고, 노인장기요양보험에서도 군 단위 장기요양기관에 대한 경감율을 신설해야 한다.

- **농촌 보건의료체계를 만성질환자의 건강권을 위해 혁신해야 한다**

농어촌은 대중교통수단이 열악한 데다 만성질환자는 이동에 불편함을 겪기 때문에 의료진이 찾아가 진단하고 처방해야 한다. 보건소·보건지소·보건진료소를 생활권별로 통합하고 순회진료팀이 고혈압·당뇨병·치매 등 만성질환자를 주기적으로 관리해야 한다. 농촌 응급환자 이송체계를 혁신하고, 모든 주민에게 생애주기별 복지교육을 실시해야 한다.

- **농촌 주민의 교육권 및 문화향유권을 위해 교육·문화 기반을 확충한다**
농촌의 위기와 농촌 주민에 대한 차별로 농촌 인구가 도시로 빠져나가면서 학교는 통폐합되고 젊은층의 유출이 가속화된다. 지속 가능한 농촌을 위해 작은학교 살리기와 농촌유학 지원을 통한 농촌마을 교육공동체를 키워야 한다.

1. 농촌 주민이 헌법상 '인간다운 생활을 할 권리'를 보장받을 수 있
   도록 거주지를 이유로 각종 복지제도(공공부조, 사회수당 등)에서
   차별받는 것을 혁파해야 한다

   2015년 12월 말 기준 주민등록인구 현황을 보면, 252개 기초단체 인
구 중 65세 이상 비중이 7~14% 미만인 고령화사회는 44.4%(112곳),
14%가 넘는 고령사회는 20.2%(51곳), 20%를 넘은 초고령사회는
24.2%(61곳), 30%를 넘는 슈퍼 초고령사회도 9.9%(25곳)에 달했다.
   초고령사회인 기초자치단체는 대부분 농촌이다. 이곳은 '소멸위험지
역'으로 분류되기도 한다. '20~39세 여성인구'를 '65세 이상 고령인구'
로 나눈 수치가 0.5 이하일 때 소멸위험지역으로 분류되는데, 대한민국
226개 기초 지자체 중 77개가 여기에 속한다. 초고령화와 소멸위험지
역에 대한 정책을 시급히 세우지 않으면 농촌의 지속 가능성을 담보할
수 없고, 지역의 균형발전을 기대하기 어렵다.

1) 농촌 주민은 복지급여의 소득인정 방식에서 차별을 받고 있다

□ 기초생활보장제도에서 농촌 주민은 불합리한 '소득인정액 산정 방식'
   으로 차별받고 있다
   국가는 가구의 소득인정액이 기준 중위소득의 30%에 미치지 못하
면 생계급여수급자로 선정해 생계급여, 의료급여, 주거급여, 교육급여
를 제공한다. 소득인정액이 30%보다 높지만 40% 이하면 의료급여수급
자로 선정하여 의료급여, 주거급여, 교육급여를 제공한다. 40%보다 높
지만 43% 이하면 주거급여수급자로 선정하여 주거급여와 교육급여를
제공한다. 43%보다 높지만 50% 이하면 교육급여수급자로 선정하여

교육급여를 제공한다. 소득수준이 높아지면 단계적으로 생계급여, 의료급여, 주거급여, 교육급여를 맞춤형으로 제공한 것은 좋은 평가를 받고 있다.

문제는 맞춤형으로 바뀐 복지급여수급자 선정에서 농촌 주민이 차별받는다는 사실이다. 수급자가 되지 못하거나, 되더라도 생계급여 등을 덜 받는다. 기초생활보장제도에서 농촌 주민은 불합리한 '소득인정액 산정 방식'으로 차별받고 있다. 소득인정액은 '소득평가액'에 '재산의 소득환산액'을 합친 금액인데, 재산을 소득으로 환산할 때 거주지역에 따라 차별을 받는다. 재산은 일반재산, 금융재산, 승용차 등으로 나뉘고, 일반재산 중 '주거용 재산'은 추가적인 혜택을 준다. 즉, 재산을 소득으로 환산할 때 대도시 주민은 5,400만 원을 공제받는데, 중소도시 주민은 3,400만 원, 농어촌 주민은 2,900만 원만 공제받는다. 공제한 후 남은 일반재산에 월 4.17%를 곱해서 소득환산액을 산정하므로 5,400만 원의 재산을 가진 대도시 주민은 소득환산액이 0원일 때 농촌 주민은 매월 1,042,500원(2,500만 원×4.17%)의 소득이 발생하는 것으로 간주된다. 실제로는 농지 등 재산에서 소득이 생겨나지 않는데 소득이 있는 것으로, 그것도 104만 원 이상으로 간주되니 수급자로 선정될 수 없는 것이다. 설사 수급자로 선정되더라도 생계급여 등에서 그만큼 액수를 적게 받으므로 농촌 주민에 대한 차별은 매우 치명적이다.

☐ 생산수단인 농지는 농업소득에서 평가받고 일반재산으로 다시 '재산의 소득환산액'에 환산되어 이중계산이 된다

특히 대도시나 중소도시 주민이 가진 재산은 대부분 주거용 재산(집)이고, 주거용 재산은 환산율 4.17%의 1/4만 산정되지만, 농촌 주민이 갖고 있는 논밭(토지)은 4.17%가 그대로 적용된다. 더욱이 농촌 주

민은 농업소득을 얻기 위해 토지를 보유하는데, 토지에서 생산된 농업소득이 산정되고 다시 그 토지(재산)에서 '재산의 소득환산액'이 간주되어 '이중계산'을 받는다. 대도시와 중소도시의 주민이 조금 괜찮은 집에 거주할 때에는 기본재산 소득환산율 4.17%의 1/4만 적용하면서도 농촌 주민이 보유한 농지에는 이러한 특례가 적용되지 않아 매우 불합리하다. 농촌 주민에게 농지는 생산수단이자 '농업소득'을 얻는 것인데, 이를 재산으로 간주하여 다시 한 번 소득환산액을 산출하는 일은 매우 부당하므로 주거용처럼 환산율 1/4를 적용해야 한다.

□ 기초연금의 소득인정액에서도 농촌 주민이 큰 차별을 받는다

65세 이상 노인의 70%에게 주는 '기초연금'의 소득인정액을 산정할 때에도 기본공제 재산액이 대도시 1억 3,500만 원, 중소도시 8,500만 원, 농촌 7,250만 원으로 농촌 주민은 큰 차별을 받는다. 공제액을 지역별로 차등하는 것에 대한 논리적인 근거 없이 단지 국민기초생활보장제도에서 재산 소득환산 방식에서 사용한, 공제액에 2.5를 곱한 금액일 뿐이다. 합리적인 근거가 없는 기준을 사용하여 농촌 주민은 이중, 삼중의 차별을 받게 된다.

사회 곳곳에서 '적폐 청산'을 외치는 정부일수록 국민기초생활보장제도와 기초연금에서 농민에 대한 부당한 차별을 철폐해야 한다. 수급자 선정과정에서 '소득인정액'의 산정 방식, 특히 '재산의 소득환산액'에서 거주지역 간 차별은 농촌 주민의 인간다운 생활을 할 권리를 위협하기 때문이다.

2) 기초생활보장제도와 기초연금에서 농촌 주민에 대한 차별을 이렇게 철폐할 수 있다

□ 국민기초생활보장제도에서 재산을 소득으로 환산할 때 거주지역 간 차별을 철폐해야 한다

재산에서 거주지역에 따라 5,400만 원, 3,400만 원, 2,900만 원을 차별적으로 공제한 근거를 제시하고, 이것이 합리적이지 않다면 지역 간 차별을 철폐해야 한다. 굳이 차이를 둔다면, 인간다운 생활을 할 수 있는 주거 기준에 맞는 주택을 보유하기 위해 필요한 재산이라는 합리적인 근거를 제시하고 이를 기준으로 공제해야 한다.

□ 농촌 주민이 보유한 논밭은 농업소득을 위한 '생산수단'으로 농업소득의 산출에 반영됐다

농지는 재산의 소득환산액에서 제외하거나, 사회 통념상 재산으로 인식하기에 소득환산이 필요하면 '주거용 일반재산'에 적용되는 소득환산율(1.04%)로 조정해야 한다. 대도시 주민이 집을 가질 경우에는 일반 재산 공제액에서 혜택을 받고 다시 주거용 재산에서 특혜를 받는 반면, 농촌 주민이 생산수단인 농지를 가지면 농업소득으로 한 번 산출되고 또 일반재산으로 산입되어 소득환산률을 적용받는 것은 이중차별이므로 반드시 폐지되어야 한다.

□ 농촌 주민이 획득한 농업소득에 대해서도 최소한 근로소득에 상응하는 공제 방식을 도입해야 한다

65세 이상 노인 70%에게 주는 기초연금에서 근로소득자에게는 소득 중 매월 84만 원(2018년 기준)을 우선 공제한 뒤 나머지 소득에서도

70%만 소득으로 인정하는데, 농민은 '농업소득'에 대한 공제액이 없고 농업소득 100%가 소득으로 간주되어 큰 차별을 받는다. 농업소득도 근로소득과 같은 방식으로 공제해야 한다.

□ 기초생활보장수급자 선정과 생계급여 액수에 큰 영향을 주는 '소득 인정액' 산정 방식을 기초연금 산정 방식으로 표준화해야 한다

기초생활보장수급자의 경우, 재산을 소득으로 환산할 때 일반재산은 공제 후 남은 재산에서 매월 4.17%의 소득이 발생한다고 간주한다. 기초연금이 공제한 후 남은 재산에서 매월 0.3334%(매년 4%)를 소득으로 간주하는 것에 비교하면 매우 불합리하다. 또한 기초연금에서 재산을 소득으로 환산할 때 금융재산의 경우 2,000만 원을 공제한 후 일반재산과 합산하여 연 4%를 곱하는 반면, 기초생활보장수급자 책정 시에는 500만 원을 공제한 후 연 75%를 곱하는 것은 매우 불합리하다. 기초생활보장제도의 소득환산 방식을 기초연금 산정 방식으로 표준화하면 기초생활보장수급자 책정과 생계급여 등을 합리적으로 조정할 수 있다.

2. 농어민 대상 사회보험의 보장성을 강화한다

1) 농어민 국민연금에 대한 국가 지원의 기준을 중위수로 개정하고 지원액을 늘린다

□ 농어민은 5대 사회보험 중 건강보험, 국민연금, 노인장기요양보험만 적용받는다

질병, 노령, 실업, 산업재해 등 사회적 사고에 대비하여 국가는 5대 사

회보험을 운영하고 있다. 1인 이상 고용 사업장에서 일하는 근로자는 5대 사회보험을 모두 적용받지만 농어민은 건강보험, 국민연금, 노인장기요양보험만 적용받는다.

□ 농어민에 대한 국민연금 지원 수준이 낮아 노령연금만으로는 최저생활을 할 수 없다

2017년 국민연금 노령연금수급자의 월평균 수급액은 352,950원이며, 20년 이상 가입자의 월평균 수급액도 893,050원에 불과하다. 농어민은 1995년부터 국민연금에 가입해 근로자보다 가입기간이 짧고 보험료가 낮아 월평균 수급액이 35만 원에도 미치지 못한다.

국가는 농촌 주민, 특히 농어민을 위한 건강보험·국민연금 일부를 지원하지만 액수가 작아 노후에 인간다운 생활을 유지하기에는 턱없이 부족하다. 2017년 농어민은 기준소득월액이 91만 원 이하면 연금보험료 50%를 지원받고, 91만 원을 초과하면 월 40,950원까지만 지원받는다. 국가가 지원 기준으로 소득월액 91만 원을 책정한 데에는 합리적인 근거가 전혀 없다. 만약 이 기준으로 40년간 국민연금에 가입하고 기준소득월액의 50%(이 기준은 매년 0.5%씩 낮아짐)를 지원받는다면, 61세 이후에 받을 수 있는 월 노령연금은 455,000원(불변가격 기준)에 불과하다.

2017년 기준 중위소득이 1인 가구는 1,652,931원이고 2인 가구는 2,814,449원이다. 소득이 기준 중위소득의 30%(1인 가구 495,879원, 2인 가구 844,335원) 이하일 때 생계급여수급자가 될 수 있다. 40년간 농어민에게 적용되는 국민연금 기준소득월액으로 보험료를 낸 농민이 받는 노령연금은 기초생활보장 생계급여수급자 책정 기준에도 미치지 못할 가능성이 크다.

□ 농어민의 적정한 노후생활을 보장하기 위해 보험료 지원 기준을 기준소득월액의 '중위수'로 수정해야 한다

최근 국민연금공단은 70대 부부 '적정 생활비'를 2,013,000원, 개인은 1,249,000원으로 책정했다. 농어민이 노령연금 1,249,000원을 받으려면 기준소득월액을 2,498,000원으로 인상해야 한다. 따라서 농어민에 대한 보험료 지원 기준을 국민연금의 기준소득월액 최저치 28만 원과 최고치 434만 원의 '중위수'인 231만 원으로 조정해야 한다.

231만 원에 대한 보험료(9%) 207,900원의 절반(4.5%)인 103,950원까지 지원하는 방식으로 개편해 농어민이 더 많은 보험료를 냄으로써 실질적인 노후대책을 세우도록 장려해야 한다. 국가의 국민연금 보험료 지원이 40,950원에 그치기에 농어민은 보험료를 많이 내면 손해라는 인식을 갖는데, 지원 기준을 103,950원으로 조정하면 지원금액에 따라 보험료를 올릴 것이다. 농촌 주민이 국민연금에 가입하고 적정한 보험료를 내 자신의 노후대책을 세우도록 하는 것은 농민과 국가를 위해서도 좋은 정책이다. 농민이 젊은 시절부터 노후대책을 세우면 노인이 되어 공공부조에 의존하는 것을 줄일 수 있기 때문이다.

2) 농촌 요양취급기관 이용 시 경감제도를 확대하고, 장기요양지정기관에 대한 경감제도를 도입해야 한다

□ 농촌에 있는 건강보험 요양취급기관 이용 시 적용되는 본인부담금 경감제도를 현행 5%에서 10%로 조정해야 한다

건강보험 가입자와 피부양자가 군 단위에 있는 의원·병원·종합병원을 이용하면 본인부담률이 의원은 진료비의 25%, 병원은 35%, 종합병원은 45%로서 도시의 30%, 40%, 50%보다 5%씩 낮다. 이는 농촌 주민의 의

료비 부담을 낮추고 의료기관 운영을 지원하는 정책이다. 농어민은 가까운 곳에 요양취급기관이 없기에 '교통비'를 추가로 부담할 뿐만 아니라 이동시간 등으로 병·의원을 제때 이용하지 못하는 경우가 많다. 따라서 농촌 주민의 의료비 부담을 줄이면서 농촌에 있는 요양기관의 지속 가능성을 위해 본인부담률을 현재 5%에서 10% 경감으로 더욱 확대해야 한다. 농어촌 병·의원은 인구가 감소함에 따라 폐업하거나 신규 개설되지 않을 가능성이 큰데, 농어민이 농어촌에 있는 병·의원을 이용하도록 장려하기 위해서도 경감률을 높이는 것이 바람직하다.

□ 농촌에 있는 장기요양기관 이용 시 본인부담금 경감제도를 적용해야 한다

농촌지역에 있는 노인장기요양보험 지정기관 이용 시에도 본인부담금 경감제도를 도입해야 한다. 현재 15%인 재가급여 본인부담률을 10%로, 시설급여는 20%에서 15%로 낮춰야 한다. 이러한 정책은 농촌 주민의 부담을 덜어줄 뿐만 아니라 고령화율은 높지만 노인 인구 수가 감소하고 있는 농촌지역에서 장기요양지정기관이 계속 운영되기 위해서도 꼭 필요하다.

3. 농촌 보건의료체계를 만성질환자의 건강권을 위해 혁신해야 한다

1) 보건소·보건지소·보건진료소를 생활권별로 통합하고 순회진료팀을 운영해야 한다

□ 병·의원 수가 줄어서 농촌 주민의 건강권이 크게 위협받고 있다

해방 직후 미군정에 의해 처음 도입된 보건소는 1956년 「보건소법」

이 제정, 공포되어 시·도립 보건소 직제가 만들어지고 법적 근거가 수립
됐다. 보건소체계는 보건소를 필두로 보건지소, 모자보건센터, 보건진
료소로 구성되며, 일부에는 보건소 대신 보건의료원이 설치되어 있다.
현재 전국의 대다수 시·군·구에 보건소(혹은 보건의료원)가 있고, 농어
촌 읍면 단위에 보건지소, 오지에 보건진료소가 있다. 보건소는 예방
중심의 기능에도 불구하고 예방 기능조차 취약했으며, 진료 기능 취
약도 말할 나위가 없어 주민들로부터 외면받아왔으므로 혁신이 필요
하다.

□ 과거 가족계획, 유아건강 관리를 위해 꼭 필요했던 보건소·보건지소·
　보건진료소의 핵심 기능을 만성질환자 관리 등으로 혁신해야 한다
　현재 보건소 등은 흩어져 있고 인력이 분산되어 효율성이 매우 낮다.
인구가 5만 명 내외인 군 단위에 보건소·보건지소·보건진료소가 수십
곳 있다 해도 야간이나 주말에 환자가 생기면 전혀 도움이 안 된다. 또
한 보건진료소는 간호사 1명만 근무해, 응급환자에게 적절한 의료서비
스를 제공하는 것은 사실상 불가능하다.

□ 보건소·보건지소·보건진료소 등을 생활권별로 통합 운영하고, '순회
　진료팀'을 만들어 주민에게 찾아가는 서비스를 제공해야 한다
　어느 지역에는 군청 소재지에 보건소 1개소, 읍·면 소재지에 보건지
소 10개소, 리 단위에 보건진료소 15개소 등 총 26개소가 있다. 이런 배
치는 과거에 걸어서 혹은 버스로 이동하던 시절에 이루어졌는데, 자동
차 보급률이 매우 높아진 지금은 주민 생활권을 고려하여 공공의료기
관을 재배치해야 한다. 위 지역의 경우 약 5만 명의 주민이 군청 소재지
읍과 다른 읍, 그리고 북부 4개 면에 생활권역을 형성하여 살고 있다.

따라서 보건진료소와 몇 개의 보건지소를 합쳐 통합보건지소 2개를 만들고 그중 1개소는 군청이 아닌 읍에, 1개소는 북부 4개 면의 중심지역에 배치할 것을 제안한다(다른 군의 경우 지역의 특성을 고려하여 2~4개소로 통합보건지소를 만든다). 모든 직원은 보건소와 통합보건지소에서 근무하고 그중 일부는 만성질환자의 가정이나 마을 경로당에 찾아가는 서비스를 실천하도록 한다. 앞서 말했듯이 농어촌은 대중교통수단이 열악할뿐더러 만성질환자는 이동에 불편을 느끼기 때문에 의료진이 찾아가 진단하고 처방하는 것이 바람직하다.

현재 시행하고 있는 고혈압·당뇨병·치매 등 만성질환자에 대한 '주치의 등록제'를 더욱 활성화하여, 의료인이 환자의 가정이나 지역 경로당 등으로 월 1회 이상 방문하도록 제도화한다. 농촌 주민 만성질환 관리를 위해 '주치의 등록제' 활용 시 본인부담률을 10% 낮춰주는데, 보건소와 통합보건지소의 순회서비스를 이용할 시에는 더욱 저렴하게 하여 주민 의료비를 획기적으로 낮추어야 한다.

2) 농촌 응급환자 이송체계를 혁신한다

□ 응급환자 다수가 심혈관계 환자이거나 교통사고 환자인데, 골든타임을 놓칠 경우 생명의 위협을 받거나 후유장애가 남는다

농촌 응급환자 이송체계를 혁신해야 한다. 농촌 응급환자에 대한 신속한 관리는 주민만이 아니라 지역 방문객에게도 중요한 사안이다. 주로 시군별로 이루어진 119안전센터 활동반경을 광역생활권으로 재구조화하여 인접지역에 있는 상급병원을 이용할 수 있게 해야 한다. 현재는 119안전센터에서 가장 가까운 응급의료기관을 1차로 이용하고, 광역생활권에 있는 종합병원이나 상급병원으로 가기 위해서는 응급처치

설비가 없는 승용차나 고가의 민간응급차량을 이용할 수밖에 없다.

□ 농촌에 있는 119안전센터의 활동반경을 광역생활권으로 확대한다

현재 119안전센터는 화재 대피 및 자위소방대 초기 화재 진압 훈련, 소방차량 방수 훈련, 소화기 사용법 등 화재예방교육을 진행하여 화재 시 대처능력을 키우는 데 집중하고 있다. 농촌은 초고령화가 진행되어 밤낮으로 응급환자가 생기는데 119안전센터는 인력이 적고 장비가 빈약하여 밤에 환자가 생기면 제때에 적절한 서비스를 받기 어렵다. 인력 및 장비 부족으로 응급환자를 가까운 의원이나 병원으로 이송할 수밖에 없는 환경을 바꾸어서 상급병원이 있는 광역생활권까지 활동반경을 확대하고, 안전센터 인력·예산을 보강해야 한다.

4. 농촌 복지서비스와 시설에 대한 주민의 접근성을 확보한다

1) 행정복지센터가 찾아가는 서비스와 '생애주기별 맞춤형 복지교육'을 실시해야 한다

□ 주민이 시·군·구나 읍·면·동에 신청하면 받을 수 있는 복지급여는 360가지가 넘지만 신청하지 않아 사각지대에 놓인 경우가 많다

복지급여 대부분은 당사자나 가족이 신청할 때만 받을 수 있는 신청주의를 원칙으로 하는데, 고령의 농촌 주민은 어떤 상황에서 어떤 복지급여를 신청하면 받을 수 있는지 몰라 신청하지 못하는 경우가 많다.

이러한 문제를 해결하기 위해 국가와 지방자치단체는 2018년에 모든 읍·면·동 주민센터를 행정복지센터로 바꾸었다. 행정복지센터에는 기존 복지팀과 별개로 '맞춤형 복지팀'을 만들어, 복지공무원이 주민을

찾아가 복지 사각지대를 발굴하고 복지서비스를 적극 제공하도록 하고
있다.

□ 행정복지센터는 모든 시민에게 생애주기별 맞춤형 복지교육을 실시
  해야 한다

농촌은 도시에 비해 관할지역이 넓고 인구가 적어 행정 효율이 매우
떨어진다. 본인이나 가족이 복지급여의 적용 대상, 급여 내용, 신청 방
법을 알아야 신청할 수 있을뿐더러, 전자정부가 체계화되면서 인터넷
으로 복지급여를 신청하는 젊은층에 비해 정보활용능력이 낮은 농촌
주민은 신청하지 못할 가능성이 높다. 따라서 농촌지역에 있는 면사무
소, 보건소, 학교 등 각종 공공기관은 모든 시민에게 생애주기별 맞춤
형 복지교육을 실시해야 한다.

예를 들면 65세 이상이 되면 누구든지 기초연금을 신청할 수 있다
는 사실, 신청한 사람이 수급자로 결정되지 않더라도 5년간 이력이 관
리되어 수급 기준이 바뀌면 안내받을 수 있다는 사실, 기초연금에서
소득인정액의 산정 방식은 기초생활보장에서 소득인정액을 산정하는
방식과 달라 상당한 근로소득이 있어도 기초연금을 받을 수 있다는 사
실을 당사자가 알 수 있도록 체계적인 복지교육이 이루어져야 한다.

□ 복지급여를 영역별로 정리한 책자를 보급한다

아동, 청소년, 여성, 노인, 장애인, 저소득층 등 특정 인구집단이 신청
하면 받을 수 있는 복지급여를 영역별로 정리한 책자를 만들어서 보급
하고, 특정 서비스를 받는 수급자에게는 관련 서비스를 체계적으로 알
려주는 교육을 실시해야 한다. 예컨대 건강보험 가입자와 피보험자는
건강검진을 무료로 받을 수 있고, 연령에 따라 5대 암검사도 무상 혹은

10%만 부담해 받을 수 있으며, 암이 발견되면 치료비로 200만 원까지 지원받을 수 있고, 보건소에 암환자 등록을 하면 통원 시 본인부담률이 5%로 낮아질 수 있다는 사실을 널리 알려야 한다.

2) 마을회관에 침실을 증설하여 복합생활공간으로 개선해야 한다

□ 새로운 시설을 건립하기보다는 경로당, 마을회관 등 기존 시설을 적극 활용해야 한다

경로당, 마을회관 등 기존 시설이 복합적인 기능을 수행하도록 한다. 예컨대 마을회관에 침실을 벌집 식으로 증설하여 공동생활가정을 겸한 마을회관으로 발전시킨다. 이미 마을회관에는 거실, 침실, 취사공간 등이 있으니 여기에 침실을 몇 개 더 만들면 혼자 사는 노인들이 공동체생활을 할 수 있다. 아직 쓸 만한 주택이 있는 경우 날씨가 좋은 봄과 가을에는 자신의 집에서 살고, 무더운 여름과 추운 겨울에는 마을회관에서 공동생활을 하는 것도 한 방법이다. 자신이 평생 동안 살았던 마을에서 좀 더 안정감 있게 살 수 있도록 정주 여건을 개선하는 일이 농촌의 지속 가능성을 높이는 길이다.

□ 기존 마을회관에 침실을 증설하여 노인공동생활가정으로 만든다

현재 국가와 지방자치단체는 실버주택을 아파트 식으로 건립하는 것이 일반적인데, 농촌지역은 도시와 달리 인구가 분산되어 일정 규모 이상의 실버주택은 적합성이 떨어진다. 인구가 밀집한 군청 소재지 같은 곳은 실버주택을 건립하지만, 면 단위 이하에는 새 실버주택을 건립하기보다는 기존 마을회관을 개축하여 주거공간을 늘리는 방식이 좀 더 합리적이다. 최근 인구 유입이 많은 농촌은 다른 방법을 찾아야겠지만,

사실상 마을이 사라지는 농촌에서는 기존 마을회관을 활용하는 방안을 적극 찾아야 한다. 특히 고령 노인을 위한 생활서비스 제공은 협동조합 방식으로 풀면 지속 가능성을 더욱 높일 수 있다.

□ 경로당·마을회관에 컴퓨터를 설치하여 온·오프라인으로 소통할 수 있도록 한다

온라인 쇼핑 및 택배를 이용해 먹거리 등을 온라인으로 주문받아 발송하면 소득 창출에도 기여할 수 있다. 마을회관을 주말이나 휴가철에 '민박'공간으로 활용하여 마을소득을 올리는 것도 가능하다.

5. 농촌 주민의 교육권과 문화향유권을 위해 교육·문화 기반을 확충한다

1) 1면 1초·중등학교를 '절대학교'로 유지·발전시킨다

□ 1면 1초·중등학교를 '절대학교'로 유지·발전시킨다

농촌 인구와 학생 수 감소에 따른 학교 통폐합은 '효율성'이라는 명분하에 이루어지지만, 한 번 사라진 학교는 다시 만들기 어렵다. 학령기 아동이 있는 청장년층 가족은 학교를 찾아 지역을 떠나고, 귀농·귀촌을 하는 사람들 역시 학교가 있는 곳을 선호할 수밖에 없다.

농촌 학교는 단순한 교육공간을 넘어 마을공동체의 구심 역할을 하며, 폐교는 마을공동체 손실과 같다. 따라서 초·중등학교는 획일적 통폐합이 아니라 농촌지역사회 유지·활성화의 거점이자 도시와의 교류 거점(농촌 생명학교 도농살림터)으로 살려가야 한다.

□ 초·중등학교를 평생학습 성인교육기관으로 지정·활용한다

이를 위해 1면 1초·중등학교를 소규모 '절대학교(적정학교)'로 육성하
고, 이 학교를 평생학습 성인교육기관(평생교육센터)으로 지정·활용해
야 한다. 1면 1초·중등학교를 농어촌서비스 기준에 따른 '절대학교'로
유지·육성하고, 학생 수가 감소할 때에는 휴교하다가 학생이 있으면 언
제든 복교할 수 있도록 한다. 기숙학교는 인접 지역 학생뿐만 아니라 도
시 학생들이 학년 단위로 전학을 오는 경우도 있어 지역 활성화에 기여
한다.

2) 초·중·고등학교에 '성인반'을 설치하여 헌법에 규정된
   교육받을 권리를 보장한다

□ 모든 국민은 헌법상 보장된 초·중등학교 교육을 무상으로 누리도록
   한다
   일제강점기 혹은 해방 후 어린 시절을 보내느라 교육받을 권리를 놓
친 이들을 위한 공교육 기회를 적극 제공해야 한다. 일부 시·도에서는
초등학교를 1년에 졸업하는 성인반을 운영하거나(광주 월산초등학교)
중학교에 성인반을 설치해 운영하고 있으며(광주 치평중학교), 고등학교
과정을 방송통신과정(광주고등학교, 전남여자고등학교 등)으로 운영하기
도 한다.

□ 전국의 모든 시·군·구에 접근성이 좋은 초·중·고등학교에 성인반을
   개설한다
   교육 기회를 놓친 성인들에게 공교육을 받을 기회를 획기적으로 늘
려야 한다. 성인을 위한 공교육 기회 확대는 이들이 지식정보사회에서

적응능력을 키우는 데 꼭 필요하다. 전국의 모든 시·군·구에 1개소 이상씩 초·중·고등학교에 '성인반'을 설치하고, 향후 수요를 고려하여 확대해야 한다. 초·중·고등학교에는 이미 교실이 있고 교직원, 급식설비, 통학차량 등이 있기에 성인반을 즉시 설치할 수 있다.

초등학교를 마치지 못한 성인도 7년간 공부하면 초·중·고등학교를 전부 마칠 수 있다. 이러한 시스템을 전국으로 확산시켜 배움에 대한 욕구가 있는 성인이라면 누구든 무상으로 공교육을 받을 수 있게 한다.

3) 초·중·고등학교를 교육·문화·복지센터로 활용한다

□ 학교를 모든 주민의 교육·문화·복지센터로 발전시킨다

농촌지역에 있는 수많은 초·중·고등학교는 입학생 수가 급감하여 조만간 통폐합 혹은 폐교 위기에 놓여 있다. 이들 학교를 모든 주민의 교육·문화·복지센터로 탈바꿈시켜야 한다. 우선 여유 교실을 영유아보육시설, 지역아동센터, 청소년문화의집 등 아동·청소년을 위한 교육·문화·복지센터로 활용한다.

□ 폐교된 후에 활용 방안을 찾지 말고, 폐교하기 전에 여유공간을 교육·문화·복지공간으로 활용한다

현재 학교를 폐교할 때 교육·문화·복지기관이나 단체에 우선적으로 임대하거나 매각하는데, 이는 쉽지 않다. 폐교 후 새로운 주인을 찾는 데 많은 시간을 보내다 보면 기존 건물은 황폐화되기 쉽다. 따라서 폐교하기 전에 여유공간에 '성인반'을 개설하고 교육부·여성가족부·문화체육관광부 등에서 각기 지원하는 방과후교육사업을 연계해 활용할

수 있도록 장려한다. 남은 교실에 지역아동센터가 입주하거나 청소년방
과후아카데미, 청소년문화의집 등을 설치할 수도 있을 것이다.

□ 평소에는 학생과 주민을 위한 공간, 주말과 방학에는 다른 지역민에
  게도 개방한다

자연경관이 좋은 산촌에는 청소년문화의집, 유스호스텔 등을 병설
하여 평일에는 학생들이, 주말이나 방학에는 여행자들이 활용하도록
장려한다. 귀농·귀촌한 주민이 가진 각종 재능을 활용하여 공방을 운
영하거나, 결혼이민가족 등이 중심이 되어 지구촌 언어강습소를 운영
한다. 결혼이주가족이 많은 지역에서는 다문화가족을 위해 다양한 언
어를 가르치고 동아리활동을 통해 다문화이해를 넓혀야 할 것이다. 현
재 다문화센터 등에서 시행하는 언어교육은 이주한 사람에게 한글을
비롯해 한국문화를 가르치는 것이 중심인데, 이러한 동아리는 한국인
배우자와 가족에게 지구촌의 다양한 언어를 습득할 계기를 적극 마련
하는 방식으로 운영되어야 할 것이다.

6. 농촌 작은학교 살리기와 농촌유학 지원을 통한
   농촌마을교육공동체를 키운다

1) 농촌 학교를 모든 주민을 위한 '지혜의 숲'으로 발전시킨다

□ 학교는 학생을 위한 교육공간이면서 학부모와 주민을 위한 지역사회
  교류공간이다

농촌 학교는 학생을 위한 교육공간이자 학부모 간 소통의 장이며, 졸
업생이 추억을 나누고 지역 주민이 운동회 등을 통해 공동체를 형성할

수 있는 곳이다. 따라서 농촌에 있는 작은학교를 살려서 모든 주민을 위한 '지혜의 숲'으로 발전시킨다. 학생과 학부모가 학교를 평생학습의 장으로 활용하며, 졸업생과 지역 주민이 학교를 공동체 공간으로 활용하면 학교는 모든 주민을 위한 '지혜의 숲'이 될 수 있다.

2) 도시의 아동이 농촌을 체험할 수 있도록 농촌유학 프로그램을 지원한다

□ 농촌학교를 농촌유학 프로그램의 거점기관으로 활용할 수 있다

최근 자연친화적인 환경에서 어린 시절을 보내고 싶어하는 아동과 학부모가 늘어나고 있기에 1년간 혹은 1학기 동안 농촌유학 프로그램을 활용하여 도시 아동이 농촌을 체험할 수 있는 계기를 늘린다. 농촌 유학은 도시에 사는 아이들이 일정 기간(1학기 이상) 부모 곁을 떠나 농촌의 작은학교를 다니고 시골마을의 농가에서 생활하며 자존감과 자립심, 공동체 삶을 배우며 생활하는 것을 말한다. 이는 폐교 위기에 처해 있는 농촌의 작은 학교를 지역아동센터 및 산골유학센터로 탈바꿈시켜 '농촌의 교육적 가치와 농촌생활 삶의 질' 향상을 위한 마을공동체 협력에 기여한다고 평가되고 있다.

3) 「농촌마을 교육공동체 활성화 지원법」을 제정한다

□ 자연환경이 좋은 농촌학교를 농촌마을교육공동체 시범학교로 지정한다

도시에서 접근성이 좋은 농촌이나 자연환경이 좋아 귀농·귀촌지역으로 각광을 받는 지역에 있는 초·중학교를 시범학교로 지정하고, 1학기 이상 농촌유학에 필요한 체류비를 지원할 것을 제안한다. 현재 부모

세대는 어린 시절에 농촌생활을 직·간접적으로 체험할 기회가 있었지만, 도시에서 태어난 세대는 이러한 경험이 없기에 체험학습의 계기를 준다.

□「농촌마을 교육공동체 활성화 지원법」을 제정한다

「농촌마을 교육공동체 활성화 지원법」을 제정하고, '농촌유학기금'을 마련할 것을 제안한다. 아울러 농촌 학생이 농촌에 유학한 도시 학생의 집에 살면서 도시를 체험할 기회를 주는 사업도 동시에 추진하면 '도농 상생교류'를 어린 시절부터 실천할 수 있다.

농촌은 오랜 삶터이고 농업은 모든 산업의 근본이다. 인간이 살기 위해 먹거리를 생산하는 농업은 '생명산업'이다. 지속 가능한 삶을 위해서는 누군가 '생명창고'를 꼭 지켜야 하기에 농촌 복지정책과 교육정책을 적극적으로 개발해야 한다.

| 참고문헌 |

김영란 외, 《농어촌복지의 이해》, 광주대학교 출판부, 2010.
농민행복·국민행복을 위한 농정과제 공동제안연대, 〈도농공생·농민행복·국민행복을 위한 농정대개혁〉, 《19대 대선 농정과제 공동제안 발표회 자료집》, 2017.
이용교, 《이용교 교수 복지상식》, 광주대학교 출판부, 2016.
_____, 《복지상식》, 광주대학교 출판부, 2017.
이용교 외, 《농어촌복지론》, 광주대학교 출판부, 2010.

농민신문, 〈인구감소 농촌마을 소멸 위기〉, 2016. 11. 16.
아시아경제, 〈늙고, 떠나고… '지방도시' 소멸 위기〉, 2017. 5. 8.

3부

재정 개혁과 농정추진체계
근본 전환

다기능성 지원 중심의 농업·농촌 재정 개혁과 창의적 지방농정의 공간 확대

이명헌

현 인천대학교 경제학과 교수

독일 괴팅겐 대학교에서 농가의 농외노동공급에 대한 논문으로 농업경제학 박사학위를 받은 후, 농가소득과 그에 관련된 농업정책을 주로 연구해왔고, 19세기 말 네덜란드 기독교 정치경제사상에도 관심을 갖고 있다. 주요 연구로 〈논농업 직불제의 소득분배효과 분석〉(2005), 〈아브라함 카이퍼의 노동문제관〉(2011), 〈중앙설계에서 지역혁신으로-농정연방주의를 향하여〉(2016) 등이 있다.

- **현재 우리 농업·농촌재정은 산업으로서의 농업성장에 초점을 맞추느라 농업·농촌의 다원적 기능을 북돋우기에는 부족하다**

  과거 정부가 제시했던 주요 농정과제에는 농업·농촌의 다원적 기능이 명시적으로 포함되어 있지 않다. 농업예산프로그램들 중에는 농식품산업의 미래성장산업화 또는 경쟁력 강화라는 정책 목표를 위한 것이 숫자 면에서나 예산 규모 면에서나 압도적이다. 이러한 체계는 민간의 역량 및 지식이 크게 성장했고, 경쟁력 핵심이 가격이 아닌 품질과 독특성으로 옮겨 가고 있으며, 소득수준 상승을 비롯한 사회문화적 변화로 인해 농업·농촌의 다기능성이 중요해지고 있는 상황에는 더 이상 적합하지 않다.

- **지방정부가 재정부담에 상응하는 권한이나 재량을 갖고 있지 못하다**

  중앙정부의 재량적 사업에 대해 지방정부의 공동재정부담이 매우 크지만 지방정부는 그에 상응하는 권한이나 재량을 갖고 있지 못하다. 중앙정부 사업에 대한 높은 지방비 부담과 취약한 지방재정 기반, 특별회계제도의 제약으로 인해 지방정부가 지역 특성에 맞는 정책 수단을 창의적으로 개발하여 재원을 탄력적으로 배분할 수 있는 여지가 적다.

- **농정 목표는 정부의 역할이 없을 경우 공급될 수 없는 식품·농업·농촌분야의 다기능성 공급으로 전환해야 한다**

  식품·농업·농촌분야에서 다기능성 공급을 중심으로 농업정책의 최상위 정책 목표들이 설정되고 그에 상응하여 재원 배분이 이루어져야 한다.

- **그 수단으로서 농업·농촌재정의 중심을 생산 및 유통 관련 투입재(생산) 및 생산물에 대한 선별적 가격보조에서 농업이 발휘하는 다기능성에 대한 일반적 지불로 이동시키자**

  가격보조 중심 정책은 산업성장이라는 정책 목표 달성을 위한 수단으로 다기능성 촉진에 도움이 되지 않을 뿐 아니라, 투입예산 대비 농가소득에 대한 기여도도 낮다. 또한 지원 대상을 선별적으로 정하는 방식은 농업 주체로 하여금 시장과 사회적 수요에 반응하기보다 관료들의 선택을 받는 데 집중하게 만든다. 이런 상황에서 벗어나 다기능성 기여 조건을 만족하는 모든 경영 주체에 대한 일반적 지불로 재정 중점을 이동시킴으로써 다기능성 중심 농정 목표 달성의 효과성, 농가소득 증대로 이어지는 예산 효율성, 농업 주체의 시장대응성 모두를 높여야 한다. 다기능성에 대한 지불을 핵심으로 하는 직불제의 경우, EU에서는 GDP 대비 0.2~0.8%, 농업 GDP 대비 20~30%인 데 반해 우리나라에서는 각각 약 0.1%, 4~5%에 불과하다는 사실에 주목해야 한다.

- **직접지불제는 시장에서 제공되기 어려운 다기능성의 공급에 대한 지불로 성격을 명확히 하자**

  현재의 직불제 체계를 '농업기여지불제'로 전환하여 다음과 같은 하위프로그램을 둔다. '농지관리지불'은 농업생산능력 보존을 위해 논밭을 경작하는 농가에게 최저한의 환경 및 토양 보존의무 준수를 조건으로 하여 면적당 일정액을 지급한다. '친환경농업지불'은 친환경농업의 환경적 기여에 대한 지불로서 농법 및 작물별로 차별화하고, 친환경농업의 도입뿐 아니라 지속에 대해서도 안정적으로 지불하도록 한다. '농업환경기여지불'은 농업경영을 비롯해 관련 활동이 환경에 미치는 긍정적 기여들(기후변화 경감, 재해 예방, 지역자연 인프라 기여, 생태계 유지, 생태학적 다양성 제고 등)을 유지·확대하기 위해, 시장이 그 대가를 지불할 수 없는 부분에 대해서 지불하는 것이다. '조건불리지역유지활동지불'은 자연 및 경제적 여건상 불리한 지역에서 농업활동이 지역인구 유지 및 경제·고용에 기여하는 바에 대해 지불하는 것으로 농업의 비중과 수익성, 인구밀도 등을 고려하고 지역적 특성을 반영하여 운영한다.

- **농정의 권한과 책임을 정책의 영향 범위에 따라 중앙과 지방정부 사이에 재배분해야 한다**

  전국적인 정책 목표를 위한 농업정책(가령 직불제)은 중앙정부의 예산과 인력조직으로 담당한다. 농정 영역별로 중앙과 지방 간에 분담체계를 '중앙정부 전담', '중앙·지방 협의', '지방 주도'로 구별하여 그에 따른 협치의 틀을 정립한다. 이를 위해 「농업·농촌 및 식품산업 기본법」에 농정과 관련한 분권 및 협치 관련 기본 규정을 둔 다음, 국가와 자치단체의 협의농업정책 영역과 의사결정 방식을 정하는 법·제도를 제정한다.

I. 농업·농촌재정 무엇이 문제인가?

1. 농업성장 중심의 농업·농촌재정

□ 현재 농업·농촌재정은 산업으로서의 농업성장에 초점을 맞추느라 농업·농촌의 다원적 기능을 북돋우기에는 부족하다

지금까지 농정당국이 제시했던 비전과 농정과제 체계에서는 농업·농촌의 다원적 기능이 적어도 명시적으로는 포함되지 않았다. 또한 과제별로 제시된 중요 시책들은 산업으로서의 농업성장에 초점이 맞춰져 있다. 농림축산식품부는 예산서('예산 및 기금운용계획서')체계상 (2016년 기준으로 회계 간 거래를 제외하면) 21개의 프로그램을 두고 있다. 〈표 10-1〉은 '상식'적인 수준에서 각 프로그램이 농림축산식품부가 제시하고 있는 농정과제 중 어디에 속할지를 정리한 것인데, 여기서도 '농식품산업의 미래성장산업화' 또는 경쟁력 강화라는 정책 목표에 속한 프로그램이 숫자 면에서나 예산 규모 면에서나 압도적이다.

하지만 이러한 체계는 민간의 역량 및 지식이 크게 성장했고, 경쟁력 핵심이 가격이 아니라 품질과 독특성으로 옮겨 가고 있으며, 소득수준 상승을 비롯한 사회문화적 변화로 인해 농업·농촌의 다기능성이 중요해지고 있는 상황에서는 더 이상 적합하지 않다. 특히 농업·농촌에 대한 사회 구성원들의 기대가 '충분한 농산물을 저렴한 가격으로 공급하는 것'에서 점점 '좋은'(여기에는 다양한 문화적 가치가 반영된다) 농산물을 환경에 부담을 주지 않으면서 공급함과 동시에 '농촌 특유의 아름다움과 여유를 제공하는 것'으로 옮겨 가는 상황에 대응하기 어렵다.

〈표 10-1〉 농정과제 및 프로그램별 예산 규모(2016년)　　　　　　　　(단위: 10억 원)

농정과제	프로그램 번호	프로그램명	액수
농식품산업의 미래성장산업화	1100	농업경영체 육성	84.9
	1300	농수산인력 양성	25.3
	2400	친환경농업 육성	289.2
	2500	농식품기술개발정책 연구	193.7
	2800	식품산업 육성	820.3
	3200	경쟁력 제고	345.9
	3700	축산업 진흥	1,132.9
	4000	농업생산기반 확충	2,150.6
	6400	종자 관리	120.7
	소계		5,163.5
누구나 살고 싶은 복지농촌 건설	4100	농촌복지 증진	432.2
	4200	농촌지역 개발 및 도농교류 활성화	1,243.2
	소계		1,675.4
농가소득 증대	1000	농가경영 안정	2,951.8
	2600	농지은행	626.3
	소계		3,578.1
안전한 농식품의 안정적 공급	2100	양곡 관리	1,594.4
	3900	축산물안전 관리	273.8
	6000	농산물품질 관리	59.5
	6200	농림축산검역검사	67.2
	소계		1,995.0
농축산물 유통구조 개선	3000	농산물가격 안정 및 유통 효율화	1,511.7
기타	5000	국제협력협상	49.7
	6500	농식품공무원교육원 운영	2.9
	7000	농림축산식품 행정 지원	391.9
	소계		444.5
합계			14,368.1

주: 회계 및 기금 간의 거래프로그램(18종)을 제외한 사업 성격의 프로그램만을 반영한 것임.
자료: 농림축산식품부(2016b)에 근거하여 필자가 계산.

□ 농업·농촌재정의 중점인 생산 및 유통 관련 투입재(생산) 및 생산물에 대한 선별적 가격보조정책은 농업·농촌에 대한 새로운 사회적 요구에 호응하는 농업을 만들기에도 부적절하고, 농가소득 증대 효과도 낮다

농업·농촌재정을 위한 각종 정책사업은 선택된 주체들에게 보조금이나 융자지원을 통해 각종 투입재 사용비용 혹은 투자비용을 낮춰주는 방식이다. 이런 방식은 다기능성에 대한 다양한 사회적 수요를 충족시키는 데 부적절하다. 수요가 단순하고 그에 대응하는 방식도 규모의 경제화를 이루는 것으로 충분했던 시기에는 어느 정도 성과를 거둘 수 있었다. 하지만 사회가 기대하는 수요가 다양해진 데다 농업생산자와 농촌이 대응하는 방법도 다양해지고 있어, 정부가 이러한 흐름을 읽어 효율적으로 정책설계를 하고 적합한 대상자를 선정하기가 갈수록 어려워지고 있다.

또한 투입재 비용 혹은 투자비용을 낮추거나 특정 생산물가격을 높이는 재정정책은, 정책이 중요한 목표로 내거는 생산자소득 증대를 달성하는 데에도 비용 효율성이 낮다. 혜택이 투입재 공급기업과 소비자에게도 분산되기 때문이다. 참고로 OECD(2001)는 생산물시장과 투입물시장을 동시에 고려하는 경제모형을 통해 투입재가격을 낮추는 정책에 100원의 재정을 투입하면, 그중 67원은 투입재 공급기업에 귀착되고 실제로 생산자소득 증대로 이어지는 것은 17원에 불과하다고 보고하기도 했다.

2. 정부의 디자인을 추종하게 하는 재정

□ 재정지출은 지출의 법적 근거가 무엇인지에 따라 법정지출과 재량적
  지출로 구분할 수 있다

  법정지출은 사전에 정해진 요건을 충족하면 재정지원이 보장되는 지
출(변동직불, 고정직불)이며, 재량적 지출은 정책당국의 재량적 판단 또
는 선발에 따라 재정지원이 결정되는 지출(농림축산식품부의 재정지출
가운데 이른바 '지원사업'의 이름을 가진 항목들 중 쌀소득보전 직불제를
제외한 대부분)이다.

□ 현재 이러한 재량적 사업이 과다하고 과대하다

  재량적지출사업은 다양한 정책 수요가 있는 상황에서 한정된 자원
을 효율적으로 사용하기 위해 필요하다. 그렇지만 이러한 사업의 종류
가 과다하면 지원 대상을 선정하고 관리하고 평가하는 데 과도한 인력
과 조직과 자원이 투입된다. 또한 이러한 사업으로 지출되는 예산이 과
대해지면 관련 주체가 시장이나 사회적 수요에 반응하기보다 정부의
디자인을 추종하게 된다.

  현재 우리 농업·농촌재정에서는 이러한 재량적 사업이 과다하고 과
대하다고 볼 수 있다. 우선 정책사업 종류가 '농림축산식품사업 시행지
침서'의 분류 기준으로 70~80개인데, 사업별로 세부사업이 여러 개여
서 실제로는 200~300개에 이를 것으로 추정된다. 이들 사업 중 직불제
를 제외한 대부분은 재량적지출사업이다. 이러한 재량적지출사업을 통
해 집행되는 중앙정부의 예산 규모도 5조 8,000억 원가량으로, 전체 농
림축산식품부 예산(2016년 17조 4,000억 원)의 33%에 달한다.

3. 지방 자율적 농정의 여지가 좁은 농업·농촌재정

□ 첫째, 중앙정부의 재량적지출사업에 대해서 지방정부의 공동재정부
　담이 매우 높다

'2016년 농림축산식품사업 시행지침서'에 나타난 사업에 대한 중앙
정부의 재정지출 규모는 5조 8,000억 원인데 이와 결부된 지방정부의
재정지출 규모는 1조 2,600억 원으로, 중앙정부 지출의 22% 수준이다.

그런데 70개 사업 중 지방정부가 재정을 공동으로 부담하도록 규
정된 사업은 34개이며, 이 34개 사업에 대한 중앙정부의 지출은 1조
8,800억 원이다. 따라서 지방정부가 재정을 공동부담하는 사업에서 중
앙정부와 지방정부의 재정부담 비율은 약 6:4다. 이 같은 비율은 독일
(우리나라보다 지방정부의 재원이 훨씬 풍부하다)에서 연방정부와 지방정
부가 공동부담하는 농업구조개선사업과 같은 수준이다. 그럼에도 불구
하고 동원할 수 있는 재원이 부족한 지방정부가 중앙정부 사업에 적극
적으로 참여함에 따라 자신의 재원 상당부분을 중앙정부가 설계한 사
업에 투입하게 된다.

□ 둘째, 지방정부는 공동재정부담에 상응하는 사업의 설계 및 집행 관
　련 권한이나 재량을 갖지 못하는 경우가 많다

많은 경우, 〈표 10-2〉에서 볼 수 있듯이 중앙정부가 사업의 기본내
용에서부터 지원 대상 선정, 사업계획 확정 등을 결정하며, 지방정부
는 이렇게 정해진 사업의 집행을 맡는 방식으로 이루어진다.

〈표 10-2〉 농림재정사업에서 중앙정부와 지방정부의 권한(사례)

- **사업명**: 지역전략식품산업 육성산업(2016년)
- **재정분담**: 중앙정부 보조 및 지방비 각각 88억 원
- **사업 대상자**: 지방자치단체 및 지약전략식품육성사업단
- **사업자금 사용 용도**: 중앙정부 사업시행지침
- **사업 신청**:
  - 농림부가 지원 대상 선정 기본계획 수립, 시도에 시달
  - 시도가 사업단 선정, 세부사업계획서 검토
  - 농림부가 세부사업계획 보완 지시, 최종 승인. 사업 변경 시에도 사전 승인
- **자금 배분**: 농림부가 배부, 시도는 사업단에 교부
- **이행 점검**: 지자체는 사업 추진 효율성 떨어질 때 농림부와 협의 후 사업단에 계획 변경 요구 가능
- **사후관리**: 시도는 사업비 검정 결산하여 정산 결과를 농림부에 보고
- **사업 평가 및 환류**:
  - 성과지표: 농림부가 사업단이 제출한 성과지표 검토하고 시도를 통해서 보완
  - 평가: 시도가 현장방문 점검, 보고서를 농림부에 제출. 농림부 직접 현장방문 평가 가능
  - 환류: 농림부 또는 시도가 부진 사업단에 패널티 부여

□ 셋째, 지방정부가 지역 특성에 맞는 정책 수단을 창의적으로 개발하여 재원을 탄력적으로 배분할 수 있는 여지가 제한받고 있다

우선 지방자치단체가 농정에 자율적으로 배분할 수 있는 예산이 제한되어 있다. 최창영(2012)이 분석한 충청북도 사례를 보면, 총예산 세입 중 지방세와 세외수입이 30%에 불과하고, 지방교부세 18.8%, 국고보조 36.1%, 광역지역발전특별회계(광특회계, 현행 지역발전특별회계[이하 지특회계]의 전신이다) 13.3%이었다. 지방세, 세외수입, 지방교부세는 지방자치단체의 기본적인 업무를 처리하는 데 대부분 사용되므로 결국 국고보조와 지특회계가 지방자치단체가 창의성을 발휘할 수 있는 여지를 제공한다고 볼 수 있다. 그중 국고보조는 앞서 봤듯이 중앙정부가 특정 사업과 관련하여 그 사용 방식을 지정하고 지방자치단체로 하여금 일정 비율 공동부담하도록 하므로, 지방자치단체 입장에서는

정책을 선택하는 재량이 제약될뿐더러 다른 사업에 쓰일 예산이 줄어든다는 문제점이 있다. 다른 한편, 지특회계는 국고보조금에 비해 지방자치단체의 재량이 더 크게 발휘될 수 있는 재원이지만 실제 운용에 있어서는 중앙부처가 예시하는 세부사업을 탈피하지 못하는 경향이 강하게 나타난다(송미령, 2012). 지특회계가 일정하게 열어주고 있는 재량이 충분히 사용되지 못하는 이유는, 한편으로는 중앙정부가 세부적인 운용에 있어 명시적·비명시적 통제장치를 여전히 두고 있는 것, 다른 한편으로는 지방자치단체의 기획 역량이 부족하다는 것이다.

□ 넷째, 농업·농촌의 다기능성 발휘를 지원하는 정책에 대해 지방정부
  가 역할을 할 수 있는 여지가 좁다

농업·농촌이 갖는 다기능성에는 지역성이 적은 것도 있지만(기본적 농업생산자원의 유지), 환경생태적 기여나 지역경제 유지 등 지역성이 강한 것도 많다. 이러한 혜택이 일차적으로 해당 지역에 미친다는 점에서 지역적이라는 것인데, 더 중요한 것은 지역별로 구체적인 생태계와 경제적 조건에 따라 농업·농촌의 다기능성이 나타나는 양상이 다르다는 점이다. 또한 그렇게 지역별로 다르게 나타나는 다기능성을 알아차리고 그것을 지원하려면 무엇이 필요한지에 대해 사람들이 이해하고 합의하는 과정이 지역 단위에서 더 잘 이루어질 수 있다는 점에서도 지역적이다. 그런데 현재의 농업·농촌재정체계에서는 다기능성을 지원하는 가장 중요한 정책 수단인 직불제가 거의 전적으로 중앙정부의 설계에 의해 이루어지며, 지방정부는 기술적인 집행자 역할만을 맡고 있을 뿐이다. 또한 앞에서 언급한 예산상의 제약, 권한의 제한으로 인해 지방정부가 자신의 지역 내 농업·농촌의 다기능성을 발굴하고 지원하기가 어렵다.

II. 농업·농촌재정 개편의 방향

1. 농업·농촌재정의 중심을 다기능성 공급 지원 중심으로 바꾸자

□ 농업·농촌재정은 정부가 없다면 이루어지지 않을 식품·농업·농촌 분야의 다기능성 공급을 중심으로 해야 한다

식품·농업·농촌분야에서 다기능성 공급을 중심으로 농업정책의 최상위 정책 목표를 설정하고 그에 상응하여 재원을 배분해야 한다. 현시점에서 농업정책의 목표가 어떤 것이 되어야 하는가에 대해서는 다양한 견해가 있을 것이고, 그에 대한 사회적 합의를 이루기 위해 논의과정이 필요할 것이다. 우선 〈표 10-3〉에 보이는 목표들이 중요하게 고려되어야 할 것이다.

□ 농업정책의 중요 수단을 농업 및 유통 관련 투입재(생산) 및 생산물에 대한 가격보조로부터 탈피하여 농업이 발휘하는 다기능성에 대한 지불로 이동시켜야 한다

구체적으로는 농업·농촌재정의 중점을 재량적지원사업으로부터 일

〈표 10-3〉 농정의 중요 상위 정책 목표

식품	식료의 안정적 공급, 식료의 안전·안심·건전성 확보, 모든 국민의 식료 접근성 보장
농업	공공성이 강한 연구 개발, 지식 확산, 농업의 환경 기여, 지속 가능성 확보, 농업의 지역경제 및 고용에 대한 기여 유지
농촌	농촌적 쾌적성 유지 제고, 농촌지역에서의 국가 최저생활 여건 달성, 농촌의 사회경제적 혁신 유도, 각종 급변(기후, 경제)에 대한 회복력 유지 및 제고

정한 요건을 갖춘 농업 또는 다기능성 제공 행위에 대한 지불프로그램 중심으로 전환해야 한다.

□ 우리나라에 비해 EU에서는 직불제가 국민경제, 농업·농촌재정, 그리고 농가소득에서 차지하는 비중이 매우 높다

직불제가 반드시 농업 다기능성을 지원하는 제도인 것은 아니다. EU의 직불제도 원래는 농산물 최저가격 수준을 크게 낮추면서 그 보상을 위해 도입된 것이다. 하지만 시간이 지나면서 지급 조건으로 이른바 대응이행의무를 강화하고, 최근의 개혁에서는 이른바 녹색화greening(작물 다각화·초지 유지·농지 중 일정부분을 생태적 기여 용도로 사용)를 도입하는 등 다기능성에 대한 지불이라는 성격을 강화시켜왔다(제1지주). 또한 EU에서 직불제라 부르지는 않지만, 그 성격상 우리나라 직불제와 비슷하게 농업의 환경에 대한 기여, 친환경농업, 조건불리지역에서의 영농 지원을 목적으로 하는 프로그램을 농촌정책(제2지주)의 틀 속에서 중요하게 시행하고 있다.

EU의 경우(국가별 차이가 있지만), GDP 대비 직불제 비중은 0.2~0.8% 수준이며 농업 GDP에 대비하면 많은 경우 20~30% 수준이다. 반면 우리나라에서는 GDP 대비 약 0.1% 내외이며, 농업 GDP 대비로는 4~5% 수준에 불과하다. 이러한 격차는 독일, 프랑스, 영국 등 고소득·저농업 국가군과 비교할 때 두드러지는 것은 물론이고, 농업 비중이 비슷하고 1인당 국민소득 수준이 비슷한 스페인이나 폴란드에 비교하더라도 상당하다. 〈표 10-4〉에 나타난 EU의 직불제는 이른바 제1지주의 직불제만을 포함한 것이고 농촌정책(제2지주)에 속하는 친환경지불, 조건불리지역지불, 농업환경지불 등은 포함되지 않은 것이므로, 이들 정책 수단까지 고려하면 한국과 EU의 격차는 더 클 것이다.

〈표 10-4〉 한국과 외국의 직불금 비중(2013년)

	독일	프랑스	영국	이탈리아	스페인	폴란드	EU-27	한국
직불(제1지주) (100만 유로)	5,253	7,967	3,286	3,959	5,237	2,769	41,658	1,020
농업 GDP (100만 유로)	19,060	33,198	10,812	30,044	24,109	13,114	194,291	24,378
총 GDP (10억 유로)	2,536.9	1,899.3	1,821.5	1,444.0	941.3	350.4	12,094.0	1,428.3
농림어업 비중(%)	0.75	1.75	0.59	2.08	2.56	3.74	1.61	2.14
직불/농업 GDP(%)	27.56	24.00	30.39	13.18	21.72	21.11	21.44	4.18
직불/GDP(%)	0.21	0.42	0.18	0.27	0.56	0.79	0.34	0.07
1인당 GDP (달러(PPP))	44,999	39,236	39,125	35,463	32,861	24,200	36,109	32,663

주: 한국의 경우 단위는 10억 원, 조 원(총 GDP), %, 달러(PPP).
자료: 직불금은 European Commission(2014), GDP는 Eurostat, 1인당 GDP는 stats.oecd.org, 한국의 직불금은 index.go.kr(순수 직불금 8개), 농업GDP는 농림축산식품부(2014)에서 확인했다.

또한 EU에서는 농업·농촌재정에서 직불제가 차지하는 비중이 매우 높다. 예를 들어 독일의 경우, 독일에 귀속되는 EU 공동농업예산과 연방정부 예산을 합한 재정 규모 대비 EU직불제(즉, 제1지주)의 비중을 보면 43%이다(〈표 10-5〉 참조). 이는 우리나라 농림축산식품부 예산에서 직불제 예산(2016년 기준 2조 97억 원)이 차지하는 비중이 14%에 불과한 것과 대조를 이룬다. 또한 표에는 나타나지 않았으나 EU의 농촌정책(제2지주)에서 EU·연방정부·주정부 예산을 결합해 농업의 생태계 및 기후변화 방지에 대한 기여, 친환경농업, 조건불리지역에서의 영농을 지원하는 프로그램을 운영하고 있는데, 연간 약 10억 유로에 달하는 규모다. 이는 EU 및 연방 농업예산을 합한 것의 약 9%에 달한다.*

⟨표 10-5⟩ 2016년 독일의 농업예산구조(EU 예산 중 독일 귀속분과 연방예산)

구분	액수(100만 유로)	비율(%)
EU	6,320.0	53.0
– 직접지불	5,144.3	43.2
– 농촌발전	1,175.7	9.9
연방정부	5,595.2	47.0
– 농업사회보장정책	3,814.0	32.0
– 소비자 보호 및 영양	148.7	1.2
– 연방·주 공동과제 '농업구조 개선 및 해안보호'	650.0	5.5
– 시장질서, 재해대책	131.6	1.1
– 지속 가능성, 연구, 혁신	238.8	2.0
– 국제정책	74.1	0.6
– 기타 지불	21.3	0.2
– 행정	97.4	0.8
– 연방 농림부	98.0	0.8
– 산하 연구소 지원	350.7	2.9
EU와 연방 합계	11,915.2	100.0

자료: BMEL(2015b).
　　http://ec.europa.eu/agriculture/cap-funding/budget/index_en.htm

---

* 개략적 추정치다. EU 농촌정책의 독일 귀속분이 연간 약 10억 유로 규모이고(⟨표 10-5⟩ 참조), 그와 비슷한 규모로 독일연방 및 주정부 예산이 투입된다는 사실, 그리고 그중 농업환경 및 기후 보호 관련 활동(21%), 친환경농업(11%), 조건불리지역(12%)에 대한 지원이 44%라는 점을 고려한 것이다.
http://www.bmel.de/DE/Laendliche-Raeume/03_Foerderung/Europa/_texte/Foerderung2014-2020.html?docId=5493798 참조. (2017. 9. 14.)

〈표 10-6〉 독일 농업경영체 평균 소득과 직불 및 보조   (단위: 유로, %)

	소규모 및 겸업농	주업농	법인	전체
	전 독일		동독지역	
직불 및 보조	13,289	30,397	484,723	34,010
– EU직불(A)	9,130	22,818	342,572	24,782
– 이자 및 투자 보조	75	890	27,439	1,136
– 농업용디젤 보조	712	2,132	28,762	2,223
– 조건불리 보조(B)	920	1,175	16,315	1,370
– 농업환경정책(C)*	2,031	2,713	35,790	3,106
– 기타	421	969	33,845	1,394
직불 및 보조/ha	460	411	413	416
직불 및 보조/노동력 (D)	13,715	14,497	21,388	15,643
(농업소득+인건비)/노동력(E)	15,285	36,390	43,503	35,234
직불 및 보조의 비율(D/E)(%)	89.7	39.8	49.2	44.4
(A+B+C)/(농업소득+인건비)(%)	81.5	35.0	40.1	38.2

*주: 연방 및 주州.
자료: BMEL(2015a), Agrarpoliticher Bericht, 2015.

EU 농업경영체의 소득 중 매우 큰 부분은 직접지불이 점하고 있다. 예컨대 독일에서 농업경영체의 소득과 인건비 중 우리의 직불제에 상응하는 정책 수단(EU직불제, 조건불리지불, 농업환경지불)이 차지하는 비중이 평균적으로 38%에 달하고 있으며, 특히 소규모 및 겸업농은 농업소득 대부분(82%)이 직불제를 통한 것이다. 이외에도 이자 및 투자 보조나 농업용디젤 보조 등의 보조금이 존재하지만, 그 비중은 직불제적 정책 수단에 비해 훨씬 낮다. 반면 우리나라는 농가의 농업소득에서 직불제가 차지하는 비중이 공식적인 통계로 파악되고 있지 않다. 하지만 농가경제조사에서 파악되는 '농업보조금' 전체를 합하더라도 농업소득의 15% 정도에 불과한 것으로 나타나고 있다.

2. 직불제 성격을 다기능성 서비스에 대한 '농업기여 지불제'로 바꾸자

1) 현행 직불제, 무엇이 문제인가?

□ 우리나라의 직불제는 공익적 기능에 대한 지불 성격이 약하다

우리나라에서 직불제라 불리는 정책에는 추구하는 목표가 서로 다른 것들이 혼재되어 있다. 즉 직불제의 중심인 쌀소득보전 직불이나 밭농업 직불은 농업소득을 보충해준다는 개념이 강하다. FTA 피해지원 직불은 대외개방으로 인해 가격이 급락했을 때의 완충장치다. 경영이양 직불은 고령농의 은퇴를 지원해 농업경영 규모 확대를 목표로 하는 정책 수단이다. 따라서 이러한 직불제들은 농업생산과정에서 발생하는 긍정적 다기능성에 대한 지불이라는 성격이 약하거나 아예 없다. 친환경농업 직불, 조건불리지역 직불, 경관보전 직불 등이 그런 성격을 갖고 있기는 하지만, 각각이 촉진하고자 하는 농업의 다기능성이 무엇인지, 그 기능을 제도로써 어느 정도 촉진·확대하고자 하는지 정책구도가 정리되어 있지 않다. 따라서 농업의 다기능성을 좀 더 구체적으로 지원하고자 하는 이들 정책 수단은 예산 규모 면에서도 정책 중심이 되고 있지 못하다. 앞에서 다기능성에 대한 지불 성격이 강한 위의 세 가지 직불제 예산은 2016년 예산 기준 790억 원에 불과하다. 이는 직불제 예산 중 3.9%, 농림축산식품부 예산 중 0.5%에 불과하다.

이는 EU의 농업정책이 앞서 언급한 바와 같이 다기능성에 대한 지불

〈표 10-7〉 직접지불제 개황 (2016년 예산 기준)

	예산(억 원)	지급 단가(만 원/ha)
쌀소득보전 직불(고정)	8,240.0	100
쌀소득보전 직불(변동)	7,192.9	목표가격(가마당)과 산지가격 차이의 85% × 63가마/ha
경영이양 직불	573.4	300/ha
친환경농업 직불	258.9	논 유기 60, 무농약 40 밭 유기 120, 무농약 100 유기지속 논 30, 밭 60
밭농업 직불	2,118.3	밭 25, 논 이모작 50 밭 26, 품목직불 15
조건불리지역 직불	395.1	농지 50, 초지 25
경관보전 직불	135.9	경관작물 170, 준경관작물 100 경관보존활동 15
친환경안전축산 직불	177.6	한우 17/마리, 무항생제 6.5/마리 등
FTA 피해보전 직불	1004.8	
합계	20,096.9	

자료: 농림축산식품부(2015a,b).

이라는 성격을 강하게 띠고 있는 것과 대조된다. 우선 제1지주 정책은 대응이행의무 및 녹색화를 통해 다기능성에 대한 지불 성격을 강화한 것을 보았다. 제2지주의 경우에도 다양한 지불제도를 통해 다기능성을 촉진하고 있다. 독일에서는 이 정책들 대부분을 헌법(기본법)이 정한 연방·주 공동임무 '농업구조 개선 및 해안보호'라는 틀 속에서 EU·연방·주의 예산을 결합해서 시행하고 있는데, 거기 속한 농업환경 프로그램 및 유기농업 지원프로그램은 〈표 10-8〉에 나타나는 바와 같이 다양하며, 지역 특성을 반영하고 있다. 이 밖에도 조건불리 지불제를 통해 지

〈표 10-8〉 독일의 연방·주 공동임무 '농업구조 개선 및 해안보호' 내 농가 대상 지불프로그램
(지원 영역 4: 시장 및 입지적 합형)

프로그램	수급조건	단가(유로/ha)
B. 유기농 및 경영체 전체에 걸친 지속 가능 영농		
1.0 유기경종재배	경영체 전체를 EU 규칙에 따라 유기전환	210~750
2.0. 배출이 적은 환경보호적 질소 시비	질소수지 40kg/ha 이하	70
3.0 배출이 적은 수질보호적 액비 시비	유해가스 배출을 줄이는 액비 시비	30, 60
C. 지속 가능성 높은 경종 및 특별작물 농법		
1.0 다양한 경종 재배	최소 5종 이상 작물 재배, 주작물 재배면적 비율 10~30% 유지, 콩과식물 최소 10%	55~110
2.0 간작間作 유지 및 동계 피복작물	주정부가 정하는 바에 따라 간작 시행	45, 75
3.0 침식 위기 농지 직파直播	침식 위기 농지에 직파	65
4.0 경지구조 및 경관 개선	다양한 생태보호 및 다양화 활동	670~2,500
5.0 경지의 초지 전환	경지의 초지로의 일시 또는 영구전환	270~17,00
D. 초지의 지속 가능 이용		
1.0 초지조방 이용	ha당 두수 제한, 질소 시비 포기 등	130
2.1 초지면 질소 시비 포기	질소 시비 포기, 통상적 토양 관리 포기 등	150
2.2 초지 관리 제한	일반적 초지 관리 방식 제한	160
2.3 초지 내 생태공간 유지	2.1 혹은 2.2에 더해 주정부가 정하는 방식으로 초지 내 생태 보호하는 관리 방식	70 추가
3.0 식물유전자원 유지	주정부가 정하는 보호대상 작물이 다수 서식하는 초지에서 관행적 초지 관리 포기	180~300
E. 다년생 작물 지속 가능 농법		
1.0 생물학적 작물 방제	정해진 생물학적 방식의 작물 방제 방식 선택	30~275
2.0 조방적 과수 재배	유지 목적 절지, 특수한 지역 토양보존 등	5, 55
F. 지속 가능 동물친화 사육	운동 가능 축사, 짚, 축사 외 운동	60/GVE
G. 유전자 자원 유지		
1.0 식물유전자 자원	멸종 위험 토착 작물 재배	50~1,000
2.0 동물유전자 자원	보호 대상 종 사육 및 유전자 보호활동	200~440

자료: BMEL(2015d), pp. 115~123.

역의 성격에 따라 ha당 25~250유로를 지불하고 있다.[*]

요컨대 EU의 직불 또는 지불제도가 다기능성에 초점을 맞추면서 다양한 농업 방식과 지역성을 반영하는 방향으로 발전하고 있는 것과 달리, 우리나라의 직불제 안에는 다양한 정책 목표가 뒤섞여 있고, 그중 다기능성의 위상은 왜소하다. 이러한 차이가 생기는 원인은 우리나라 농정 패러다임이 여전히 생산주의, 경쟁력주의를 벗어나지 못하고 있기 때문이다. EU에서도 1990년대 전반까지는 보호주의와 결합된 생산주의가 농정의 틀이었다. 그 후 1992년 공동농업정책 개혁을 통해 보호주의 대신 시장주의로의 전환이 이루어졌지만, 비슷한 시기에 1990년대 중반부터 지속 가능성과 다기능성을 중시하는 정책 개념이 대두하여 그 영향력을 강화해왔다.[**] 반면 우리 농정의 기본 패러다임은 1990년대 중반 보호무역을 포기하면서 경쟁력주의 일변도로 흘렀고, 그로 인한 위기에 대한 임기응변으로서 직불제를 이용해왔기에 앞서 설명한 문제점을 갖게 된 것이다.

□ 쌀에 치중되어 있다

이는 쌀이 가장 보편적인 작목이자 농가수익에서 차지하는 비중이 높다는 조건에 기인한 것이기는 하다. 하지만 전체 농산물 수요에서 쌀의 비중이 작아지고 있다는 점, 농업의 다기능성 발휘를 위해 밭작물, 밭작물 재배지역의 역할이 강화될 필요가 있다는 점을 고려할 때 적절한 자원 배분이라고 보기 어렵다.

---

[*] BMEL(2015c), pp. 91~92.
[**] 이 책의 1장 및 황수철(2016), pp. 24~28 참고.

□ 직불금이 농업·농촌재정에서 차지하는 비중은 여전히 부차적이다

앞서 보았듯이 2000년대 초반부터 쌀소득보전 직불제를 중심으로 직불제 비중이 커지기는 했지만, EU 국가들에 비하면 여전히 낮은 수준이다. 이는 재량적인 농업·농촌재정사업이 차지하는 비중이 여전히 높은 데 기인한다. 여기에는 두 가지 원인이 있다고 볼 수 있는데, 첫째는 개발연대에 형성된 각종 투입재가격을 낮춰주는 정책들이 관성적으로 그 지위를 유지하고 있다는 점, 둘째로는 농업의 다기능성이 어떤 것인지에 대한 연구 및 합의가 아직 깊이 이루어지지 않아 직불제 확대의 논리적 기초가 약하다는 점을 들 수 있다. 때문에 농가, 특히 소규모 농가의 농업소득 중 직불제가 차지하는 비중이 매우 높고 그것이 경영 안정화에 중요한 역할을 하고 있는 EU와 달리 우리나라는 농업소득 중 직불제가 차지하는 비중이 여전히 낮은 수준에 머물러 있다.

2) '농업기여 지불제'를 통해 다기능성을 북돋우자

□ 용어 면에서 '~직접지불(직불)' 대신 '~지불payment' 또는 '프로그램'
  을 사용하자

우리나라에 직접지불제도가 도입·확대되는 과정에서 예산당국과 농업생산자들 사이에 직불은 사회에 대한 명확한 반대급부 제공 없이 농가소득을 보충해주는 정책 수단이라는 인식이 자리 잡았다. 따라서 명칭을 '농업기여 지불'이라고 바꾸어 부르고, 정책 내용을 그에 맞게 고쳐 농업생산자가 사회에 기여하는 '서비스'에 대해 정부가 사회를 대표하여 '지불'한다는 점을 명확히 할 필요가 있다. 예를 들어 '식량을 안정적으로 공급받고 싶다'라든지 '도시를 벗어났을 때 농촌에서만 느낄 수 있는 조용함과 아름다움을 즐기고 싶다', '홍수 피해가 없었으면 좋

겠다', '다른 곳에서는 들을 수 없는 새소리를 계속 듣고 싶다'는 시민들의 바람은, 이윤을 추구하는 기업들로부터 충족되기 어렵다. 현재 농업인들은 자신의 소득을 얻기 위해 노력하는 과정에서 '의도하지 않은 채'로 '대가를 받지 않고' 그러한 바람을 만족시키는 바가 있다. 경우에 따라서는 부정적인 영향을 끼치기도 하지만, 긍정적 기여에 대해서는 대가를 지불하여 그러한 기여가 더 충분히 발휘되도록 장려하고, 부정적 영향에 대해서는 농업인들이 그러한 영향을 축소시키고자 노력할 때 그에 상응하는 대가를 지불하는 것이 사회적으로 바람직하다.

□ 실질적인 차원에서 농지 관리·친환경농업·농업의 환경기여·조건불리지역 유지에 대한 직불제도를 개선하고 예산을 확대하자

농업기여 지불은 다음과 같은 프로그램들을 포괄한다.

(1) 농지관리 지불

이 지불은 농업생산능력을 보존하기 위해 논밭을 경작하는 농가에게 최저한의 환경 및 토양 보전 의무 준수를 조건으로 면적당 일정액을 지급하는 것이다.

이 정책은 식료의 안정적 공급, 농업의 환경적 기여, 농촌의 쾌적성 확보라는 농업의 임무 달성을 목적으로 한다. 식료안보는 최근 2013년 공동농업정책 개혁에서도 정책이 고려해야 할 중요한 도전 세 가지 중 첫 번째로 언급됐다(그 밖에는 환경, 기후변화, 지역적 균형 유지가 있다).[*] 따라서 작목을 불문하고 동일한 단가로 지급하는 것을 원칙으로 하되, 논의 기능 유지에 추가적으로 발생하는 비용을 고려할 수 있을 것이다.

---

[*] European Commission, 2010.

단, 농지관리 지불이 요구하는 의무 준수에 어려움을 느끼거나, 확인하는 데 과도한 행정비용이 소요될 가능성이 있는 소규모 농가에 대해서는 일정 정액(즉 면적에 비례하지 않는)을 지불하는 방안(가칭 '단순지불' 또는 '기본지불')을 고려할 수 있을 것이다.

(2) 친환경농업 지불

환경에 미치는 부하를 줄이고 농업의 지속 가능성을 높이기 위해 친환경적 농업경영에 대한 지불을 강화할 필요가 있다. 이 정책의 설계에 있어서는 환경적 기여를 고려한 단가 산정을 비롯해 친환경농업을 지속할 수 있도록 안정적인 지불이 필요하다.

첫째, 환경적 기여를 고려한 농법 및 작물별로 차등화된 지불이 필요하다. 현재 '친환경농업 직불제'에서는 논밭 여부와 유기농/무농약에 따른 단가 차등만이 존재하며, 산정된 단가는 기본적으로 소득손실분의 부분적 보상 수준에 그치고 있다. 소득손실에 대한 보상은 생산자 입장에서 관행농과 친환경농을 차별하지 않는 효과가 있지만, 친환경농업의 환경적 기여에 대한 적정한 지불을 보장하는 것은 아니다. 밭작물의 경우 추가적 비용과 환경에 대한 기여가 다를 수 있음에도 동일한 단가가 적용되고 있다. 따라서 작물별, 지역별로 특화된 친환경농법의 기준을 마련하고, 각 농법의 환경적 기여가 어느 정도 가치를 가지는지 파악해서 그에 따라 차등화된 지불을 해야 할 것이다.

둘째, 친환경농업 지속에 대한 지불을 지속적으로 행해야 한다. 최근 유기농 도입(5년간 지원)뿐 아니라 지속에 대한 지불제도(유기지속 직불)가 도입됐으나 3년간의 한시적인 지원에 그치고 있다. 개념적으로 볼 때 생산과정process에서의 환경적 기여는 시장에서 차별화된 제품 product에 대한 높은 가격으로 충분히 보상받지 못한다. 친환경농업 진입 후 생산비와 소득격차가 완화된다 하더라도 이 문제가 소멸되는 것은 아니다. 따라서 생산과정에서의 환경적 기여에 대한 지불이 항구적으로 이루어지도록 제도를 설계할 필요가 있다.

(3) 동물친화축산 지불

기존의 친환경안전축산물 직불제가 최종 산출물인 축산물에 초점을 두고 있는 시야를 확대하여 동물의 생장과정 전체에서 종의 특성을 존중하고 환경부하를 줄이는 축산 방식을 장려하는 지불제를 도입한다.

(4) 생태 지불

농업경영과 그에 관련된 활동이 환경 및 생태계에 미치는 긍정적 기여를 유지·확대하기 위해 시장이 대가를 지불할 수 없는 부분에 대해 지불해줄 필요가 있다. 기후변화 경감, 재해 예방, 지역자연 인프라 기여, 생태계 유지, 생태학적 다양성 제고 등 다양한 메뉴를 정의하고 그중 지역 및 농가 특성에 맞는 활동을 선택하도록 할 수 있을 것이다. 특히 지역 단위에서 여러 농가를 포괄하는 집단적 환경기여 구역을 창출해낼 경우 추가적 지불을 행할 수 있을 것이다.

또한 기존의 경관보전 지불은 경관작물을 지정하고 재배면적 하한을 정하고 있다. 이는 경관적 가치를 중앙에서 하향적으로 정의하며, 다른 생태적 가치와 연계시키지 않고 고립적으로 지원한다는 문제가 있다. 이 제도를 생태적 효과를 고려하고 지역의 다양성을 인정하는 방식으로 재편하여, 생태 지불의 하부프로그램으로 운용하는 방안을 검토할 가치가 있다.

(5) 조건불리지역유지활동 지불

자연적 조건 및 지역경제구조상 농업의 영위 조건이 불리한 지역에서 농업활동을 통한 지역 인구 유지 및 경제·고용 효과에 대한 지불정책을 발전시켜야 한다. 현재 조건불리지역 직불은 경지율(22% 이하)과 물리적 평균 경사도(14% 이상)만을 기준 삼고 있어, 경제구조가 취약한 지역에서 농업이 제고하는 경제 및 고용상의 기여를 유지, 촉진하는 데 한계가 있을 수 있다. EU의 사례를 참고해 농업의 비중 및 수익성, 인구 밀도 등을 고려한 조건불리지역 지불의 추가적 도입을 검토할 필요가 있다.

3. 재정 운용에 있어 지방농정의 공간을 더 넓게 열자

□ 전국적인 정책 목표를 위한 농업정책 집행은 중앙정부의 예산과 인력 조직으로 담당하도록 하자

중앙정부가 중시하는 정책 목표를 위한 정책의 실제 집행을 지방정부가 맡는 경우가 있다. 이는 중앙정부에 비해 자원이 한정된 지방정부에게 부담으로 작용한다. 대표적으로 직불제는 중앙정부에서 설계 및 예산을 담당하지만, 실제 집행은 지방정부를 중심으로 이루어지고 있다. 영국의 경우 농촌지불청Rural Payment Agency이 전국적으로 동일한 기준으로 적용되는 EU직불제 지불업무를 담당하고 있다. 독일의 경우 집행사무는 주정부가 맡고 있지만, 많은 경우 그것이 기초자치단체의 부담으로 이어지지는 않도록 하고 있다. 즉, 바이에른주에서 보듯이 EU직불제나 주정부의 각종 정책은 기초자치단체가 아닌 주정부 직속 농업청이 담당하거나, 북부의 주들에서 보듯이 주 단위로 조직된 농업회의소가 담당하고 있다.

□ 중앙정부와 지방정부가 공동부담하는 정책에 대해서, 특히 현행 국고보조금정책에 대해서는 지방정부가 지는 재정부담에 걸맞게 설계 및 집행과정에서 지방정부의 권한을 증대시키자

이를 위해서는 공동부담정책 영역을 정의하고, 중앙정부와 지방정부의 중기적인 협의기구를 통해 그 지침과 재정 규모를 결정할 필요가 있다. 보다 본격적인 개혁을 위해 농정의 영역을 '중앙정부 전담', '중앙·지방 협의', '지방 주도'로 구별하여 그에 따른 협치 틀을 형성할 수 있다. 〈표 10-9〉는 식품·농업·농촌정책에서 세 가지 범주별로 담당할 정책과제를 분류한 것이다. 정책 목표 실현에 지역성이 중요한 분야는 환경 및 지역에서의 사회경제적 혁신 유도 등을 들 수 있다. 그에 따른 편익이 일차적으로는 지역에 미치지만, 동시에 전국적 파급 효과도 존재하므로 정책 설계 및 예산에서 중앙정부와 지방정부의 협력이 필요한 분야라고 할 수 있다. 다음으로 농업의 지역경제에 대한 기여나 농촌의 쾌적성 유지 등은 발생하는 편익 중 지방에 귀속되는 부분이 더

〈표 10-9〉 주요 정책과제별 담당 정부의 구분

영역	주요 정책과제	담당 정부
식품	식료의 안정적 공급, 식료 안전성 및 건전성, 모든 국민의 식료 접근권 보장	중앙정부
농업	전국적 의미를 갖는 연구개발 지원	중앙정부
	농업의 환경기여, 지속 가능성 확보	중앙·지방 협의
	농업의 지역경제에 대한 경제, 고용상의 기여 유지	지방 주도
농촌	각종 급변(기후, 경제)에 대한 회복력 유지 및 제고	중앙정부
	농촌지역에서의 국가 최저생활 여건 달성, 농촌의 사회경제적 혁신 유도	중앙·지방 협의
	농촌의 쾌적성 유지	지방 주도

크겠으나 일정한 파급 효과를 가지므로 지방정부가 주도권을 좀 더 갖되, 중앙정부의 일정한 예산 지원과 제도 설계 참여가 유용할 수 있을 것이다.

□ 중앙정부와 지방정부가 함께 농업·농촌재정의 큰 틀을 협의하는 기구를 만들자

앞서 제시한 구분 방식에 따를 때 중앙정부와 지방정부 간 협의가 필요한 영역에 대해서는 그 영역 전체의 큰 구도에 대해 중앙정부와 지방정부가 협의하는 기구를 제도화할 필요가 있다. 현재의 농업·농촌재정 체계에서는 중앙정부가 수많은 개별 국고보조금 사업들을 설계하고, 지방정부는 자신의 지역에 맞는 자원 배분을 큰 틀에서 계획하기보다는 사업별로 자신의 수혜를 최대화하기 위해 노력하고, 그 결과 유치된 보조금사업에 대해서 재정을 공동부담하고 있다. 이러한 체계에서 벗어나 중앙정부와 지방정부가 큰 정책 영역 단위로 어떤 정책 수단을 선택할 것인지, 또 다수의 정책 수단 사이에 재원을 지방과 중앙정부가 어떻게 배분할 것인지 같은 전략적 문제에 대해서 서로 협의할 수 있어야 한다.

이를 위해서는 예컨대 독일의 연방·주 공동임무 '농업구조 개선 및 해안보호'제도*를 참조할 수 있을 것이다. 독일 헌법은 연방과 주의 임무를 구분해서 정하고 있지만, '지역경제구조'의 개선과 '농업구조 개선 및 해안보호'는 연방과 주의 공동임무로 정하고 있다(기본법 91a조, 1969년 신설). 이 임무 수행을 위해 '계획위원회PLANAK'가 구성되는데, 이는 연방농림부 장관(의장), 연방재무부 장관, 16개 주 각각의 대표로

---

* http://www.bmel.de/DE/Landwirtschaft/Foerderung-Agrarsozialpolitik/GAK/_Texte/Erlaeuterungen.html

구성된다. 이 위원회에서의 의결은 연방에서 두 장관의 찬성과 16개 주 중 과반의 찬성이 동시에 있을 때 이루어진다. 이 위원회는 '기본계획 Rahmenplan'을 수립하는데, 이 계획을 통해 공동임무 수행을 위해서 사용할 정책 수단, 정책 목표, 연방과 주가 투입할 재원, 수급 자격, 지원 방식, 지원액 결정 방식 등을 정한다. 또한 연방과 주가 개별 정책 수단에 예산을 어떻게 배분할 것인가를 정한다. 이 계획은 매년 갱선되기는 하지만 4년 단위로 편성됨으로써 단기적 시야에 매몰되지 않고 정책의 안정성을 높이고 있다.

우리도 이러한 모델을 참고하여 중앙정부와 지방정부 간의 농정협의 기구를 운영할 수 있을 것이다. 이를 위해서는 우선 「농업·농촌 및 식품산업 기본법」에 농정과 관련된 분권 및 협치 관련 기본 규정을 두고, 국가와 자치단체가 협의할 농정 영역과 그 의사결정 방식을 정하는 법·제도를 제정할 필요가 있다. 특히, 〈표 10-9〉에 나타난 바와 같이 중앙과 지방의 협의가 적절한 영역, 즉 농업의 환경기여, 지속 가능성 확보, 농촌지역에서의 국가 최저생활 여건 달성, 농촌의 사회경제적 혁신 유도 등의 영역에 대해서는 중앙 예산부처와 농정 담당부처의 장, 그리고 도지사로 협의체를 구성하여 중기적인 정책 목표 수립, 정책 수단 설계, 예산 배정에 관한 합의를 이루도록 할 수 있을 것이다. 특히 농업환경 프로그램, 친환경농업, 조건불리지역에 대한 지불을 포함한 지원이 이러한 협의기구가 다룰 중요한 정책 수단이 될 것이다.

| 참고문헌 |

농림축산식품부, 〈농림축산식품 주요 통계〉, 2014.
_____, 《2016년도 농림축산식품사업시행지침서》, 2015a.
_____, 《2016년도 예산 및 기금운용계획(안) 내역서》, 2015b.
송미령, 〈시군 자율편성사업 추진 실태와 개편의 쟁점〉, 《제8차 농어촌지역정책포럼 자료
　　집》, 한국농촌경제연구원, 2012.
최창영, 〈지자체 담당자가 바라본 농어촌 정책과제〉, 《제8차 농어촌지역정책포럼 자료집》,
　　한국농촌경제연구원, 2012.
황수철, 〈생산주의 농업에서 다기능농업으로〉, 《한국 농업 경로를 바꾸자》(농정연구센터 창
　　립 23주년 기념심포지엄 자료집), 농정연구센터, 2016.

Bundesministerium für Ernährung und Landwirtschaft(BMEL), "Agrarpoliticher
　　Bericht 2015", 2015a.
_____, "haushalt 2016 des Bundesministeriums für Ernärung und
　　Landwirtschaft", 2015b.
_____, "Rahmenplan der Gemeinschaftsaufgabe Verbesserung der
　　Agrarstruktur und des Küstenschutzes für den Zeitraum 2015-2018", 2015c.
_____, "Umsetzung der EU-Agrarreform in Deutschland: Ausgabe 2015",
　　2015d.
European Commission, "The CAP towards 2020: Meeting the food, natural resources
　　and territorial challenges of the future", Communication from the commission
　　to the european parliament, the council, the european economic and social
　　committee and the committee of the regions, 2010.
European Commission, "Annexes to the report from the commission to the european
　　parliament and the council: 7th Financial report from the commission to the
　　european parliament and the council on the european agricultural guarantee
　　fund, 2013 Financial Year", 2014.
OECD, "The Incidence And Income Transfer Efficiency Of Farm Support Measures",
　　AGR/CA/APM(2001)24/FINAL, 2002.

http://ec.europa.eu/agriculture/cap-funding/budget/index_en.htm

11장

행복농정의 생산자조직 주체, 농협을 농민에게

이호중

현 (사)자치와협동 사무국장

전 (재)지역재단 농협연구교육센터 센터장. 서울대에서 농생물학, 성공회대에서 협동조합경영학, 단국대에서 환경자원경제학을 공부했고, 최근 〈농협 특권의 실태와 변화과정에 대한 신제도주의적 분석〉으로 경제학 박사학위를 받았다. 한국 농업이 회생하려면 농협, 영농조합법인, 농업분야 협동조합 등 농업생산자조직이 제 역할을 다해야 한다고 주장하고 있다. 공저로 《위기의 농협, 길을 찾다》(2015)가 있다.

• **농협 개혁이 실패하는 이유**

농협 개혁을 위한 많은 노력이 있었지만 여전히 농협은 협동조합의 정체성을 상실했다는 비판을 받고 있다. 농협이 개혁되지 않는 이유는 무엇인가? 첫째는 주체적 측면에서 협동조합에 대한 주인의식이 부재한 조합원 인적 역량의 취약함을 들 수 있다.

둘째는 농협중앙회의 특권으로 일선 농축협의 자율적 발전이 가로막혀 있고 일선 농축협의 독점체계 속에 다양한 농업생산자조직의 발전이 저해되는 등 조직적 개혁 역량이 미흡하기 때문이다.

• **농협중앙회는 회원조합을 통제하고 자체 이윤 추구를 극대화하여 협동조합으로서의 정체성을 상실했다**

농협중앙회는 「농협법」에 따라 회원의 공동이익 증진과 건전한 발전을 도모하는 것을 목적으로 설립된 조직이다. 하지만 농협중앙회는 회원조합을 통제하고 자체 이윤 추구를 극대화하여 「농협법」 정신을 위배하고 있다. 이는 농협중앙회가 경제사업과 신용사업뿐만 아니라 회원 지도·감사·감독 기능까지 독점적으로 수행하는 권력의 집중 현상에 기인한다. 이 같은 막강한 권력으로 농협중앙회는 회원조합과 경쟁하고 갈등을 빚고 있는 것이다. 이에 따라 중앙회의 본래 역할인 협동조합운동의 중심체로서 교육, 조사연구 등 비사업 기능은 유명무실하다는 지적도 받고 있다.

• **지역·품목조합은 조합원의 요구를 실현하지 못하고 있으며, 농업생산자조직의 발전을 가로막고 있다**

그동안 지역·품목조합은 신용사업에 안주해온 사업구조로 경제사업을 외면해왔고, 이로 인해 조합원이 생산한 농산물을 제값 받고 팔지 못하면서 경제사업은 만성적자사업으로 전락했다. 최근에는 문어발식 사업 확장으로 지역 골목상권까지 위협한다는 비판을 받고 있다. 더욱이 수입개방이 가속화되고 있는 데다 대형유통업체의 소비시장 장악력이 높아지고 있지만 위기를 극복할 품목별 비전과 전략을 찾아보기 어렵다. 뿐만 아니라 지역·품목조합의 독점적 권한으로 다양한 농업생산자조직의 자율적 발전이 저해되고 있다.

- **농업생산자조직은 다양한 법률에 규정되어 혼재된 채 활성화되지 못하고 있다**

  농업생산자조직은 영농조합법인과 농업회사법인, 농업분야 협동조합, 농협 내부 조직인 작목반(출하회) 등 유사한 특성을 갖는 조직임에도 불구하고 다른 법률에 규정되어 혼재된 채 활성화되지 못하고 있다. 이런 가운데서 다수의 영농조합법인은 정부 보조금을 받기 위해 형식적으로 설립됐고, 부실화되거나 사유화되는 경우가 많다. 또한 「협동조합기본법」에 따라 설립된 농업분야 협동조합은 매출액이 전혀 없는 조합의 비중이 절반을 넘는 등 경영상 취약한 상태로 나타나고 있다.

- **그렇다면 해결 방안은 무엇인가?**

  우선 농협중앙회를 연합회체제로 전환해야 한다. 이를 위해 농협중앙회는 회원조합을 지원하는 연합회로 개편하고 비사업조직화해야 한다. 지역·품목조합의 금융업무를 지원하는 상호금융연합회를 독립법인으로 설립하고 농협은행 등 금융지주의 자회사는 매각하여 상호금융연합회로 이관해야 한다. 또한 농협경제지주회사는 지역·품목조합을 위한 경제사업연합회로 전환해야 한다.

  다음으로 지역·품목조합은 설립을 자유화하고 품목전문조직이자 자치농정의 핵심 주체로 육성해야 한다. 이를 위해 다양한 농협과 연합회의 설립을 허용하고 지원해야 하며, 품목사업의 경우 광역 단위로 사업을 전개하고, 지역조합은 자치농정의 핵심 주체로 육성해야 한다.

  끝으로 자주적 농업생산자조직의 활성화로 협동운동의 토대를 강화해야 한다. 이를 위해 소규모 농업생산자조직은 '농업생산조합'(가칭)으로 일원화하고 「농협법」 내에 규정하여 농협과의 상생발전을 모색해야 한다. 또한 농업생산자조직 간 공정한 경쟁체제를 보장함으로써 자율적 경쟁을 통한 조합원 편익 증대를 기해야 할 것이다.

1. 농협은 농민조합원의 자주적 협동조직으로 거듭나야 한다

□ 농협 개혁은 과연 가능한가?

1972년 가톨릭농민회 대의원대회에서 농협민주화운동을 선언하고 농민단체가 농협개혁운동에 나선 지 벌써 45년이 흘렀다. 하지만 농협은 협동조합으로서의 정체성을 상실했다는 비판에 직면해 있고, 조합원의 무관심과 주인의식 부재 현상은 계속되고 있다. 때문에 많은 현장운동가와 관련 전문가가 '과연 농협 개혁이 가능하겠나' 하는 일종의 절망감을 표출하고 있기도 하다.

□ 전국 농협조합장 동시선거는 농협의 변화 계기를 마련해주고 있다

그동안 전국 1,000여 개가 넘는 조합은 선거를 개별적으로 치러왔다. 이에 따라 지역·품목조합을 개혁하기 위한 조직적인 대응이 어려웠고 개별 조합에서 고립·분산적으로 전개됐다. 일부 모범사례를 만드는 조합도 있었지만, 많은 경우 지역 기득권의 벽에 막혀 실패하고 협동조합운동의 주체들이 좌절하는 결과로 끝났다. 하지만 2015년, 한국의 농협개혁운동사에 중요한 변화가 있었다. 사상 최초로 전국 농협조합장 동시선거가 시행된 것이다. 물론 '깜깜이 선거'라는 말이 나올 정도로 개선할 과제가 많음을 확인했고, 조합원조직인 농민단체의 대응 역시 미흡했지만, 46.4%에 달하는 조합장이 일시에 교체됐다.

또한 동시선거 이후 중앙선거관리위원회가 선거제도 개선 방안을 국회에 전달하여, 2019년 제2회 동시선거 시에는 '후보자 간 정책토론회' 등 조합원의 알 권리를 보장하는 민주적 선거운동 방식이 도입될 가능성이 있기에 향후 농협 개혁과 변화의 가능성은 높아지고 있다.

물론 이 같은 선거제도 변화는 농민조합원의 요구에 비해 여전히 미

흡하다. 조합장을 바꾼다고 해서 곧바로 좋은 농협으로 전환되는 것은 아니기 때문이다. 그렇지만 이제까지 농협 개혁을 위해 노력해온 현장 활동가와 농민단체, 전문가가 공동대응한다면 농민조합원을 위한 새로운 농협을 만들고 협동조합으로서의 정체성을 회복할 수 있는 계기가 될 수 있을 것이다.

□ 농협 개혁이 되지 않는 이유는 개혁의 인적 역량이 취약하기 때문이다

그렇다면 농협 개혁은 어떻게 해야 하는가? 농협이 개혁되지 않은 이유는 다양하지만 핵심적인 이유는 농협 개혁의 주체 역량이 미흡하기 때문이다. 이는 주체적 측면과 조직적 측면에서 찾을 수 있는데, 우선 주체적 측면에서 살펴보면 조합원이 무관심하거나 주인의식이 부재하는 등 취약한 인적 역량을 주된 이유로 들 수 있다. 협동조합은 인적 결합체로서 조합원이 소유하고 이용하는 조직이며 조합원의, 조합원에 의한, 조합원을 위한 조직이므로 조합원의 민주적 운영 역량이 지속 가능한 발전의 핵심 요인이라고 할 수 있기 때문이다. 임직원에 의한 독단과 비리, 비민주적 운영 등도 사실상 조합원의 역량 부족에서 파생된 문제라고 할 수 있다. 따라서 농협을 개혁하려면 조합원의 민주적인 조합 운영 역량을 장기간에 걸쳐 지속적으로 강화해나가야 한다.

□ 농협 개혁이 되지 않는 이유는 조직적 개혁 역량이 미흡하기 때문이다

다음으로 조직적 문제의 핵심은 농협중앙회의 특권으로 일선 농축협의 자율적 발전이 가로막혀 있고, 일선 농축협의 독점체제로 영농조합법인, 농업분야 협동조합 등 다양한 농업생산자조직의 발전이 저해되고 있다는 점이다. 이 같은 농협의 지위 및 권한은 과거 개발독재시대 농촌개발을 위해 농협을 육성하고 활용한 정부 정책에 따른 것으

로, 과거에는 농업·농촌의 어려움을 빠르게 해결하는 데 장점으로 작용할 수 있었다. 하지만 지난 수십 년간 농협이 정부의 정책적 간섭을 허용하고 독립성을 훼손한 데 대한 일종의 대가로 받은 지위와 권한에 안주함에 따라 농협 스스로의 힘으로 내외부 환경에 대응하여 미래를 설계하지 못하는 타율적 조직으로 전락하고 말았다. 특히 개방화·전문화·분권화·다양화되고 있는 현대 흐름에 비춰볼 때, 이러한 특권적 지위와 독점적 권한은 농협이 농업·농민의 요구를 외면하고 현실에 안주하게 만들며, 다양한 농업생산자조직의 발전을 가로막아 농업·농촌의 지속 가능성과 조합원의 이익 증대에 부정적 영향을 미치고 있는 것이다.

장종익(2015)에 따르면, 이미 품목별 전문농협체제가 정착된 서구의 농협은 1980~1990년대 이후 농축산물 과잉과 농업보호 및 지원정책 축소, 시장개방 확대와 유통시장 환경의 변화 등으로 경쟁이 격화되자 그동안 추구해온 생산 중심 및 비용 최소화 전략으로부터 수요 중심 및 부가가치 제고 전략으로 전환해왔으며, 이를 위해 조합의 합병을 통한 규모화, 외부로부터의 자본 조달, 자회사 설립 등 다양한 시도를 하고 있다. 이 같은 서구 농협의 시도는 급변하는 시장 환경에 주도적으로 대응하여 조합원의 이익을 실현하기 위해 협동조합 스스로 다양하게 모색하고 있다고 할 수 있다.

이미 1990년대부터 한국 농협의 품목별 전문농협체제로의 전환이 시급하다는 문제제기가 있었지만 농협중앙회의 특권적 지위와 일선 농축협의 독점체제 속에 지금까지 답보상태를 면치 못하고 있다. 또한 매 정권 초기마다 농협은 개혁 대상으로 지탄받고 타율적 개혁을 강요받는 악순환을 반복하고 있다. 농협 스스로의 개혁을 통한 변화·발전을 기대하기 어려운 상황이라고 할 수 있다.

이 같은 상황에서 과연 농협이 농산물시장개방 확대와 유통환경 변화에 맞서 농산물 생산·가공·유통분야에서 협동의 이익을 창출할 수 있을지, 품목의 미래 비전을 제시할 수 있을지, 신용사업의 어려움 속에 경영상 위기를 극복할 수 있을지 의문이 제기되고 있는 것이다. 또한 농협이 권력을 가짐에 따라 다른 생산자조직의 발전에 장애를 조성하면서, 농협만의 문제에 그치는 것이 아니라 다양한 농업생산자조직의 자율적 설립 및 자주적 발전마저 가로막는 지경에 이르렀다. 다른 생산자조직과의 공정한 경쟁을 통한 농협의 혁신 또한 기대하기 어려운 상황이다.

□ 농협은 조합원의 자주적 협동조직으로 거듭나야 한다

「농협법」(제1조, 제13조, 제113조)에 따르면 농협은 농업인의 자주적인 협동조직이며, 조합원의 경제적·사회적·문화적 지위 향상을 목적으로 하며, 농협중앙회는 회원의 공동이익 증진과 건전한 발전을 목적으로 한다. 즉, 농협은 사업을 통해 조합원의 공동이익을 증진하는 협동적 사업체다.

따라서 농협 개혁의 핵심 방향은 농협을 농민에게 돌려줌으로써 농민조합원의 자주적 협동조직으로 전환하는 것이다. 즉, 농협 스스로의 힘으로 조직을 혁신하고 미래를 개척할 수 있는 '농민조합원의 자주적 협동조직'으로 거듭나야 한다.

2. 농협의 현실은 어떠한가?

1) 농협중앙회는 회원조합을 통제하고 자체 이윤 추구를 극대화하여 협동조합으로서의 정체성을 상실했다

□ 첫째, 중앙회가 회원조합 위에 군림하는 하향식 통제구조가 지속되고 있다

우리나라는 세계적으로 유례없이 농협중앙회가 지도·교육·감독·농정활동 등 비사업적 기능 이외에 경제사업과 신용사업을 동시에 수행하고 있다. 이러한 사업을 전국 단위에서 하나의 조직체가 수행하는 나라는 없다. 더욱이 농협중앙회는 경제사업연합기능과 상호금융연합기능, 농림수산업자 신용보증관리기능, 지도감사기능, 교육훈련기능, 대정부 농정활동 등을 한 조직체 내에서 동시 수행하고 있다. 경제사업연합기능과 은행금융, 공제 및 공제사업 연합기능은 지주회사로 이관했으나 중앙회가 1인 지배주주다.

이 같은 중앙회의 사업 독점에 따라 회원조합이 연합조직을 민주적으로 통제하는 구조가 아니라, 중앙회가 회원조합 위에 군림하며 회원을 통제하는 하향식 구조가 나타나고 있다. 이같이 왜곡된 한국 협동조합의 통제구조는 한국 농협의 가장 핵심적인 문제라고 할 수 있다.

□ 둘째, 중앙회는 자체사업 중심 운영으로 회원조합과 경쟁하고 이익을 침해하고 있다

농협중앙회가 본래 해야 할 경제사업을 제대로 하지 않는 것도 문제지만, 더 큰 문제는 중앙회의 경제사업이 회원조합을 위한 연합사업이 아니라 중앙회 자체 사업 중심이라는 것이다. 중앙회의 목적이 회원조

합의 공동이익 증진이 아니라 자기 이익의 극대화에 있기 때문에 회원조합과 대립하거나 갈등을 빚고, 심지어 이익을 침해하는 현상이 나타나고 있다. 본말이 전도된 것이다. 이러한 문제는 지난 2012년 중앙회가 지주회사체제로 전환함으로써 더욱 심각해지고 있다.

이는 신용사업에 있어 중앙회 자회사인 농협은행과 회원조합 간 금융점포 개설지역을 둘러싼 경쟁, 지자체 공공금고 취급에 따른 수익 전체를 농협은행이 독점하는 문제, 보험 및 카드사업의 불공정계약에 따른 지역·품목조합과의 갈등 등으로 나타나고 있다. 〈표 11-1〉은 중앙회 농협은행이 회원조합의 업무구역 내에 점포를 개설함에 따라 회원조합과 분쟁을 빚고 있는 곳들이다.

경제사업에 있어서도 중앙회 경제지주와 회원조합 간 마트사업, 공판장사업, 사료사업에서 경쟁과 갈등, 이익 침해가 나타나고 있다. 마트사업의 경우 (신용사업의 사례와 비슷하게) 농협중앙회가 회원조합의 업무구역 내에 하나로클럽 또는 하나로마트를 개설하여 회원조합과 경

〈표 11-1〉 최근 5년간 중앙회 농협은행 점포와 회원조합 간 분쟁 현황

중앙회 사무소명	유형	분쟁 사유	지역 농협(이격거리)
남양주시지부	이전	지금공공주택지구 내 이전 반대	남양주축협(200m)
양주시지부	이전	농협양주유통센터 내 입점 반대	양주농협(650m)
위례신도시	신설	지역 농협 점포 선점에 따른 불가	서부농협(50m)
경기 동평택지점	신설	점포 중복에 따른 과열경쟁 우려	평택농협(450m)
동탄2기 신도시	신설	지역 농협 선점에 따른 경합	동탄농협(2km)
경기 의왕 IT센터	이전	농협은행 IT센터 내 입점 반대	의왕농협(280m)
대전 도안신도시	신설	과열 경쟁, 입지 선정 마찰	남대전농협, 진잠농협(400m)

자료: 농협중앙회 국회 제출자료(2017).

〈그림 11-1〉 중앙회 사료공장과 회원조합 사료공장 간 시장점유율 경쟁 현황　　(단위: %)

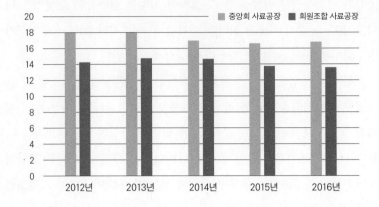

쟁하고 있다. 공판장사업에서는 중앙회 경제지주가 운영 중인 공판장 (10개소)과 회원조합이 운영 중인 공판장이 경쟁하는 경우가 있는데, 특히 대구시 북부 농산물도매시장에는 대구경북원예농협 공판장과 농 협중앙회 경제지주 공판장이 동일한 시장 내에 마주보고 들어서서 경 쟁하고 있다. 사료사업의 경우 〈그림 11-1〉처럼 중앙회 사료공장(12개 소)과 회원조합 사료공장(15개소)이 시장에서 치열하게 경쟁 중이다.

□ 셋째, 중앙회의 독점적 지위로 인해 다양한 농협연합회의 설립이 불 가능하다

　농협중앙회는 「농협법」에 의해 독점적 지위를 보장받고 있다. 「농협 법」(제114조 2항)에 따르면 2개 이상의 중앙회 설립은 불가하며 회원조 합의 중앙회 해산권을 인정하지 않고 있다. 이는 「소비자생활협동조합 법」이나 「협동조합기본법」에서는 찾아볼 수 없는 특권적 조항이다. 이 에 따라 회원조합 간 다양한 연합조직 설립이 불가능하다. 구매연합회

〈표 11-2〉 농협과 다른 협동조합의 권한 비교

	「농협법」	「소비자생협법」	「협동조합기본법」	ICA 원칙과 「농협법」 비교
중앙회 설립 독점	2개 이상 중앙회 설립 불가	2개 이상 전국연합회 설립 가능	규정 없음	6원칙[1] 위배
중앙회 해산	회원의 해산권한 부정	전국연합회 및 연합회 해산권한 회원에 보장	연합회 해산권한 회원에 보장	4원칙[2] 위배
연합조직 설립 자유	품목조합연합회만 가능 (구매연합회 등 설립 불가)	연합회 설립 자유 보장	연합회 설립 자유 보장	6원칙 위배

*주 1) 6원칙(협동조합 협동: 협동조합은 지역 및 전국 그리고 인접국가 간 및 국제적으로 함께 일함으로써 조합원에게 가장 효과적으로 봉사하고 협동조합운동을 강화한다)
2) 4원칙(자율과 독립: 협동조합은 조합원들에 의해 관리되는 자율적인 자조조직이다. 협동조합이 정부 등 다른 조직과 약정을 맺거나 외부에서 자본을 조달하고자 할 때는 조합원에 의한 민주적 관리가 보장되고 협동조합의 자율성이 유지되어야 한다)

등 다양한 연합회를 설립할 자유가 허용되지 않는 것이다. 1999년 「농협법」 개정으로 유일하게 품목조합연합회 설립이 가능하지만, 농협중앙회의 방해를 비롯해 경영·교육·마케팅 등 지원시스템의 부재로 활성화되지 않고 있다. 이는 〈표 11-2〉에 정리된 것처럼 국제협동조합연맹 ICA이 제정한 협동조합의 7대 원칙에도 위배된다.

□ 넷째, 신용사업은 협동조합금융으로서의 성격을 상실한 채 관치금융화됐고 불공정계약으로 지역·품목조합의 피해와 반발이 크다

농협중앙회의 은행금융사업은 조합원의 상호 부조를 목적으로 하는 협동조합금융(상호금융)이 아니라 일반은행금융이다. 이는 과거 농촌개발과정에서 농촌지역 자본이 부족해 도시자본을 유치하기 위해 허용됐다. 그런데 현재는 농촌지역도 자본이 과포화상태여서 투자처

를 찾지 못할 정도이므로, 은행금융은 존재 이유를 상실했다고 할 수 있다.

또한 농협금융지주회사는 금융당국의 퇴직 고위 관료에 장악되어 있다는 비판을 받고 있다. 지금까지 농협금융지주회사 회장을 보면(1대 회장을 제외하고), 2대 회장은 재경부 국장과 수출입은행장을 역임했고 3대 회장은 기획재정부 차관 출신이었으며 4대 회장은 금감위 국장 출신이었다. 이에 따라 농협금융지주회사는 조선·해운업회사 대출로 부실 급증의 직격탄을 맞았다. 시중은행들이 2015년부터 조선·해운 여신을 줄인 것과 달리 농협은행은 산업은행, 한국수출입은행 등과 함께 여신을 유지하거나 늘렸다가 화를 자초했는데, 금융감독원이 2016년 6월 2일 발표한 자료에 따르면, 산업은행·수출입은행·농협은행 세 곳의 부실채권 금액만 16조 8,000억 원에 달한다. 부실채권 비율 또한 산업은행이 6.7%, 수출입은행 3.35%, 농협은행이 2.15%로 치솟았다. 시중은행이 낮게는 0%대, 대체로 1%대인 점을 고려하면 큰 폭의 차이다. 관치금융의 폐해라고 할 수 있다.

또한 농협 사업구조 개편으로 지난 2012년 전국 지역 농·축협이 운영하던 공제사업이 중앙회 자회사인 NH농협보험사 사업으로 이관됐다. 이에 따라 각 지역 농·축협은 NH농협보험사들과 판매수수료를 받는 판매계약을 체결했다. 그런데 전국 농축협 보험판매계약 갱신협의회(전보협)에 따르면, 보험 상품 판매계약은 불공정하게 이루어졌다. 대표적으로 책임·배상·감사 및 비용에 대한 부담을 모두 지역조합이 지도록 했으며, 수수료도 과거보다 줄어들었고, 판매비 및 관리비 보전, 제공제이익수수료 환원 등도 미흡했다.

카드사업 역시 조합에 일방적으로 불리한 계약관계다. 발급권한은 농협카드사에 있고 지역조합은 업무대행이지만 연체 등 부실에 따른

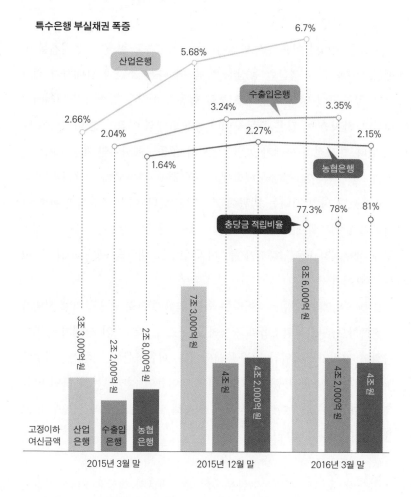

〈그림 11-2〉 특수은행 부실채권 현황

특수은행 부실채권 폭증

주: 고정이하여신은 부실채권 중 원리금 상환이 3개월 이상 연체된 대출을 말함.
자료: 《비즈니스 워치》, 2016.6.2.

손실은 전적으로 조합이 부담하는 반면, 수익의 대부분은 카드사에서 가져가고 있다. 지역 농협이 카드사로부터 수수료를 받기는 하지만 지역조합의 위험부담, 비용부담에 비하면 미흡하다.

□ 다섯째, 경제사업은 협동의 이익을 창출하지 못할 뿐만 아니라 일선
　조합과 경쟁하고 있다

　　농협을 설립한 이유는 조합원이 좀 더 저렴하고 질 좋은 농자재를 구
매하고 조합원이 생산한 농산물을 좀 더 나은 조건에 판매하기 위함
이다. 공동구매 및 공동판매를 통한 협동의 이익을 창출하기 위해서인
것이다. 하지만 이 같은 공동구매나 공동판매의 이익이 잘 나타나지 않
고 있다. 대표적인 사례가 농협중앙회의 공동구매사업인 계통구매사업
인데, 전국 단위로 공동구매함에도 불구하고 계통구매 자재가격이 민
간업체보다 싸지 않다는 비판이 계속되고 있다. 이는 중앙회의 판매 장
려금이 일선조합으로 환원되지 않음에 따른 것으로 추정되지만, 계통
구매 세부계약내용(납품단가 등) 미공개로 그 내막을 제대로 알 수 없
는 상황이다.

　　또한 중앙회는 연합조직이라는 법적 위상에도 불구하고 자체 사업을
조직화함으로써 회원조합과 경쟁하는 구조다. 대표적인 사례가 농협중
앙회의 김치가공사업과 목우촌사업이다. 회원조합이 김치가공사업을
하고 있는 상황에서 중앙회가 사업에 뛰어들어 경쟁하는가 하면 양돈
조합들이 도드람 브랜드로 시장에 진출해 있는데 중앙회가 목우촌 브
랜드로 경쟁하고 있다.

□ 여섯째, 중앙회는 협동조합운동의 중심체로서 역할을 거의 하지 못
　하고 있다

　　농협중앙회 본연의 역할은 협동조합운동의 중심체로서 교육, 조사·
연구, 지도·감사, 대외활동 등 비사업 기능에 있다. 하지만 현재 농협중
앙회는 자체 이익을 추구하는 사업 기능에 집중하면서, 본연의 비사업
기능은 외면하고 있다. 협동조합의 원칙과 가치, 운영 원리에 대한 조합

원 교육, 이를 사회적으로 확산시키기 위한 노력이 미흡할뿐더러 사회적 가치 실현을 위한 다양한 사회활동에도 거의 참여하지 않는다.

농민조합원의 사회적·경제적 권익 실현을 위한 대정부 농정활동에서도 농협중앙회는 제대로 된 목소리를 낸 적이 거의 없다. 미국, EU, 호주, 뉴질랜드, 중국 등 농산물 수출강국과의 자유무역협정 체결 시 반대 성명 한 번 발표하지 않았다. 오히려 한미 FTA 협상과정에서는 정부 주도로 설립한 한미 FTA 민간대책위원회에 참여해 비판받기도 했다. 또한 개방농정에 따른 농산물가격 폭락, 농가소득 하락 등에 대해서도 농민조합원의 대표조직다운 농정활동을 하지 않았다. 오히려 농협은 막강한 로비 역량을 중앙회의 특권을 유지·강화하고 제도 개선 요구를 무마하는 데 사용했다.

뿐만 아니라 협동조합으로서의 정체성 상실은 도덕적 해이를 일삼는 경영진의 사익 추구 현상까지 불러오고 있다. 매년 국정감사에서는 농협 경영진만 날로 번성한다는 비판을 받고 있다. 2015년 국정감사 자료에 따르면, 농협중앙회장의 연봉은 7억 1,847만 원으로 316개 공공기관 가운데 가장 많고, 중앙회 임직원 중 1,758명(26.4%)과 농협은행 임직원 4,857명(34.5%)의 연봉이 9,000만 원 이상이며, 사외이사 1인당 8,600만 원을 수령하여 '돈 잔치'라는 비난을 받은 바 있다. 또한 농협 임직원들의 개인적인 횡령, 비리로 인해 387억 원의 변상 판정을 받은 반면(2015년 8월 말 기준), 미회수금액은 90%에 가까운 346억 원에 달한다.

2) 지역·품목조합은 조합원의 요구를 실현하지 못하고 있으며, 농업생산자조직의 발전을 가로막고 있다

□ 첫째, 조합은 신용사업 중심 구조이고, 조합원이 생산한 농산물을 제대로 팔지 못하고 있으며, 골목상권을 위협한다는 비판을 받고 있다

지역·품목조합의 손익 현황(지도관리비 차감 후 손익)을 살펴보면, 2015년 신용사업은 조합 평균 22억 원의 흑자를 냈지만 판매사업에서는 1억 2,000만 원의 적자가, 구매사업에서는 3억 4,000만 원의 적자가, 마트사업에서는 1억 4,000만 원의 적자가 나는 등 경제사업 적자가 지속되고 있다. 이는 도시농협과 농촌농협을 평균한 것으로 농촌농협만을 살펴보면 사정이 훨씬 나쁠 것으로 추정된다. 또한 조합당 평균 일반회계(신용사업 제외) 영업이익은 2015년에 15억 7,000만 원 적자인 것으로 나타났으며, 같은 해 조합당 평균 일반회계 당기순이익은 11억 9,000만 원 적자인 것으로 나타났다. 농협의 경제사업은 만성적

〈그림 11-3〉 지역 농협의 손익 현황   (단위: 억 원)

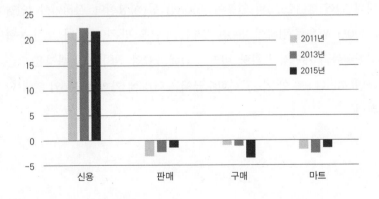

자료: 농협중앙회, 〈조합경영계수요총람〉.

자에 준조합원이나 비조합원을 대상으로 하는 신용사업에 치중해왔다. 때문에 신용사업의 수익으로 유지되면서 정작 중심이어야 할 경제사업은 환원사업, 보조사업의 성격에서 벗어나지 못했다. 농민조합원으로부터 원성을 사 불신당하고, 자발적 참가 및 이용을 조직하지 못하는 이유다.

또한 조합은 농민조합원의 농축산물을 제대로 팔지 못하는 구조다. 조합원은 농산물을 출하하고, 조합은 농산물 판매를 책임지는 일반적인 관계가 성립되지 않고 있다. 2000년 이후 연합마케팅 등 판매사업에서 모범사례를 보이는 지역조합들이 나타나고 있으나, 여전히 대부분의 조합이 경제사업에 소홀한 상황인 데다 그나마 진행 중인 판매사업도 공동운송에 그치고 있다. 공동마케팅, 공동계산을 추진하고 있는 조합과 그 취급 물량은 미미한 실정이다. 원예류의 경우 2013년 원예생산액은 16조 6,000억 원에 달했는데, 전국 농협의 취급실적은 10조 4,580억 원(62.9%)이고 그중에서도 공동계산실적은 1조 8,020억 원(10.8%)에 불과했다. 농협 취급실적의 다수는 단순운송 수준의 사업실

〈그림 11-4〉 원예생산액 대비 농협 취급액과 농협 공동계산액 　　　　(단위: 10억 원)

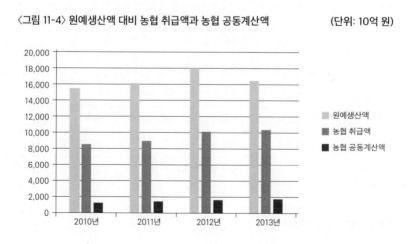

적이라는 것이다.

뿐만 아니라 최근 농협은 농업과 직접 관련이 없는 다양한 업종으로 문어발식 사업 확장을 하고 있다. 이에 농협의 본업이라고 할 수 있는 농산물 판매사업은 등한시한 채 외연 확장과 수익 창출에만 골몰한다는 비판을 받고 있다. 일부 조합은 장례식장, 자동차정비업, 커피전문점에까지 업종을 확장하며 지역 중소상인들의 생계마저 위협하고 있다는 지적을 받고 있다. 아래에 명시된 것처럼 자동차정비업은 10개 농협이 시행하고 있고, 장례식장은 38개 농협에서 운영하고 있는 것으로 나타났다.

〈표 11-3〉 회원조합의 겸업 업종 현황

업종명	지역	조합명
자동차정비업 (10개 농협)	강원	태백농협, 대관령농협, 동횡성농협(3개소)
	충남	금산농협, 대천농협(2개소)
	전북	동김제농협, 선운산농협(2개소)
	경북	안동농협, 다인농협, 울진농협(3개소)
장례식장 (38개 농협)	경기	관인, 안중, 회천, 가평군, 영북
	강원	홍천, 안흥
	충북	옥천, 금왕, 음성, 보은
	충남	계룡, 이인, 청양, 장곡, 규암
	전남	함평, 영광, 석곡, 녹동, 북신안, 영암, 영산포
	경북	청송, 안동, 안계, 다인, 예천, 군위, 남청송, 의성중부, 왜관
	경남	밀양, 동양산, 하청, 사천
	제주	김녕, 하귀

자료: 농협중앙회 국회 제출자료(2017).

□ 둘째, 대내외적 위기를 극복할 품목별 비전과 전략이 없다

대외통상환경의 변화와 수입농산물 확대, 소비지 유통의 급격한 변화 등 농협을 둘러싼 환경이 급속하게 변화하고 있다. 또한 조합원의 고령화와 농촌지역 내 투자처 부족 등으로 인해 신용사업 수익으로 경제사업 적자를 메우는 운영 방식은 이제 더 이상 적합하지 않다는 것이 농협 내외부의 일치된 견해다.

이제 농협은 한국 농업의 대내외적 변화에 대응하기 위해 전국 단위 품목별 연합조직을 중심으로 품목별 비전과 전략을 수립하여 위기를 극복해야 하며, 지역농업 조직화를 위한 자치농정의 핵심 주체로서 제 역할을 다해야 한다.

하지만 그동안 농협은 설립 독점, 농업정책 집행 독점 등 독점권에 기대 성장해왔으며, 조합원의 편익 증대를 위해 스스로 혁신하기보다 매 정권마다 개혁 대상으로 지탄받아 타율적 개혁을 강요받는 조직에 안주해왔다. 이에 따라 품목별 수급 조절, 생산 조정, 출하 조절 등 가격정책 집행 역할을 전혀 하지 못하고 있을뿐더러 사업 및 경영상의 위기를 극복할 비전과 전략을 수립하지 못하고 있다. 비조합원 위주의 신용사업 중심 사업구조에서도 탈피하지 못하고 있다.

□ 셋째, 지역농업 조직화의 주체로서 자리매김하지 못하고 있다

현재 대부분의 조합은 사업계획을 수립할 때 지역농업에 대한 고려 없이 중앙회 수지편성지침에 따라 천편일률적으로 목표와 계획을 세우고 있다. 즉 전년도 취급액 대비 몇 퍼센트 증가된 목표를 달성하겠다는 식으로 수립하는 경우가 많다. 경영지표 중심의 목표로 일반기업과 같이 조직 자체 경영의 개선만을 추구하는 경향이 많은 것이다. 지역농업의 환경이며 조합원 경제를 고려하지 않는 일률적인 경영계획에 그치

고 있다.

조합원이 어떤 작목을 생산하고 있는지, 어떤 경로를 통해 얼마에 팔고 있는지 실태를 파악하고 이에 기초하여 핵심 작목, 주력 작목 등을 구상하고 품목별 생산을 조직화하여 조합 경제사업의 비전을 달성해나가야 하지만 많은 경우 형식적인 작목반 조직 구성으로 생산조직화는 뒷전인 경우가 많다. 조합원이 생산한 농산물의 부가가치를 높이기 위한 가공사업 추진 역시 미흡하다.

또한 지자체가 법에 따라 5년마다 시군 '농업·농촌 및 식품산업 발전계획'을 수립할 때 농축협이 참여하여 지역농업을 어떻게 발전시켜나갈 것인가에 대해 함께 논의하는 지역은 거의 없다. 오히려 지자체 농정공무원과 지역조합 직원 간 갈등 양상이 나타나기도 한다. 또한 조합 하나로마트에서 지역 농산물 판매를 위해 노력하기보다 타 지역 농산물 판매나 심지어 수입농산물 판매로 비난을 받는 경우가 많다.

지방정부의 지역농업에 대한 구상 및 계획이 일선 조합의 사업과 시너지 효과를 전혀 내지 못하고 있고, 일선 농축협이 지역 내 생산·가공·유통 조직화 주체로서 제 역할을 하지 못하고 있다. 이는 다음 사례에서도 확인할 수 있다. 2011년 충남 홍성 H면 302농가를 조사한 결과, 트랙터 116대(2.6농가당 1대), 콤바인은 46대(6.6농가당 1대), 이앙기는 75대(4농가당 1대)로 나타나 적정 보유량에 비해 트랙터는 약 100대, 이앙기는 45대, 콤바인은 29대를 과다 보유하고 있는 것으로 나타났다. 이는 지역농업계획에 따라 한정된 농업자원을 조직화하지 못했기 때문이라고 할 수 있다. 이에 따라 조합원의 농기계 과잉투자로 이어져 농가부채의 원인으로 작용하고 있는 것이다. 이는 대부분의 한국 농촌지역에서 발생하는 현상이라고 볼 수 있다.

□ 넷째, 지역·품목조합의 독점적 권한으로 다양한 농업생산자조직의
자율적 발전이 저해되고 있다

지역·품목조합의 대표적인 독점적 권한은 다양한 농협의 설립 불가,
동일 유형 조합에 대한 조합원의 복수 가입 불가 등을 꼽을 수 있다. 또
한 농업금융과 농자재 공급 등 정책사업을 독점하는 농업금융독점권
과 정책사업독점권을 들 수 있다.

이 같은 독점권에 따라 특히 조합원이 규모에 상관없이 구매농협, 판
매농협, 가공농협, 유기농협 등을 신규 설립하는 것은 불가능하다. 다만
품목조합 설립이 법적으로 가능한데 일정한 수준에 도달할 때까지 품
목조합의 설립 및 초기 운영에 대한 지원서비스를 담당하는 조직이 없
기 때문에 새로운 품목조합의 성공률은 낮은 상황이다. 전체 1,134개
조합 중 품목조합은 80개에 불과하다. 또한 현재 8개의 한우품목조합
이 설립되어 있는데 대부분 조합 설립 당시 지역축협의 노골적인 방해
를 겪었으며, 설립 이후에도 이력추적제 등 정부 정책사업의 지역축협
독점 수행으로 많은 어려움을 겪고 있다.

이 같은 독점권은 과거 농촌개발을 위해 농협을 육성하고 활용한 정
부 정책에 따라 부여된 것으로, 당시에는 농협을 통해 농업·농촌의 어
려움을 빠르게 해결하는 데 장점으로 작용한 측면도 있다. 하지만 다양
화·전문화되고 있는 현대 흐름에 비춰볼 때 농협이 농민조합원의 요구
를 외면하고 현실에 안주하게 만들었다는 비판을 받고 있다.

물론 모든 독점권을 폐지하고 일반 사기업과 자유롭게 시장경쟁을
해야 한다는 의미는 아니다. 현재 「독점금지법」에 따르면 협동조합이
대기업 등에 비해 상대적으로 열악한 지위와 경쟁상 불리한 조건을 극
복하기 위해 일정한 독점권의 부여 및 행사를 예외로 인정하고 있기 때
문이다. 다만 농업 여건이 변화함에 따라 농업정책 집행권을 농협이 독

점할 게 아니라 다양한 농업생산자조직과 자유롭게 경쟁하며 수행해야 한다는 것이다. 농협이 농민조합원으로부터 정체성을 상실했다는 비판을 받고 있다는 점을 고려한다면 조합원 편익 증대를 위해 더욱 필요한 일이라고 할 수 있다.

다음으로 지역조합의 불공정경쟁으로 다양한 생산자조직의 발전이 저해되고 있다. 예를 들어 대표적인 농업생산자조직인 영농조합법인과 농협 간의 경쟁 및 갈등이 지속되고 있다. 1990년 법 제정 당시 영농조합법인은 농협의 반대로 「농협법」 내에 규정되지 못했다. 또한 농협이 영농조합법인의 건전하고 지속 가능한 경영을 방해하고 발전을 가로막는 사례도 비일비재하다. 예를 들어 지난 2006년 지방선거 이후 학교급식이 확대되면서 생산자 스스로 법인을 결성하여 친환경쌀 등을 공급하기 시작했지만 시장이 커지자 농협이 뒤늦게 뛰어들면서 경쟁관계에 놓이는 경우가 다수 발생했다. 또한 최근 몇 년간 한우산업의 위기 속에 정육식당 형태의 한우생산자조직이 다수 설립됐지만 지역축협과 갈등관계에 놓이는 경우가 많은 것으로 나타나고 있다.

3) 농업생산자조직은 다양한 조직유형이 혼재된 채 부실화되거나 사유화되고 있다

□ 첫째, 농업생산자조직은 다양한 조직이 혼재되어 있다

현재 농업생산자조직으로는 「농어업 경영체 육성 및 지원에 관한 법률」에 근거한 영농조합법인과 농업회사법인, 「협동조합기본법」에 따른 농업분야 일반협동조합, 농협 내부조직인 작목반(출하회) 등이 있다. 특히 영농조합법인과 농업분야 일반협동조합은 유사하다. 두 조직 모두 조합원 5인 이상이면 설립 가능하고, 의사결정기구는 총회와 이사회이

며, 의결권은 1인 1표인 민주적 조직 형태와 구조를 갖고 있다. 그럼에도 불구하고 이 같은 다양한 농업생산자조직이 별도의 법률에 의거하여 각각 설립되고 있으며, 이들 조직이 설립·운영되는 데 지원하고 지도할 연합조직이나 중간지원조직은 없다.

또한 영농조합법인과 일반협동조합은 정부 정책상 차이가 있다. 영농조합법인은 농지 소유가 가능하지만 협동조합은 불가능하며, 영농조합법인은 「지방세특례제한법」에 따라 농업법인으로 규정되어 세금 감면을 받고 있지만 협동조합은 농업법인으로 규정되지 않음에 따라 세제혜택을 받지 못한다. 또한 농업분야 일반협동조합은 농업경영체 또는 농업법인에 대한 각종 지원정책이나 규제 특례조치 대상에서 제외되어 있다.

□ 둘째, 다수의 영농조합법인은 부실화되거나 사유화되었다

영세소농협동체인 영농조합법인은 1990년 기존 농업노동조직에서 더 나아간 새로운 생산조직으로 생산수단 중심 또는 유통과 경영까지 포괄하는 형태로 발전하리라는 기대 속에 설립됐다. 하지만 정부가 영농조합법인에 정부사업을 우선 지원함에 따라 지원을 받기 위해 형식적 절차만 거쳐 법인을 설립한 사례가 많다. 2000년대 이후 지원조건을 강화했지만 보조금 수령을 목적으로 한 법인 구성 문제가 여전히 제기되고 있다. 사실상 개인사업자거나 실제 사업을 하지 않는 영농조합법인이 상당한 것으로 조사되고 있으며, 정부나 지방자치단체의 정책사업을 수혜받기 위해 법인을 설립한 사례, 명목상 농업법인을 설립하고 실제로는 개인사업으로 운영하는 사례가 다수다. 또한 2014년 한국농촌경제연구원의 조사 결과에 따르면, 영농조합법인 10,262개의 매출액 합계는 10조 8,543억으로 법인당 평균 10억 원 수준에 불과하며

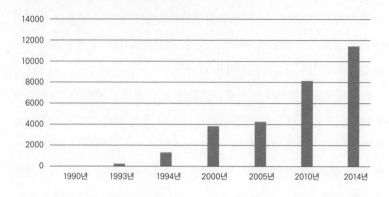

자료: 통계청.

2년차 법인 가운데 38.6%가 영업손실을 기록하는 등 부실 문제가 큰 것으로 나타났다. 부실 원인은 판로 확보, 수익성 저하, 운영자금 부족, 자금 관리 미숙 등의 문제에 더해 법인이 유통분야 등 서비스 업무를 담당하게 될 때 지역 농협과 경쟁 및 경합관계에 놓이는 문제가 크게 작용하는 것으로 나타났다.

□ 셋째, 농업분야 협동조합은 제도적 미비 속에 경영상 취약하다

2012년 「협동조합기본법」 시행 이후 설립된 일반협동조합 총 9,116개 중 농업, 어업, 임업을 기반으로 설립된 조합은 978개(10.7%)다(2016년 3월 말 기준). 그런데 이들 농업분야 일반협동조합은 경영상 취약함을 나타내고 있는데, 매출액이 전혀 없는 조합의 비중(54.9%)이 가장 높고 5,000만 원 이하가 18.5%, 5,000만~1억 원이 8.6% 순으로 나타나고 있다.

이에 관련된 실태조사가 많지 않기에 경영상 어려움의 원인을 단정 지을 수는 없다. 다만 농촌지역에 농협이 존재함에도 불구하고 제 역할

〈그림 11-6〉 농업분야 협동조합 매출액 규모별 조합의 비중 (단위: %)

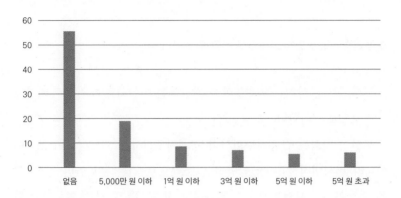

을 다하지 못하여 농민 스스로 협동조합을 설립하고 있지만 경영노하우 부족, 수익모델 부재 등으로 설립만 하는 경우가 다수인 것으로 추정된다.

또한 영농조합법인과 달리 농업분야 일반협동조합은 농지를 소유하거나 임차할 권리가 없으며, 여러 종류의 조세 감면조치의 대상이 되지 않고, 농업·농촌정책의 대상 조직이 아니다. 이 같은 제도적 지원책 부재도 경영상 어려움을 가중시키고 있는 것으로 보인다.

이 같은 상황에서 농촌지역에서 가장 풍부한 자원과 역량을 보유하고 있는 농협과 협력관계를 형성하지 못한다면 새로운 협동조합은 영농조합법인의 난립과 부실이라는 문제를 다시 반복할 가능성이 매우 높다. 농협이 소규모 일반협동조합의 경영·회계·판로 등을 지원하고 생산을 조직화하는 계기로 삼는 상생전략이 필요한 시점이다.

3. 해결 방안은 무엇인가?

1) 농협중앙회는 연합회체제로 전환해야 한다

□ 첫째, 농협중앙회는 회원조합을 지원하는 연합회로 개편하고 비사업
조직으로 전환한다

우선 중앙회는 금융지주회사와 경제지주회사를 거느린 사업조직이
아니라 비사업적 기능을 담당하는 조직으로 전환해야 한다. 이를 위
해 중앙회는 비사업조직으로 전환하고 회원조합 및 각종 연합회의 회
비(분담금)와 필요하다면 정부 지원금 등으로 운영하며, 중앙회의 고유
기능인 회원조합 및 연합회의 조직·사업·경영의 지도, 감독, 교육, 조
사연구 및 정보 제공, 농정활동을 강화함으로써 협동조합운동의 중심
체로서 역할을 해야 한다. 또한 2017년 2월 중앙회로부터 사업 이관
이 완료된 경제지주회사와 금융지주회사는 중앙회 출자 자회사(주식
회사)가 아니라 중앙회로부터 독립적인 회원조합의 연합회체제로 전환
한다.

□ 둘째, 상호금융연합회를 설립하고 농협은행 등 금융지주의 자회사는
매각하여 상호금융연합회로 이관한다

외국의 사례와 같이 상호금융연합회를 독립법인으로 설립하여 회원
조합(장기적으로는 지역신용협동조합)의 금융업무를 지원하는 중앙은행
의 역할을 하도록 한다. 농협은행 등 농민조합원이나 회원조합을 위한
협동조합금융이 아닌 자회사는 매각해 상호금융연합회와 경제사업연
합회를 설립하기 위한 자본금으로 활용한다.

□ 셋째, 농협경제지주회사는 경제연합회로 전환한다

농협의 경제사업은 회원조합(장기적으로는 광역품목조합)과 품목조합연합회가 중심이 되어 추진한다. 경제사업연합회 등은 필요한 경우 자회사를 두어 운영할 수 있지만 회원조합 혹은 품목조합의 경제사업 지원을 가장 중요한 기능으로 한다. 또한 경제지주회사의 자본금은 회원조합의 동의를 구해 경제사업연합회로 이관하고, 경제사업연합회는 집행이사회와 경영(감독)이사회 체제로 이원화해 집행이사회는 전문경영인으로 구성하고, 경영(감독)이사회는 회원조합 대표로 구성하여 운영한다.

2) 지역·품목조합은 설립 자유화하고 품목 전문 조직이자 자치농정의 핵심 주체로 육성해야 한다

□ 첫째, 다양한 농협과 연합회의 설립을 허용하고 지원한다

현재 「농협법」에 따르면 지역농축협, 품목농축협만을 설립할 수 있다. 외국의 경우와 같이 농민조합원의 요구에 따라 유기농농협, 구매농협, 로컬푸드농협 등 다양한 형태의 농협이 설립될 수 있도록 허용해야 한다. 또한 현행 「농협법」은 중앙회가 유일하게 회원조합의 사업연합 기능을 담당하도록 하여 독점적인 지위를 보장하고 있으며 품목연합회만을 설립할 수 있다. 「농협법」을 개정하여 품목조합의 설립 요건을 완화하고 회원조합의 필요에 따라 다양한 연합회를 설립할 자유를 보장해야 한다. 또한 품목연합회 외에도 구매연합회 등 다양한 연합조직 설립이 가능해야 하며, 중앙회 내 경영·회계·가공·마케팅·전문가 육성 등을 지원하는 품목조합 및 품목별 연합회 설립·운영지원단을 설치해 품목조합이 활성화되도록 지원해야 한다.

□ 둘째, 품목사업은 광역품목조합연합회 또는 광역품목협동조합 등
  광역 단위를 기본으로 사업을 전개한다

품목별 사업의 경우 시장대응력, 규모의 경제 등을 고려했을 때 사업
영역을 최소한 광역(도)지역으로 확대해야 한다. 조직 형태는 광역(도)품
목협동조합을 설립하거나 시군 조합이 광역(도)품목조합연합회를 설립
할 수 있을 것이다. 이때 연합회에는 「농협법」에 따른 품목조합, 지역조
합뿐만 아니라 영농조합법인과 일반협동조합도 참여할 수 있어야 한다.
광역품목협동조합은 구매, 생산, 지도, 가공, 판매, 마케팅, 연구 등 품목
별 가치사슬의 전 단계에서 가치 창출을 목표로 사업해야 할 것이다. 광
역품목조합연합회의 경우 시군 조합은 생산·지도, 연합조직은 구매·가
공·판매·마케팅·연구 등으로 업무를 분담할 수 있을 것이다.

또한 전국 단위 품목연합회를 설립하여 수급 조절, 생산 조정, 출하
조절, 계약재배 등 가격정책 집행 기능과 회원 지도·지원, 교육프로그램
마련 및 시행, 경영 전문 인력 육성·지원, 공동사업 발굴, 대정부 농정활
동 등 운동·정책 기능을 담당해야 한다. 아울러 전국품목연합회의 경
제사업 기능은 회원과 경합하지 않는 연합사업(구매사업, 판매사업, 전
국 공동 브랜드), 회원 간 공동사업 지도 및 협상 수행, 공동연구사업 기
능 등으로 국한해야 한다.

〈그림 11-7〉 품목사업의 조직체계도

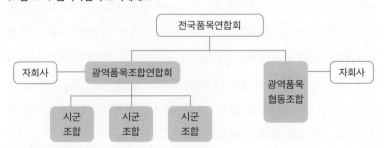

□ 셋째, 지역조합은 자치농정의 핵심 주체로 육성한다

자치농정은 농산물의 생산·가공·유통·소비의 총체적 체계total system
로서 지역농업의 조직화가 목적이고, 이를 실현하기 위한 주체가 농업
생산자조직이다. 그런데 농협은 생산요소의 공급 독점, 유통 주체인 동
시에 최대 가공 주체이므로 자치농정의 핵심 주체라고 할 수 있다. 자치
농정을 통한 지역농업 조직화의 핵심은 생산의 조직화와 가공·유통의
조직화라고 할 수 있다. 생산 조직화로 개별경영의 한계를 공동경영을
통해 극복하고, 농기계·노동력·토지의 공동이용 및 조정, 재배치를 통해
비용을 절감할 수 있다. 가공유통의 조직화로 생산농산물 판매를 위한
산지 브랜드 확립, 로컬푸드 추진, 소비자단체(생협)와의 직거래 등 다
양한 판로를 마련하고, 가공사업을 통한 새로운 부가가치를 창출할 수
있다. 지역 농협이 농산물의 생산·가공·유통 관련 지역농업 조직화의
주체로 역할을 수행하는 것이다.

또한 행정, 농협, 농업인이 함께 지역농업의 종합적인 발전을 위해 각
주체가 일상적으로 소통하고 협력할 수 있는 협의체인 상설 거버넌스
로 '자치농정위원회'를 구축하고 지역별 '농업·농촌 및 식품산업 발전계
획'을 공동으로 수립하며 그 핵심 주체로 지역조합이 자리매김할 수 있
도록 해야 한다.

3) 자주적 농업생산자조직의 활성화로 협동운동의 토대를 강화한다

□ 첫째, 소규모 농업생산자조직은 '농업생산조합(또는 영농조합)'으로
　일원화하고 「농협법」 내에 규정한다

현재 영농조합법인, 농업분야 협동조합, 작목반(출하회) 등으로 혼재
되어 있는 소규모 농업생산자조직은 '농업생산조합(또는 영농조합)'(가

칭)으로 일원화하고 「농협법」 내에 규정하여 농협과의 불필요한 갈등을 방지할 필요가 있다. 농업분야 일반협동조합의 경우 농민조합원 과반수나 매출액 비중 등의 조건을 충족할 경우 농업생산조합으로 인정할 수 있을 것이다. 더불어 농협 운영에 있어서도 농업생산조합 중심으로 운영하도록 제도를 개선해야 한다. 농업생산조합이 설립되어 농협에 조합원으로 가입할 경우 품목 및 지역을 고려하여 당연직 이사로 선임하는 등 조치가 필요할 것이다.

그런데 가공·유통을 중심으로 하는 농업회사법인의 경우에는 기업형을 지향하여 기업적 방식의 브랜드 마케팅 법인으로서 조합공동사업법인의 운영 주체로 육성하는 것을 검토할 필요가 있다.

또한 농업회사법인에도 허용되어 있는 농지 소유 규정을 변경하여 농업생산조합(또는 영농조합)에만 허용하도록 제한하고 농업경작자의 위상을 부여해 직불금도 수령할 수 있도록 함으로써 농업생산의 중심체로 육성해나가야 한다. 또한 농업생산조합이 청년을 고용하여 일자리를 창출하고 지속 가능한 영농조직으로 기능할 수 있도록 지원할 필요가 있다.

□ 둘째, 다양한 연합조직의 설립 및 운영을 지원한다

앞서 언급한 농협 간의 연합조직 외에도 다양한 생산자조직 간 연합회 및 연합사업의 제도적 허용이 필요하다. 농협과 영농조합법인, 일반협동조합, 이종협동조합 등이 자유롭게 연합사업조직을 설립해 규모의 경제를 실현할 수 있도록 허용되어야 한다. 예를 들어 한우연합회의 경우 한우를 중심적으로 취급하는 한우품목조합, 한우영농조합법인, 한우협동조합 등이 자유롭게 연합조직을 설립하고 연합사업을 추진할 수 있도록 허용해야 한다.

□ 셋째, 농업생산자조직 간 공정한 경쟁체제를 보장한다

우선 사업 기준을 충족하는 모든 농업생산자조직에 정부 정책사업 수행을 허용해야 한다. 각종 정부 농업정책사업을 시행하는 데 사업 기준을 충족한다면, 사업 주관기관을 농협중앙회의 회원조합으로만 한정하지 말아야 한다. 또한 다양한 구매·판매 생산조직을 농협의 경쟁업체로 규정한 「농협법」 관련 규정(제52조)을 삭제해야 한다. 현행 「농협법」에 따르면 일선 농축협과 유사한 농축산물 판매사업 및 구매사업을 경영하거나 그에 종사할 경우, 농축협의 임직원 및 대의원이 될 수 없다. 이는 영리기업 등 유사 업종에 종사하는 특정인이 조합을 특정 이해와 요구대로 운영할 것을 우려한 조항이다. 문제는 일선 농축협 조합원들이 조합원의 농산물 구매·판매사업을 위해 설립한 영농조합법인, 일반협동조합에도 이 조항이 적용됨으로써 농축협과 다른 농업생산자조직 간 협력에 장애를 조성하고 있다는 점이다. 실제로 조합원들이 공동구매 및 판매를 위해 영농조합법인을 설립했다는 이유로 조합 임원선거에 출마를 제한하는 사례가 발생한 바 있으며, 축산농가가 협동조합을 설립하여 사료공동구매사업을 추진하는데 지역축협이 이를 경쟁업

〈표 11-4〉 「농협법」 관련 규정

「농협법」 제52조(임직원의 겸직 금지 등) ④ 지역농협의 사업과 실질적으로 경쟁관계에 있는 사업을 경영하거나 이에 종사하는 사람은 지역농협의 임직원 및 대의원이 될 수 없다.

「농협법」 시행령 제5조의 2(실질적인 경쟁관계에 있는 사업의 범위) ① 법 제52조 제5항에 따른 실질적인 경쟁관계에 있는 사업의 범위는 별표 2의 사업으로 하되, 해당 조합, 법 제112조의 3에 따른 조합공동사업법인 및 중앙회가 수행하고 있는 사업에 해당하는 경우로 한정한다.

[별표 2] 실질적인 경쟁관계에 있는 사업의 범위

비료업, 농약판매업, 농업용·축산업용 기자재 사업, 석유판매업, 사료의 제조업 및 판매업, 종자업, 양곡매매업 및 양곡가공업, 「축산물위생관리법」에 따른 영업, 인삼류제조업, 그 밖에 이사회가 경쟁관계에 있다고 인정한 자가 수행하는 사업 등

체로 규정하고 대출을 미끼로 사료사업을 방해하는 사례도 나타나고 있다.

4) 중앙회장 직선제 등 농협 선거제도를 민주화한다

농협을 회원조합과 농민조합원에게 돌려줌으로써 회원의 공동이익에 기여하는 자주적 협동조직으로 거듭나기 위해서는 선거제도 개선이 중요하다. 농협중앙회장과 조합장은 중앙회와 조합을 운영하는 데 막강한 권한을 갖고 있으며, 모든 개혁에는 올바른 비전을 가진 리더의 역할이 결정적이므로 농협의 최고 리더인 농협중앙회장과 조합장을 올바르게 선출해야 하기 때문이다. 이를 위해 다음을 제안한다.

□ 첫째, 농협의 모든 선거에 정책선거제도를 도입한다

지난 2015년 3월 전국 동시 조합장 선거 시 '깜깜이 선거'가 논란이 됐다. 조합원들이 조합장 후보자 초청 정책토론회조차 개최할 수 없는 선거 규정 때문이었다. 따라서 회원조합장 동시선거 도입을 비롯해 중앙회장 선거 시 정책선거 실현을 위한 후보자 정책토론회를 여는 등 제도 개선이 필요하다. 이미 2015년 7월 중앙선거관리위원회에서도 '깜깜이 선거'를 개선하기 위해 후보자 정책토론회 허용, 예비선거제도 도입 등을 골자로 하는 개정 의견서를 국회에 제출했지만 농협중앙회의 반대로 입법되지 않고 있다. 2019년 조합장 동시선거가 예정되어 있는 만큼 이를 규정하는 「공공단체 등 위탁선거에 관한 법률」을 시급히 개정해야 할 것이다.

□ 둘째, 조합원의 의견을 반영한 농협중앙회장 직선제를 도입한다

현행 농협중앙회장 선출 방식은 전체 1,100여 명의 조합장 중 290명의 대의원 조합장들이 체육관에 모여 선출하는 간접선거 방식이다. 지난 1988년 사회가 민주화되는 과정에서 농협의 선거 방식도 조합장은 조합원 직선제, 중앙회장은 조합장 직선제로 선출하도록 「농협법」이 개정됐으나 2009년 이명박 정부 시기 개악됐다. 지금의 대의원 간선제에 의한 중앙회장 선거에는 농민조합원의 뜻이 반영될 길이 없다. 우선 대의원 간선제를 2009년 「농협법」 개정 이전 상태인 조합장 직선제로 되돌려야 한다. 하지만 조합장이 반드시 농민조합원의 의사를 잘 반영해서 투표한다고 보기는 어렵다. 조합장 개인의 친분이나 이해관계에 따라 투표할 가능성이 크다. 조합장 개인이 아니라 조합을 대표해서 투표하는 것이므로, 조합장은 중앙회장 투표에 앞서 누가 중앙회장이 되면 좋을지를 조합원들에게 물어보는 것이 민주주의 원칙에 부합한다. 지역조합이 임직원을 위한 조직이라는 비난을 받고 있는 상황에서는 더욱 그러하다. 따라서 조합원 총의가 반영된 조합장 직선제로 중앙회장 선거 방식을 바꾸어 농협을 '농민의, 농민에 의한, 농민을 위한 자주적 협동조직'으로 개혁해야 한다. 구체적인 개선 방안은 대의원 간선제도를 조합장 직선제로 변경하되, 조합원 의견을 수렴하여 투표하는 방식이 가능하다. 의견수렴 방안은 ① 조합원 투표, ② 대의원회 투표, ③ 이사회 투표 등 조합 정관으로 자율적으로 정할 수 있을 것이다.

또한 과도기적인 방안으로 전국 일선 농축협의 대의원 7만 6,000여 명으로 중앙회장 선거인단을 구성하고 선거인단에서 중앙회장을 선출하는 방식도 검토할 수 있을 것이다.

| 참고문헌 |

김병태, 〈영농법인과 농협과의 관계〉, 《협동조합운동》 1995년 11·12월호, 한국협동조합연구
    소, 1995.
박문호·임지은, 《농업법인경영체 경영실태 분석》, 한국농촌경제연구원, 2014.
박성재 외, 〈2011 경제발전경험모듈화사업: 농촌발전을 위한 농업협동조합 운영〉, 농림축산
    식품부·농촌경제연구원, 2012.
박진도, 〈농민이 행복해야 국민이 행복하다〉, 《民爲邦本》 제14호, 지역재단, 2015.
_____, 〈농협중앙회 개혁과 중앙회장 직선제〉, 《좋은농협만들기국민운동본부 국회 토론회
    자료집》, 2015.
_____, 〈농협중앙회 개혁과 경제지주의 과제〉, 《좋은농협만들기국민운동본부 국회 토론회
    자료집》, 2016.
박진도 외, 《위기의 농협, 길을 찾다》, 한겨레신문사, 2015.
이호중, 〈지역조합의 유형별 사업현황과 구조개선의 시사점〉, 《民爲邦本》 제3호, 지역재단,
    2015.
_____, 〈협동조합기본법 시행 2년, 새로운 협동조합의 확산이 농협개혁에 주는 시사점〉,
    《民爲邦本》 제5호, 지역재단, 2015.
_____, 〈차기 농협중앙회장이 해야 할 일〉, 《民爲邦本》 제13호, 지역재단, 2015.
_____, 〈한우 생산자조직의 발전 방향과 미래상〉, 《民爲邦本》 제21호, 지역재단, 2016.
_____, 《농협 특권의 실태와 변화과정에 대한 신제도주의적 분석》, 단국대학교 박사학위
    논문, 2017.
장종익, 《농민과 함께하는 농협 만들기》, 한국협동조합연구소, 2003.
_____, 〈세계 협동조합의 동향〉, 《세계농업》 제183호, 한국농촌경제연구원, 2015.
최경식 외, 〈농업부문 신생 협동조합 사업활성화 요인과 네트워크 영향탐색에 관한 연구〉,
    《한국협동조합연구》 제33집 제2호, 한국협동조합학회, 2015.

12장

중앙집권에서
분권·자치로,
관료주의에서
참여·협치로

허헌중
현 (재)지역재단 상임이사
서울대에서 정치학을 전공했고, 한국기독교농민회총연합회,
전국농민회총연맹, 한국농어촌사회연구소, (주)우리밀 등에서
일했다. '자치와 협동에 기초한 순환과 공생의 지역사회 실현'
이라는 지역재단 비전 실천에 함께하며, 지역리더(조직) 지원
과 네트워킹에 힘쓰고 있다.

- **왜 '분권·자치'와 '참여·협치' 농정인가**

우리 농업·농촌의 위기를 헤쳐나가기 위해서는 농정 패러다임의 근본적인 전환을 비롯해 그에 따른 농정의 추진 방향 및 추진체계에 대한 재검토와 수술이 시급하다. 농정추진체계 혁신은 '분권·자치'와 '참여·협치'에서 구해야 한다. 중앙집권적 설계주의 농정에서 분권과 자율의 자치 농정으로, 갈등과 불신의 관료주의 농정에서 민·관이 상호 협력하는 유기적 참여·협치 농정으로의 전환이다.

- **현행 농정의 패러다임 전환에 따라 그에 맞는 농정추진체계의 근본 전환이 시급하다**

지역의 특성과 여건을 살리고 다양한 개성과 창의적 지역력에 기반하여 자율성과 책임성을 높여나가는 분권·자치 농정(관-관 분권)과 참여·협치 농정(관-민 분권, 농민의 농정 파트너화)을 실현해야 한다. 그 방향은 1) 중앙농정에서 지방농정으로, 2) 하향식 농정에서 상향식 농정으로, 3) 관 주도 통치에서 민간분야의 참여와 책임을 강조하는 민관협치로의 전환이다.

- **중앙정부 차원에서 부처 간 수평적 협력체계를 추진하고, 중앙정부와 지방자치단체 간 수평적 협력체계, 곧 분권·자치 농정체계를 실현해야 한다**

중앙정부 차원에서 대통령이 직접 책임지는 직속기구를 상설 운영해야 하며, 농림축산식품부 중앙농정 내에서도 수평적 민관협치기구를 상설 운영해야 한다. 특히 보충성의 원칙에 따라 중앙정부와 지자체 간 역할을 분명히 하고 지자체의 자치권을 보장해야 한다. '지방에서 할 수 있는 농정은 지방이, 민간에서 할 수 있는 농정은 민간이' 하도록 하는 농정에서의 자치권 보장을 '분권·자치 농정'이라 부를 수 있다.

중앙정부와 지자체 간 수평적 협력체계(곧 바람직한 분권·자치 농정추진체계) 실현을 위해서는 농정 관련 지방재정의 근본적인 개혁이 선결조건이며, 개혁 방향은 '보조금 농정으로부터의 탈피와 지자체 농정의 자율성 보장'에 두어야 한다. 국가사무와 지방사무 간 명확한 구분과 국가사무의 지방 위임 시 반드시 법정 수탁을 사무화하도록 하고, 국비 지원 방식을 실질적 포괄보조금 방식으로 획기적으로 개선하며, 재정의 효과적이고 건전한 사용을 위한 협약 관리를 강화해야 한다. 아울러 포괄보조금을 지급할 경우에도 지역 간 재정력 격차를 고려하여 보조금에 차등을 적용하고, 지역 간 수평적 재정조정제도의 실효성 있는 운영 등 지역 간 균형발전을 촉진하도록 해야 한다.

• **특히 중앙농정의 지역화·현장화와 농정 관련 기관들의 전면 조정·재편을 실시해야 한다**

중앙농정의 지방실행조직으로서 '지방농정국'을 운영하고, 기존 농정 관련 기관들을 전면 조정·재편하여 중앙농정의 지방실행체계를 지역화·현장화해야 한다. 하지만 지방농정국이 자칫 또 하나의 중앙기관(중앙농정의 비대화)으로 자치농정역량을 훼손해서는 안 된다. 따라서 비대해지고 서로 중복되며 문어발식 사업 확장을 해온 기존 농정 관련 기관들을 지방농정국으로 조정·재편하며, 이와 관련된 중앙농정 인력도 모두 지방농정국 인력으로 전환하여 중앙농정조직의 비대화를 방지해야 한다.

• **지역 내에서 수평적 참여·협치 농정체계, 곧 진정한 민관협치를 실현해야 한다**

무엇보다 지자체 차원에서 실질적이고 지속적인 참여·협치 농정체계의 구축이 절실하다. 지자체 차원에서 '자치농정위원회(주민행복농정위원회)'등 행정과 농민단체가 수평적으로 협력하는 공동기구를 상설 운영해야 하며, 지자체 내 부서 간에도 농업·먹거리·지역·환경 관련 정책들에서 수평적 협력체계와 총괄조정기획체계를 운영해야 한다. 특히 지역 내 참여·협치 농정체계가 제대로 작동하기 위해서는 무엇보다 민관 파트너십을 담당하는 농민단체와 공무원 양쪽 지역 리더들의 주체역량 강화프로그램을 지속적으로 추진해야 한다.

I. 왜 '분권·자치와 참여·협치의 농정'인가

□ 복합적·전면적 위기상황에서 농정추진체계의 혁신이 시급하다

우리 농업·농촌의 내외 위기상황에서 헤어나기 위해서는 농정 패러다임의 근본적인 전환과, 그에 따른 농정의 추진 방향 및 추진체계에 대한 재검토와 수술이 시급하다. 농정 추진 방향과 관련해서는 농업·농촌의 다원적 기능을 최대한 발휘하고 농민의 인간다운 생활권을 보장함으로써 국민의 먹거리 기본권(건강권, 먹거리 복지권, 먹거리 주권)을 실현하고, 순환 및 공생의 지속 가능한 도농공생사회를 실현해야 한다. 특히 그간 중앙정부가 주도했던 설계주의 농정에 대한 전면적인 반성을 통해 추진체계를 혁신해야 한다.

□ 중앙집권적 설계주의 농정에서 분권·자치 농정으로, 갈등과 불신의 관료주의 농정에서 상호 협력하는 참여·협치 농정으로 전환해야 한다

먼저, 중앙집권적 설계주의 농정에서 분권·자치 농정으로 혁신해야 한다. 중앙정부 관료에 목을 매는 지역농정구조를 개혁하지 않는 한, 지역농정 주체들의 자율과 자립은 결코 기대할 수 없다. 지방분권적 농정은 단순히 중앙의 권한 및 재원을 이양하는 것이 아니라 중앙과 지자체, 행정과 민간의 관계 및 역할을 올바르게 정립하고, 그에 기초해 국가사무와 지방사무를 재조정하며, 그에 필요한 지자체의 지역경영 역량, 지역농정 기획·집행 역량, 재정능력을 강화하는 조치가 필요하다.

다음으로, 갈등과 불신의 관료주의 농정에서 농민 내부는 물론 농민·농협·행정이 상호 협력하는 참여·협치 농정으로 혁신해야 한다. 즉 중앙은 물론 지역농정에서 농민의 주체적 참여 없는 관료주의 농정을,

농민이 대등한 농정 파트너로서 참여와 책임을 다하는 참여·협치 농정으로 혁신해야 한다는 것이다. 무엇보다 농민들 간 협동을 일상화하고 세력화해야 하며, 이에 토대하여 농정 이해관계자 간 협력과 사회적 연대를 고양시키는 농정체계를 구축해야 한다.

□ 분권·자치 농정과 참여·협치 농정의 관계는 수레의 양 바퀴와 같다

분권·자치 농정은 중앙정부과 지자체 간 분권과 자치에 기반하지만, 농민단체 및 시민사회의 참여민주주의가 발달하지 못하고 정책의 기획·집행·평가과정에 민간이 개입할 역량이 취약한 상황에서는 중앙농정의 분권·자치화가 자칫 풀뿌리 보수세력의 기득권을 온존·강화하는 도구로 사유화되고 오용되기 십상이다.

참여·협치 농정은 중앙정부와 지자체의 각 층위에서 농민단체 및 시민사회가 정책 대상으로 전락하지 않고 주체적으로 참여해 중앙과 지역의 농정문제를 함께 풀어나가는 농정체계를 만들자는 것이다. 하지만 지금과 같이 지자체가 중앙정부의 하부행정기관으로 기능하고 또 권한 및 재원이 중앙정부에 종속된 상황에서는 참여·협치 농정을 추진하는 데 제한이 있을 수밖에 없다.

따라서 참여·협치 농정은 분권·자치 농정이 지역에서 지방자치를 빌미로 하는 풀뿌리 보수 기득권층의 지역 농정 지배·통제를 방지하며, 분권·자치 농정은 중앙의 권한과 재원을 실질적으로 지방 이양하고 지역농정의 주체 역량을 강화하는 참여·협치 농정을 기본조건으로 한다.

요컨대 분권·자치 농정과 참여·협치 농정은 수레의 양 바퀴와 같다고 할 수 있다.

II. 현행 농정추진체계, 무엇이 문제인가

1. 중앙정부 차원의 수평적 협력체계가 취약하다

중앙농정은 분권·자치 농정을 가로막는 설계주의 농정의 문제와 함께, 중앙정부 내 부처 간 수평적 협력체계를 담보하지 못하는 분절화·파편화의 문제를 갖고 있다. 농업·농촌·식품·지역·환경문제가 농림축산식품부만으로 대응할 수 없을 만큼 복합적이고 다면적이기 때문에 범정부 차원에서의 공동대응체제가 필수적임에도 불구하고, 이제까지 정부부처 간 수평적 협력체계가 이루어지지 않았다. 크게 두 가지를 지적할 수 있다.

□ 중앙정부 부처 간 정책 조정 기능이 취약하다

직접생산분야에 관련된 정책인 농업정책은 농림축산식품부가 주로 담당하지만, 농촌정책(농어업인 삶의 질 향상) 및 식품정책에서는 중앙정부 관련 부처 간의 업무 분담과 조정이 관건이다. 한국의 경우 중앙정부 관련 부처 간 조정 기능은 '농림어업인 삶의 질 향상 기본계획'과 관련하여 '삶의질향상위원회'에 의해 이루어진다고는 하지만 형식적이라고 비판받은 지 오래고, 부처별로 추진체계가 분산되어 통합·조정 기능이 미약하다. 또한 부처별 담당조직이 다원화됐을 뿐만 아니라 관심과 업무 비중마저 달라 범정부 차원에서의 체계적·종합적 접근이 어렵다는 지적이 제기되어왔다.

□ 중앙농정 내에서도 민관협치체계가 취약하다

대통령 자문 농어업·농어촌 특별대책위원회(농특위)가 2008년 농림축산식품부 산하로 축소된 후 2009년 12월 말 사실상 폐지됨에 따라, 중앙 단위에서 범정부 차원의 민관협력 농정 자문·조율을 위한 체계가 와해되는 결과를 낳았다. 그 후 농림축산식품부 장관 산하에 농어업선진화위원회, 국민공감농정위원회가 한시적으로 운영됐지만 그 위상이며 역할이 형식적 자문기구로서 참여·협치라는 본래 취지를 무색게 했다. 아울러 농림축산식품부 안에 오래전부터 '중앙농정심의회'가 운영되고 있으나, 이 또한 '농어업·농어촌 및 식품산업 동향에 관한 연차보고서'의 형식적인 심의·승인만 할 뿐, 정부와 민간 차원의 정보 공유, 의견 조율, 정책 기획 및 점검, 평가활동 등은 전혀 이루어지지 않고 있다.

2. 중앙집권적 설계주의 농정이 지방자치단체의 분권·자치 농정역량을 약화시켜왔다

□ 중앙집권적 설계주의 농정은 관료주의에 의해 좌우되고 있다

중앙정부의 설계주의 농정 추진은 지역농업 및 농민과 유리된 채 개발독재시대의 성장과 효율 논리로 무장한 중앙 행정관료 중심의 관료주의에 의해 좌우된다. 이는 지자체의 자율적 역할이나 지역 농민의 책임 있는 참여, 다양한 분야의 전문가와 지역 농민의 협력 등에 의한 지역농업 발전계획의 수립 및 추진을 불가능하게 했다.

중앙집권적 설계주의 농정하에서 지자체는 중앙정부가 정해주는 메뉴를 선택할뿐더러 그에 길들여져왔다. 국고보조금이나 저리융자라는 정부 지원과 중앙정부 관료의 일거수일투족에 목을 매는 구조가 반세기 이상 지속되고 있는 것이다. 이 구조가 근본적으로 바뀌지 않는 한, 지역 주체들의 자율·자립을 통한 농업·농민문제의 해결은 기대할 수

없다.

지자체가 자체 농업·농촌·식품 발전계획을 수립하고 진행한다지만 이는 지역의 자율적 계획이 아니라 거의 중앙 시책의 시군 축소판에 지나지 않는 경우가 많다. 중앙은 사업 대상, 내용, 지원 방식 등에 대해 세세한 지침을 시달하고 승인, 감독, 평가에까지 다양한 통제를 가한다.

뿐만 아니라 지자체가 중앙정부 농정사무를 대행하는 데 대부분의 행정력을 소모하며, 매우 한정된 예산조차 중앙정부 정책사업의 대응 사업비(매칭사업비)로 쓰여 지역의 개성과 창의성을 살릴 수 있는 자체 사업을 기획·집행할 여력이 거의 없다. 따라서 지역농업 발전을 추구하기보다 중앙정부에서 위임된 사업 시행에 치중하는 결과를 빚고 있다.

□ 중앙정부-지자체 간 합리적·체계적인 업무분담이 이뤄지지 못하고 있다

현재 농림축산식품부 정책사업은 중앙직할사업, 외부기관 위탁사업, 지자체 위임사업 세 가지로 시행되고 있다. 농협, 공공기관(농수산물유통공사, 한국농어촌공사) 등에 위탁·대행하는 사업을 제외하면 대부분의 보조사업은 지자체에 위임하여 시행하는 방식이다. 중앙정부와 지자체 간 기능을 분리하는 분리형을 채택하고 있는 선진국과 달리, 한국은 위임사업을 통해 중앙정부와 지자체 간 기능 분리가 명확하지 않은 통합형을 택해왔다. 즉 지자체가 결정한 사업 세부까지 중앙정부가 간섭하는 '행정통제형 통합모델'의 특성을 지니고 있다. 이 때문에 지자체는 방대한 중앙 농림사업을 위임 관리·집행하는 데 많은 인력과 시간을 투입해야 하므로, 지역 여건에 맞는 독자적인 사업 구상·실행을 위한 기획·집행 역량이 취약할 수밖에 없는 것이다.

3. 분권·자치 농정을 제약하는 조건과 한계는 무엇인가

□ 지자체 농정의 재정 자율성과 책임성이 매우 취약하다

중앙정부가 가진 권한 및 재원의 실질적인 지방 이양이 중요하다. 한국은 중앙이 국세를 과도하게 거둬(국세·지방세 비율이 8:2인 데 반해 일본은 55:45다) 지자체에 나눠주는 시스템이다. 그나마 8할의 집행도 다시 60% 가까이는 응당한 재원 보장 없이 지방에 위탁·관리를 떠맡긴다. 즉 중앙과 지방 간 사무 부담이 실질적으로는 4:6에 가깝다. 지방이 국가사무를 떠맡아 분권·자치 농정을 할 재원과 여력이 없는 실정이다. '2할 자치'는 곧 '절름발이 자치'다. 그 결과 지방세수입으로 인건비조차 해결하지 못하는 지자체가 2015년 기준 총 243개 지자체 중 51.9%(군은 84.1%)에 이른다(〈표 12-1〉, 〈표 12-2〉 참조).

〈표 12-1〉 전국 평균 재정 자립도 (단위: %)

	전국 평균	특별·광역시	도	시	군	자치구
1996	62.2	89.9	43.1	53.4	22.5	53.0
2016	46.6	62.3	31.9	32.1	12.0	26.0

자료: 행정안전부, 《2016년도 지방자치단체 통합재정 개요》.

〈표 12-2〉 지방세수입의 인건비 해결 정도

구분	합계	시·도	시	군	자치구
지자체 수	243	17	75	82	69
미해결 수	126(51.9%)	0(0.0%)	20(26.7%)	69(84.1%)	37(53.6%)

자료: 행정안전부, 《2015년도 지방자치단체 통합재정 개요》에서 재구성.

□ 지자체 농정은 재원의 절반 이상을 국고에 의존하며, 실질적으로는 중앙정부의 농정을 대행하는 하부행정기관이 됐다

지자체 예산 운용의 특징은 중앙정부에서 내려온 지침과 예산 편성 운영 기준을 준수해야 하고, 중앙정부에 대한 재정 의존도가 매우 높다는 점이다. 지자체 총예산 중 의존재원(교부세 및 보조금)의 비중은 52.3%로서 자체재원(지방세수입 및 세외수입)의 비중(35%)을 초과한다. 특히 지난 20년간 지자체 세입구조에서 자체재원보다 의존재원의 비중이 가파르게 증가하고 있다(〈표 12-3〉 참조).

참고로 지자체 예산 중 중앙정부 의존도를 지자체 유형별로 보면, 농촌지역일수록 더욱 심각함을 알 수 있다. 〈표 12-4〉를 보면 2015년에 지자체 유형별 주요 세입원은 특별·광역시의 경우 지방세수입 비중이 가장 높고, 군의 경우 교부세 비중이, 도를 비롯한 시·자치구의 경우 보조금이 가장 높았다.

중앙정부와 지자체의 사무 배분 비율을 보면, 법령상 전체 행정사무 중 국가사무는 약 80%로서 나머지 20%가 지방자치사무다. 법령상 기준으로는 중앙정부 권한인 국가사무가 절대적 비중을 차지하지만* 실제로 그 사무를 처리하는 기관을 조사한 결과, 중앙정부가 직접 처리하는 사무는 40%로 대폭 감소한다. 즉, 중앙정부가 법령상 규정한 사무를 직접 처리하지 않고 지자체에 자기 사무 중 절반을 위임하고 있는 것이다(실질적 사무처리 배분 비율을 보면, 중앙정부가 40%, 시·도는 26%, 시·군·구는 34%다). 또한 지자체별 사무를 「지방자치법」상 사무구분체계에 준해 보면, 광역 및 기초자치단체의 자치사무 비중은 50% 이하(자치사무 비중은 광역시 45.4%, 도 36.8%, 시 42.3%, 군 37.7%, 자치구

---

* 김필두 외, 《법령상 사무총조사》(한국지방행정연구원 용역보고서), 행정안전부, 2009. 12.

〈표 12-3〉 지방자치단체 예산 중 자체재원 비중　　　　　　　　　　　(단위: 조 원, %)

	자체재원 (지방세수입+세외수입)		의존재원 (교부세+보조금)		기타 재원 (지방채+보전수입 등)	
	금액	비중	금액	비중	금액	비중
1996	34.5	59.1	19.5	33.4	4.4	7.5
2015	87.3	35.0	122.3	52.3	29.7	12.7

주: 당초 예산 기준, 일반회계 및 특별회계, 총계 기준임.
자료: 권용훈, 〈지방자치단체 세입구조의 추세와 시사점〉, 《지표로 보는 이슈》 제26호, 국회입법조사처, 2015. 7.

〈표 12-4〉 2015년 지방자치단체 유형별 세입예산구조　　　　　　　　　(단위: 조 원, %)

	합계	자체재원		의존재원		기타 재원
		지방세수입	세외수입	보조금	교부세	
전국	233.8 (100.0)	60.4 (25.8)	21.5 (9.1)	83.3 (35.6)	39.0 (16.6)	29.7 (12.7)
특별·광역시	59.6 (100.0)	25.2 (42.3)	7.3 (12.2)	12.9 (21.6)	3.4 (5.7)	10.8 (18.1)
도	61.0 (100.0)	16.5 (27.0)	1.9 (3.1)	28.9 (47.4)	5.9 (9.7)	7.8 (13.1)
시	60.4 (100.0)	12.5 (20.7)	8.4 (13.9)	18.4 (30.5)	14.1 (23.3)	7.1 (11.8)
군	28.1 (100.0)	1.9 (6.8)	1.6 (5.7)	10.3 (36.7)	11.7 (41.6)	2.6 (9.3)
자치구	24.6 (100.0)	4.3 (17.5)	2.2 (8.9)	12.9 (52.4)	4.0 (16.3)	1.3 (5.3)

주 1) 당초 예산 기준, 일반회계 및 특별회계, 총계 기준임.
　　2) 기타 재원은 지방채 및 보전 수입 등임.
자료: 권용훈, 〈지방자치단체 세입구조의 추세와 시사점〉, 《지표로 보는 이슈》 제26호, 국회입법조사처, 2015. 7.

24.2%)에 불과한 실정이다.

그 결과 지자체의 재정 자율성은 극도로 제한당하고, 자율적 책임성이 취약하며, 한정적인 재정마저도 중앙농정사업에 매칭하는 데 쓰여 버린다. 지방에서는 행정인력이 중앙농정사업을 관리·집행·보고하는 데 대부분의 시간을 써버리는 실정이다. 국가사무의 대서소이자 하부행정기관으로 전락한 셈이다.

4. 민관협치의 현실과 과제

□ 중앙농정이나 지방농정에서 민관협치(거버넌스)의 수준이 낮고 형식적이다

지금까지 살펴보았듯이 농정추진체계의 문제는 중앙정부 내 수평적 협력체계가 부재하다는 점, 그리고 중앙집권적 설계주의 농정과 관료주의 농정으로 요약할 수 있다. 이처럼 정책 기획·시행·평가과정에서 특히 심각한 문제는 농정의 현장 당사자인 농민이 정책 당사자로서 주체적 참여를 보장받으면서 농정의 파트너로 역할하지 못한다는 점이다.

이제 일방적인 관료주의가 아니라 농정의 직접 당사자인 농민을 참여 주체로서 파트너화해야 한다. 중앙농정이든 지방농정이든 정책의 기획에서부터 시행·평가·환류에 이르는 전 과정에 농민의 주체적 참여와 민관협력(파트너십)을 제도화하는 '참여·협치 농정체계'의 형성 및 강화가 시급하다.

그런데 지금까지 한국 농민단체들은 중앙농정과 지방농정에 직간접적으로 참여하고는 있지만, 그 참여 방식이 자문이나 심의에 국한되어 있다. 참여·협치 농정의 수준이 매우 낮은 상태이며, 이마저도 형식적인 논의에 국한되는 경우가 많다. 무엇보다 중앙을 비롯한 지방의 농정추

진체계가 다양한 이해관계자, 특히 중앙농정에 대한 지자체와 농민, 지방농정에 대한 지역 농민의 실질적인 참여가 보장되는 참여·협치 농정체계로의 전환이 요구된다.

□ 행정 주도로 귀착된 형식적 참여·협치 방식의 새로운 전환이 필요하다

현재 중앙 및 지자체 단위의 '농정심의회' 외에도 지난 1993년 우루과이라운드 이후 대통령 자문 '농어촌발전위원회', 1997년 '양곡유통위원회', 2002년 대통령 자문 '농어업농어촌특별대책위원회', 2009년 '농어업선진화위원회' 등 지금까지 숱한 위원회 방식의 협치 농정이 추진됐지만, 거의 정부 주도로 귀착됐다. 이제 분권·자치의 진전에 따라 지역의 요구가 커졌고 그 이해관계자들의 목소리도 다양해져 과거와 같은 중앙집권적인 행정관료 중심의 일방적 통제형 농정추진체계로는 산적한 농업·농촌·지역·먹거리문제를 해결해나갈 수 없다.

특히 전국 단위의 농민단체들과 품목단체들이 각각의 입장과 이해관계에 따라 각개약진하고 다양한 농민단체의 연계·조정·협력을 이끌어내는 통합적 리더십이 부재하는 현실에서, 이러한 참여·합치 농정체계의 실질적인 구축을 농정개혁의 중심 과제로 삼아야 한다. 중앙 및 지방의 농정을 감시하고 비판하며 참여, 견인할 수 있는 농민단체들의 정책 역량과 농정활동의 추진 역량을 강화해야 한다. 더불어 지방농정에서 농정 관련 업무를 통합적으로 추진하는 기획 단위 운영, 관련 정책 및 단위사업의 계획적이고 종합적인 추진, 지역 농민과 농정공무원의 역량 강화, 지역 내 민관산학 정책네트워크의 형성·발전 등을 적극적으로 시행해야 한다.

분권·자치 농정체계의 성공을 위해서도 이제 참여·협치 농정체계의

실질적인 구축을 위한 새로운 전환이 필요하다.

III. 분권·자치와 참여·협치의 농정추진체계를 어떻게 만들 것인가

1. 현행 농정의 패러다임 전환에 따른 농정추진체계의 근본 전환이 시급하다[*]

농정 패러다임을 전환함에 따라 농정추진체계 또한 근본적으로 전환해야 한다. 중앙에서 하달된 지침에 절대적으로 의존하는 것이 아니라, 지역의 특성과 여건을 살리고 다양한 개성과 창의적 지역력에 기반해 자율성과 책임성을 높여나가는 지역농정을 실현해야 한다. 그 방향은 1) 중앙농정에서 지방농정으로, 2) 하향식 농정에서 상향식 농정으로, 3) 관 주도 통치에서 민간분야의 참여 및 책임을 강조하는 민관협치로의 전환이다.

이를 통해 효율주의·설계주의·관료편의주의로 점철되어온 기존 농정추진체계의 문제점을 해결하고, 패러다임 전환에 맞춰 농정 관련 기관 및 조직의 정체성과 역할을 재정립하며, 농업·농촌·먹거리·지역·환경에 대한 통합적 정책을 펼쳐나가야 한다. 이를 위해서는 무엇보다도 분권·자치 농정과 참여·협치 농정을 담당할 민간과 행정의 지역 리더 역량 강화가 체계적·지속적으로 추진되어야 한다.

---

[*] 박진도, 〈농민이 행복해야 국민이 행복하다〉,《民爲邦本》제2호, 지역재단, 2016.

2. 중앙과 지방, 행정과 농민 사이에 수평적 협치체계를 제도화해야 한다

□ 중앙과 지방, 행정과 농민 사이에 네트워크와 협력, 상호 존중과 협력을 중시하는 수평적 협치체계가 자리 잡도록 해야 한다

수평적 협치란 이해관계자들의 소통과 공유, 합의와 상호 책임을 통한 공공의사결정과정을 말한다. 정책과정에서 중앙관료나 지방관료들이 일방적이고 수직적으로 의사결정을 하는 것이 아니라 이해관계자들(국가기관, 지자체, 농민단체, 시민사회 등)이 실질적으로 참여해야 한다. 따라서 상호 이해와 소통을 바탕으로 목표를 공유하고 적정한 합의를 이룸으로써 문제를 해결하고 상호 책임을 지는 공공의사결정과정이 중요하다.

하지만 우리나라에서는 지방자치 실시 이후 중앙과 지방 간 새로운 수평적 파트너십이 제대로 형성되지 못하고 있다. 농정에서도 분권·자치와 상향식의 농정추진체계가 지지부진하고, 정책을 결정하는 과정에서 농민들의 참여가 실질적으로 보장되지 못했다. 이에 무엇보다도 농정 패러다임의 근본적 전환을 실행할 수평적 협치 방식의 농정추진체계는 농정에서 바람직한 공공의사결정과정을 성공시키는 시대적 과제가 되고 있다.

□ 중앙정부 내, 중앙과 지방 간, 지자체 내 수평적 협치체계를 구축한다*

중앙정부 내의 부처 간 차원에서, 중앙정부와 지자체 간 차원에서,

---

* 박진도 외(지역재단),《새로운 농정여건 변화에 대응한 농정관련 조직의 혁신 및 합리화 방안》, 대통령자문 농어업·농어촌 특별대책위원회, 2007, p. 152.

<그림 12-1> 중앙과 지방의 각 층위에서 필요한 수평적 협치체계의 과제

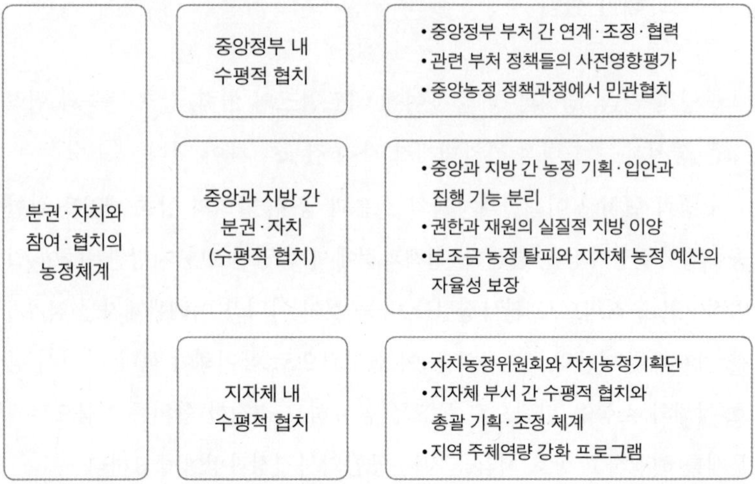

분권·자치와 참여·협치의 농정체계	중앙정부 내 수평적 협치	• 중앙정부 부처 간 연계·조정·협력 • 관련 부처 정책들의 사전영향평가 • 중앙농정 정책과정에서 민관협치
	중앙과 지방 간 분권·자치 (수평적 협치)	• 중앙과 지방 간 농정 기획·입안과 집행 기능 분리 • 권한과 재원의 실질적 지방 이양 • 보조금 농정 탈피와 지자체 농정 예산의 자율성 보장
	지자체 내 수평적 협치	• 자치농정위원회와 자치농정기획단 • 지자체 부서 간 수평적 협치와 총괄 기획·조정 체계 • 지역 주체역량 강화 프로그램

지자체 내의 민·관 차원에서 수평적 협치가 그것이다. 즉 중앙과 지방의 각 층위에서 '지방에서 할 수 있는 일은 지방에서, 민간에서 할 수 있는 일은 민간에서' 하도록 하고, 지자체와 농민단체들이 지역 여건과 수준에 맞춰 적절한 분권·자치와 참여·협치의 체계를 통해 농정의 기획·시행·평가·환류과정에 참여하고 협력하며 상호 책임을 지는 수평적 협치를 제안하고 있다.

이처럼 중앙과 지방의 각 층위에서 구축해야 할 수평적 협치의 농정 추진체계는 어떻게 만들 것인가. 그 주요 과제는 <그림 12-1>과 같이 요약할 수 있다.

3. 중앙정부 차원에서 수평적 협치 농정체계의 과제는 무엇인가

□ 대통령이 직접 책임지는 직속기구를 상설 운영해야 한다

농정과 관련하여 중앙부처 간 수평적 협치를 위해 대통령의 책임 관리가 필요한 이유는 무엇인가. 첫째, 농업·먹거리·지역·환경문제는 본래 특성상 부처별·부문별로 분산 접근할 것이 아니라 범정부 차원에서의 통합적 접근을 필요로 하기 때문이다. 둘째, 대통령 중심제 아래에서는 농정분야 의제들(농업·농촌, 먹거리, 지역개발, 교육·의료·복지·환경 등)과 관련하여 각 부처 정책들을 연계·조정·협력하는 데 대통령의 직접 관리가 필수적이기 때문이다.

따라서 예전에 운용했던 대통령 소속 농어업·농어촌 특별대책위원회를 상설기구로 복원하고, 농정에 관한 중장기 계획을 수립해야 한다. 특히 농업·먹거리·지역·환경분야 등 농정과 관련한 타 부처의 정책에 관한 농촌영향평가와 기획 조정 역할을 맡도록 하고, 중장기 계획에 따라 농림축산식품부와 관련 부처들이 이를 제대로 집행하도록 해야 한다.

□ 중앙농정 내에서도 수평적 민관협치기구를 상설 운영해야 한다

아울러 중앙농정 정책과정에서도 농민단체들의 주체적 참여 활성화를 담보하는 수평적 협치가 중요한 현안과제다. 현재 농림축산식품부 내 장관 자문기구로서 '중앙 농업·농촌 및 식품산업 정책심의회(중앙농정심의회)'를 비롯해 농민단체들이 참여하는 위원회들이 있다. 농민들이 직간접적으로 참여한다고는 하나, 그 참여 방식이 자문이나 심의, 형식적 들러리에 지나지 않는 등 수평적 협치 수준은 매우 열악하다.

이에 중앙농정심의회를 상설화하고 자체 사무국을 설치하며 산하에 품목·지역·직능·현안 등 영역별 분과위원회들을 연중 상설 운영하여 중

앙농정 차원에서 단계적으로 수평적 협치 농정의 수준을 고양시켜가야 한다.

4. 중앙정부와 지방자치단체 간 수평적 협치체계를 실현해야 한다

1) 중앙정부와 지자체 간 수평적 협치란 무엇인가

중앙과 지방 간 수평적 협치란 보충성의 원칙에 따라 중앙정부와 지자체 간 역할을 분명히 하고 지자체의 자치권을 보장하는 것을 말한다. 지자체가 잘 처리할 수 있는 일을 중앙정부가 직접 처리하지 않는다는 보충성의 원칙은 농정추진체계에서 특히 중요하다(이는 정부와 민간 간에도 적용된다). 지자체 농정이 하부행정기관이 되어 중앙에 목을 매는 문제는 여기서 비롯된다. '지방이 할 수 있는 것은 지방이, 민간에서 할 수 있는 것은 민간이' 하도록 하는 농정에서의 자치권 보장을 '자치농정'이라 부를 수 있다.

중앙농정의 역할로는, 한국 농업·농촌의 장기적인 비전하에 농업·농촌 활성화의 조건 마련, 가격 및 소득정책 같은 일정 기준에 따라 전국적으로 적용되는 사무, 식량안보와 농산물 수급 같은 국민생활에 직접 관련 있는 사무, 국민 최소 기준(내셔널 미니멈) 관점에서 국가가 책임지는 생활환경·복지체계·공공서비스 인프라 구축 사무 등으로 구분할 수 있다.

지자체의 자치농정 역할로는, 농업·농촌 개발, 경제활동 다각화, 지역환경 및 경관 보전 등 지역적 성격이 강한 농촌발전정책과 주민생활과 밀착된 복지 및 공공서비스 정책 등이다. 지자체의 자치농정을 효과적으로 수행하기 위해서는 무엇보다 지역발전종합계획 및 지역농업종합발전계획을 주도적으로 수립하여 국가 목표와 지역 목표의 충돌을 피하고 계획의 실효성을 높이기 위해 중앙정부와 지자체 사이에 분권·자율과 상호 책임에 관한 계획계약제도*를 실시하는 것이 바람직하다.

2) 중앙농정추진체계를 분권·자치체계로 바꾸어야 한다

지금까지 중앙농정은 농림축산식품부가 직접 실시하는 사업보다 지자체에 위탁하여 실시하는 사업이 대부분이었다. 이런 보조금 농정으로 인해 지방농정은 1) 국고보조 중심의 중앙사업 비율이 높고, 2) 포괄적 감독권을 중앙이 행사하며, 3) 중앙의 위임사무 비율이 높고 지방의 자율권이 없다는 문제가 심각하다. 따라서 중앙농정과 지방농정 간 수평적 협치, 곧 바람직한 분권·자치 농정체계 실현을 위해서는 농정 관련 지방재정의 근본적인 개혁이 선결조건이며, 그 개혁 방향은 '보조금 농정으로부터의 탈피와 지자체 농정의 자율성 보장'에 두어야 한다.

□ 국가사무·지방사무를 명확히 구분하고 국가사무 위임 시에도 법정 수탁을 사무화한다

우리나라도 선진국처럼 국가농정사무와 지방농정사무를 명확히 구분해야 한다. 중앙농정사무도 지방농정실행조직을 통해 중앙정부가 직

---

* 선진국에서는 지방자치제의 정착과 더불어 중앙정부와 지자체 간 협력적 정책 추진을 위한 제도적 장치가 마련되어 적극 활용되고 있다. 즉, 프랑스의 계획계약제도(1982), 미국의 「정부 간 협력법」(1968)에 의한 협력제도, 독일의 지역경제구조개선사업(1969)을 통한 지역개발공동사업제도 등이다. 이에 비해 우리나라에서는 중앙정부와 지자체 간 협력에 대한 제도적 장치가 미비하므로, 중앙의 권한과 재원을 지방으로 이양할 때, 지자체의 책임성을 제고하고 담보하기 위해 중앙정부와 지자체 간 협약(계약)을 맺도록 하여 그 성과 관리를 철저히 하는 제도적 장치 마련이 필요하다.

접 시행하는 것이 바람직하다. 부득이하게 지방에 위임하더라도 그 비용과 인력을 전적으로 중앙이 부담하는, 즉 지방에 위탁하는 경우에도 반드시 법정수탁을 사무화하여 법에 명시된 범위 내에서만 관여하고, 지방의 독자적인 재량권 발휘나 사업 실행에 관여하지 말아야 한다.

□ 국비 지원 방식을 개선하고, 재정의 효과적·합리적 사용을 위한 협약과 평가 관리를 강화한다

농정에서 중앙정부와 지자체 간 역할의 구분과 추진체계의 수평적 협력관계는 '국비 지원 방식의 획기적 개선과 효과적이고 건전한 재정 사용의 촉진'을 선결조건으로 한다. 지자체 농정 차원에서 지방 재정 개혁의 핵심은 지방세 확충도 중요하지만 무엇보다도 특정 보조금인 국가보조금제도의 개혁이며, 그 기본 방향은 국가보조금을 폐지·감축하여 일반재원(일반보조금)화하고, 존속하는 국가보조금은 모두 실질적으로 포괄보조금화하는 것이다.* 그런데 국고보조금을 감축하는 경우에도 일시에 전부 없애거나 대폭 삭감하는 것은 비현실적이므로 단계적으로 추진하되, 국고보조금 교부 방식을 전환해야 한다. 요컨대 지금처럼 국고보조금을 사업별로 신청하고 교부하는 방식에서, 보건의료·교육·복지·문화 등 일정한 포괄적 블록을 정한 다음 정해진 블록 내에서는 실질적으로 사용 제한이 없도록 하는 포괄보조금 방식으로 전환하여 지자체가 자율적으로 사용하도록 하는 것이 바람직하다. 물론 이 경우에도 중앙정부와 지자체 간 재정의 효과적·합리적 사용에 관한 지방 재정협약제도(계획계약제도)나 성과관리평가제도가 필수적이다.

---

* 박진도 외(지역재단), 《새로운 농정여건 변화에 대응한 농정관련 조직의 혁신 및 합리화 방안》, 대통령 자문 농어업·농어촌 특별대책위원회, 2007, pp. 148~150.

□ 포괄보조금으로 전환할 경우에도 지역 간 재정력 격차를 고려해 보조금에 차등을 둠으로써 균형발전을 촉진해야 한다

궁극적으로 보조금 대상 사무사업의 책임소재를 명확히 하기 위해 국가와 지방 사이에 사무를 합리적으로 배분하고, 국고보조금을 가능한 한 일반재원화(지방세 및 지방교부세의 확충)하여 지방의 재정 자율성을 높여주어야 한다. 하지만 현재 지역 간·격차가 심각하기 때문에 형평성을 보장하는 재정관리제도가 강화되어야 한다. 즉, 일반재원화할 경우에도 지자체에 따라 지방세 확충이냐 지방교부세 확대냐 하는 충돌이 있으므로 수평적 재정조정제도의 실효성 있는 운영 방안을 모색해야 한다.

□ 중앙농정의 지방실행조직으로서 '지방농정국'을 운영하고, 기존 농정 관련 기관들을 전면 조정·재편하여 중앙농정의 지방실행체계를 지역화·현장화해야 한다

그런데 농정은 타 정책분야보다 지역을 넘어 누출 효과가 큰 특성을 갖기 때문에 국가가 직접 수행하거나 보조금, 금융, 세제를 통해 유도하고 견인해야 하는 경우가 많다. 특히 식량안보, 안전성 관리, 농업·농촌의 다원적 기능 극대화, 삶의 수준에서 국민 최저 기준 달성 등에서 그렇다. 하지만 이러한 경우에도 가능한 한 지방의 자치농정 역량을 존중하고 그 역량을 지원하는 방식을 쓰는데, 그 대표적인 예가 중앙농정이 지방실행조직을 통해 시행하는 것이다.

중앙농정은 기획 기능에 국한하고 정책의 구체적인 집행은 중앙농정의 지방실행조직(지방농정국 등)을 통해 실시하는 것이 바람직하다. 중앙농정의 수행 기능 및 권한을 지방농정국에 상당 부분 이관하고, 지방농정국에서 지자체나 지방 소재 기관들과 협의·협력함으로써 중앙농

정의 지역성·현장성을 강화하는 것이다.

우리의 경우, 농림축산식품부의 산하 외청 및 공공기관(국공기업) 등을 전면 조정·통합하여 그 기능과 역할에 따라 지방농정국으로 재편하고, 여기에 중앙부서도 관련 인력과 예산을 조정·이관하는 방식이 바람직하다. 중앙집권적 전통과 관행이 뿌리 깊고 지자체 역량을 강화할 기간이 필요한 상황에서는, 지방농정국이 자칫 또 하나의 중앙기관(중앙농정의 비대화)으로 지자체에 군림하며 자치농정 역량을 훼손할 우려가 매우 크다. 따라서 인력 증원보다 지방에 있는 기존 농정 관련 지역조직 등을 지방농정국으로 전환하고, 중앙농정 인력을 모두 지방농정국 인력으로 재편하여 중앙농정조직의 비대화를 방지해야 한다.

5. 지역 내에서 수평적 협치 농정체계, 곧 진정한 민관협치를 실현해야 한다

□ 무엇보다 지자체 차원에서의 실질적이고 지속적인 협치 농정체계가 절실하다

지자체 수준에서의 협치는 현재 형식적 자문과 심의, 요식행위에 그치고 있다. 이에 실질적이고 지속적인 수평적 협치체계를 운영해야 한다. 지자체 농정에서 이러한 수평적 협치체계가 제대로 이뤄지지 않으면, 중앙정부와 지자체 간 수평적 협치를 위한 분권·자치체계는 지자체에서 풀뿌리 보수 기득권층의 지역농정 지배·통제에 이용될 뿐이다. 즉 바람직한 지방농정은 중앙정부와 지자체 간 분권·자치에 의한 수평적 협치에 바탕하지만, 지역에서 농민단체·시민사회의 참여민주주의가 발달하지 못하고 정책의 기획·집행·평가과정에 관한 민간의 개입 역량이 취약한 상황에서는 자칫 풀뿌리 보수세력의 기득권을 위한 도구로

오용될 우려도 크다는 것이다.

따라서 무엇보다도 지역의 주체 역량 강화가 중요하며, 이에 기초하여 지역 내 참여·협치 농정체계를 잘 만드는 것이 중요하다.

□ 지자제 차원에서 행정과 농민단체가 협치하는 공동기구를 상설 운영한다

단체장 직속의 자치농정위원회(주민행복농정위원회)를 설치·운영하고, 그 산하에 행정·농민·관련 전문가들로 구성하는 분과위원회, 외부 전문가·농정공무원으로 구성하는 자치농정기획단 등을 운영하여 지방 농정계획을 수립·시행·평가하는 데 민간과 행정 간 수평적 협치를 제도화한다. 자치농정위원회 산하에 지자체, 농민단체, 유관 기관, 관련 전문가로 구성된 각 분과위원회를 두고, 사무국이자 정책실로 위원회 내부와 행정단위 간 연계·협력·조정 역할을 하는 자치농정기획단을 설치하는 것이다. 운영 방안으로는 1) 위원회와 기획단을 행정기관 내 단체장 직속 독립기구로 설치하는 방안, 2) 행정기관과 별도로 독립적인 기구로 설치하는 방안이 있다.

「농업·농촌 및 식품산업 기본법」에 농정심의회와 별도로 지자체 단위에서 이러한 지방농정협의체로서의 지역농정거버넌스를 설치·운영하도록 해야 하며, 그 참여 범위와 조직 및 운영은 지역 실정에 따라 다양한 형태로 이루어지도록 열어놓되, 지자체 조례에 관련 사항을 명문화하여 실질적인 권한과 책임을 갖도록 해야 한다.

□ 지자체 부서 간 수평적 협치와 자치농정의 총괄 기획·조정체계를 운영한다

지역 실정에 맞는 장단기 자치농정을 민관협치에 의해 주체적으로

수행하기 위한 실질적 총괄 기획·조정부서를 두어 부서 간 칸막이를 방지한다.

지자체의 종합 기획능력을 제고하기 위해서는 농업정책과나 농정기획계가 예산 총괄업무 외에 서무업무를 비롯해 농정 기획과 무관한 업무를 타 부서로 이전시키고 자치농정 기획 및 조정 업무에 전념하도록 해야 한다. 농업·농촌·식품·환경·지역사회 등과 관련하여 지자체 각 부서가 농림축산식품부 외 각 중앙부처(기획재정부, 행정자치부, 국토교통부, 고용노동부, 보건복지부, 문화체육관광부 등)에서 관장하는 제반 사업들을 개별적으로 관리하는 것이 아니라, 지역의 개성과 창의를 잘 살려나갈 수 있는 통합적 농정으로 총괄 관리하도록 한다. 종합적인 기획·조정 역량이 강화되어야만 '자치농정'다운 전문성과 집행력을 담보할 수 있다.

이러한 자치농정의 기획력·전문성·집행력을 제고하기 위해서는 행정과 민간 모두 지역 리더의 주체 역량 강화가 필수조건이다.

6. 무엇보다 민관협치를 제대로 실현할 지역 리더의 주체 역량을 강화해야 한다

□ 지역 내 분권·자치와 참여·협치 농정이 제대로 작동하기 위해서는 무엇보다 민관 파트너십을 담당하는 농민단체와 공무원 양쪽 리더들의 주체 역량 강화 프로그램을 지속적으로 추진해야 한다.

지자체 농정의 각 영역에서 수요 및 자원을 성공적으로 조직화하고, 각 수요와 자원 간 연계·통합을 잘 이루어 지역에서 정책과정을 원활히 하기 위해서는 무엇보다 민관 지역 리더들의 주체 역량 강화와 파트너십 형성이 가장 중요하다. 지역 내 수평적 협치 농정의 주요 장애 요인으로는 민간 영역의 민주적 책임성 취약, 민관 파트너십의 지속적 운영에 걸림돌이 되는 지역 기득권층의 과다한 대표성 횡포, 민관 사이의 합의에 기초한 전략적 추진보다 특정 이해에 맞춘 예산의 과다 지출, 정책 설계에서 지나친 단기적 성과 지향, 민관 파트너십 운영에서 단체장의 '자기 사람' 중심 등 민주적 투명성 부족이 꼽히고 있다.

이러한 제반 장애 요인들은 일시에 해결될 수 없을 것이다. 분명한 것은 제대로 된 분권·자치와 참여·협치의 지역사회 실현을 추구하는 지역 리더들의 지속적인 발굴·양성·네트워킹이다.

□ 민관 지역 리더 역량 강화 프로그램을 통해 지역실천그룹을 육성·지원해야 한다

분권·자치를 담당할 지역 리더의 주체 역량 강화가 절실하며, 민관 양쪽 리더들을 발굴하고 양성하며 네트워킹하는 체계적 역량 강화 프로그램을 운영해야 한다. EU LEADER 프로그램 같은 국가적·지역적 차원에서의 체계적 역량 배양 사업체계가 그것이다. 이 프로그램의 근본 취지와 목표는, 1) 지역사회의 사회적 자본 및 주체 역량 강화, 2) 기존 관료주의적 행정조직과 달리 민관협력의 다양한 참여적 협치조직 (지역실천조직Local Action Group: LAG)을 형성하도록 지원하여 지방농정 혁신을 유도하는 것이다. 이러한 프로그램을 통해 농민단체는 물론 공무원 역량의 체계적이고 지속적인 강화를 기하도록 한다.

□ 지역사회 역량강화센터 운영

이를 위해 지역사회 역량강화센터(「지역사회 역량강화 지원법」(가칭) 제정)를 설치·운영한다. '지속 가능한 농업·농촌사회의 실현'은 지역의 주체 역량 수준만큼만 실현될 수 있다. 순환과 공생의 지역 만들기, 협

동조합 등 다양한 사회적경제조직 운영 등 다양한 분야에 '지역의 문제를 스스로 고민하고 해결하기 위해 노력하는 지역 리더'를 육성할 연차 계획을 수립·시행하고, 실천을 통한 학습의 기회를 다양하게 갖도록 지원한다.

지역사회 역량강화센터를 통해 농민, 농민단체 임직원, 농협 대의원 및 임직원, 지역주민조직(소비자조직), 농업 관련 산업 종사자, 공무원 등 농정 관련 각 주체의 자치농정 기획 및 집행 역량을 강화한다. 특히 실천을 통한 학습을 통해 상호 소통과 숙의에 바탕한 민주적 정책 결정과정을 익히도록 한다. 이를 위한 의제별·단계별 역량 강화 체계를 만들고, 교육과 정책사업을 연계시키며, 그들 간의 상호학습조직(지역실천조직)을 스스로 만들도록 한다.

IV. 맺음말

이제까지 중앙정부가 주도해왔던 설계주의 및 관료주의 농정을 철저히 청산하고 분권·자치와 참여·협치의 농정추진체계로 혁신하지 못한다면 한국 농업·농촌에는 미래가 없다. 그렇다면 청산과 혁신의 방도며 동력은 어디서 어떻게 구할 것인가. 분명한 것은 그 방도와 동력은 내발적 지역발전을 추구하는 헌신적인 지역 리더들로부터 시작해야 한다는 점이다.

분권·자치와 참여·협치의 농정추진체계는 이와 같이 구체적 정책 현장인 지역에서 지역 리더들을 발굴·양성·네트워킹하는 구체적·체계적 역량 강화 프로그램 없이는 진일보할 수 없다. 정책의 구체적 현장, 생활 현장에서 '지역의 문제를 스스로 고민하고 해결하기 위해 노력하는 지역 리더들'이 '자치와 협동에 기초하여 순환과 공생의 지역사회를 만들어가도록 하는 것'이야말로 '분권·자치와 참여·협치의 농정'을 위한 수단이자 목적이라고 할 수 있다.

| 참고문헌 |

권용훈, 〈지방자치단체 세입구조의 추세와 시사점〉, 《지표로 보는 이슈》 제26호, 국회입법조
　　사처, 2015.7.
김필두 외, 《법령상 사무총조사》(한국지방행정연구원 용역보고서), 행정안전부, 2009. 12.
마상진 외, 《지방 농정거버넌스 활성화 방안》, 한국농촌경제연구원, 2014.
문유석, 《지방농정 활성화를 위한 중앙정부의 역할분담 및 거버넌스 구축방안 연구》(한국지
　　방정부학회 용역보고서), 농림축산식품부, 2013.11.
박진도, 〈농민이 행복해야 국민이 행복하다〉, 《民爲邦本》 제2호, 지역재단, 2016.
박진도 외, 《나주 자치농정 구현을 위한 현안사업 발전방안 수립 연구》, 나주시, 2016.
＿＿＿＿, 《새로운 농정여건 변화에 대응한 농정관련 조직의 혁신 및 합리화 방안》, 대통령
　　자문 농어업·농어촌 특별대책위원회, 2007.
유정규, 〈지방자치시대, 농정거버넌스의 구축 방안과 역할 모색〉, 《시선집중》 제102-2호,
　　GS&J, 2010. 6.
지역재단·충남연구원, 《신정부의 농정과제 모색을 위한 대토론회》, 충남연구원, 2013.
최홍석, 《국가-지방 간 관계 재정립을 통한 지방분권의 비전과 전략 수립》, 한국정책학회 용
　　역보고서, 행정안전부, 2008. 8.
하혜영, 〈국가사무의 지방일괄이양 논의와 향후 과제〉, 《이슈와 논점》 제856호, 국회입법조
　　사처, 2014. 5.
한국농업경영인중앙연합회 농업정책연구소, 《농정추진체계 개편, 더 이상 미룰 수 없다!》,
　　2011.
황수철·김태연, 〈한국 농정의 비전과 전략: 새로운 농정 패러다임의 모색〉, 《농정연구센터 제
　　200회 월례세미나》, 2010.
행정안전부, 《2016년도 지방자치단체 통합재정 개요》.
희망제작소, 《지속 가능한 지방자치 실현을 위한 20대 총선 제안: 지방분권 7대 과제》, 2016.

국민총행복과 농정 패러다임의 전환

농민행복·국민행복을 위한 12가지 제안

엮은이 | 박진도
지은이 | 박진도·황영모·장경호·유정규·조완형·김태연
　　　　서정민·이창한·이용교·이명헌·이호중·허헌중

초판 1쇄 발행 | 2018년 3월 10일

펴낸곳 | 도서출판 따비
펴낸이 | 박성경
편　집 | 신수진·차소영
디자인 | 이수정

출판등록 | 2009년 5월 4일 제2010-000256호
주소 | 서울시 마포구 월드컵로28길 6 (성산동, 3층)
전화 | 02-326-3897
팩스 | 02-337-3897
메일 | tabibooks@hotmail.com
인쇄·제본 영신사

값 20,000원
ISBN 978-89-98439-44-6 93300

이 도서의 국립중앙도서관 출판예정도서목록(CIP)은 서지정보유통지원시스템 홈페이지
(http://seoji.nl.go.kr)와 국가자료공동목록시스템(http://www.nl.go.kr/kolisnet)에서
이용하실 수 있습니다.(CIP제어번호: CIP2018005751)